古典文獻研究輯刊

三八編

潘美月・杜潔祥 主編

第 22 冊

《有泰駐藏日記》校理（下）

王 雙 梅 著

國家圖書館出版品預行編目資料

《有泰駐藏日記》校理（下）／王雙梅 著 -- 初版 -- 新北市：
花木蘭文化事業有限公司，2024〔民 113〕
目 2+220 面；19×26 公分
（古典文獻研究輯刊 三八編；第 22 冊）
ISBN 978-626-344-725-7（精裝）
1.CST：（清）有泰 2.CST：歷史 3.CST：史料
4.CST：西藏自治區
011.08   112022591

ISBN-978-626-344-725-7

9 786263 447257

古典文獻研究輯刊
三八編　第二二冊   ISBN：978-626-344-725-7

《有泰駐藏日記》校理（下）

作　　者　王雙梅
主　　編　潘美月、杜潔祥
總 編 輯　杜潔祥
副總編輯　楊嘉樂
編輯主任　許郁翎
編　　輯　潘玟靜、蔡正宣　美術編輯　陳逸婷
出　　版　花木蘭文化事業有限公司
發 行 人　高小娟
聯絡地址　235 新北市中和區中安街七二號十三樓
　　　　　電話：02-2923-1455 ／傳真：02-2923-1452
網　　址　http://www.huamulan.tw 信箱 service@huamulans.com
印　　刷　普羅文化出版廣告事業
初　　版　2024 年 3 月
定　　價　三八編 60 冊（精裝）新台幣 156,000 元　　版權所有・請勿翻印

《有泰駐藏日記》校理(下)

王雙梅 著

目

次

下　冊

卷　八

　　四月初一日　辰刻，恭謁大招萬歲牌前行禮，回署，家廟神位前行禮。化臣、海山來，在上房，引多吉扎胡圖土圖來見。絨線帽，黑絨領棉袍，四不露羊皮馬褂，其本廟在打箭爐，徒眾五六千，名土顛洛桑白桑布。詢年十九歲，昨與噶勒丹池巴正談一日。噶勒丹池巴許其經典有宿根，人亦沉靜非常，謂昂邦到此保護藏地，惟有諷經以祝福壽，並面遞如來古佛一尊，丸藥、絨毯、藏香等物，旋將昨日所備禮物給之，海山復來代謝。三句鐘後至後院一看，遇鶴孫，先看眾作工。喝粥後，至柳陰下坐談。今日頭門不能停工，特給熬牛肉粥一頓，其中有一阿尼，問王永福粥乃米熬如何吃法？蓋三十餘歲，平生未經吃米，此為第一次，亦可憐矣。晚飯後頭門一看，已墁石片及房脊可齊，轉洋務局，均到。晴。

　　初二日　至鶴孫屋內談，早晨起牙痛，忽上忽下，有時滿口，想因胃火過重。化臣來商酌偷修西院頭門。新補噶倫亦在月內擇日坐墊，頗覺高興，將達賴已置之度外矣。兩次至頭門一看，工已完，僅候油飾。晚間看一女人在頭門東首半活樹，牆內已枯，牆外發枝葉，此樹下叩頭，並灑糌粑，口內祝告。詢之，乃其男人在此作工，腳腿皆腫。卜之，告以得罪此樹神，故來哀求，因令配出九釐散賜之，似比求樹有驗之，一笑。過洋務局談，均到。晴。

　　初三日　立夏。早晚均至後院，外牆已砌，土坯可望有成矣，惟去冬所修歪閃者歪閃，陷下者陷下，須重修方妥。化臣、海山來，新佛公欲到庫倫探望達賴，請領路票，問可否？告以請示到再批。似伊手足之情，不便攔阻。晚到洋務局，均在座，談及白剌麻，乃名白拉木轉音，竹君云，噶里噶達亦重此有會，是日雖洋人亦停買賣，大半廓爾喀剌麻信者，與燃燈佛合印度省俱點燈，如繁星，洋人不之禁也，其哲孟雄亦奉佛教照常。半陰晴。

　　初四日　到後院看工兩次，三池水均見長。接巴塘吳錫珍並金垣糧務、夷情兩稟，大約相同，及兩營官百姓所具漢字夷稟。大約土著人曾先鬧事，吳都司義忠、秦委員宗藩因彈壓死于欽署外，鳳大臣帶頭五十餘人，內有趙潼同往，回奔至鸚哥嘴廿里光景，遇伏全殉，已將鳳大臣停於昭忠祠，委員等有停於城隍廟，通稟等語，因批已悉，道路遙遠，應候省批。化臣、海山、鶴孫同來商酌初八日念經之事，並拉里三寺因百姓欲逃，即絷李糧務並商上派員前往開導。晚飯後過洋務局，均到，恩惠臣亦到。午後李糧務曾來，將派往拉里話，已先告之。半陰晴。

　　初五日　早擦絨噶布倫汪曲結布，昨日坐墊子，今日來謝恩，見時囑其盡心當差，人甚聰明，番文通達，可造之才也。午後後院一踏，三池水皆長，北池東邊水泉出水，往西流，不過二三尺深即可見泉，內地未能也。踏出後門，至琉璃橋上一看，院內花廳僅見前簷，此從先北牆高有二尺餘矣。晚至洋務局，均到。晴。四鼓後風隨雨，繼雪，晝晴。

　　初六日　化臣來回公事。周天壽回紙扎差已到一半，黃酒帶來不過一罐零，半路罐破，已去大半，殊可笑。鶴孫來，送到帶來青茶豆、蜜棗、蝦子、筍乾等物，似小孩所用者。伊帶來靴鞋均小，先少韓曾說，到藏腳必長，果然。至後院一踏，轉至洋務局，均到，小瑾帶來《六部處分則例》，毫無用，然作閒書看，亦無不可，眾皆笑之。晴。

　　初七日　將上賞藕粉送給江、馬、吳三君，復將棗子煮成玫瑰棗、併蓮子，眾人分食之，均露天恩雨露也。所以遲之如今者，因令紙扎差在省帶到木楔，想再作各物，不知是彼忘記，亦或未告之，可發一笑。晚飯後到後院一踏，並出後門一看，柳樹已放葉，對門菜圃微青，一片天涼，馬藍尚未滿開花。轉至洋務局一談，均到。鶴孫送絷梅花針而一分，甚雅，乃世六嫂所作。帶來二女任媳，朱家夫妻子女相片，劉光榮均作架成。晴。

　　初八日　巳刻趕大招，因四弟故念經一日，託李海山代為辦理。剌麻六十眾一千酥油燈。噶勒丹池巴上座，到時偏殿坐，眾文武皆到，番官亦到，送果子兩桌，以為吉羊事，番禮也。請行禮，至正殿三叩禮，如來前三叩禮，又略坐，回署。剌麻送哈達一方，大紅，江卡一個，以為吉羊事。今日燈多殿內亮，如來像頗與唐文成公主相似。前吉多扎胡土圖面遞如來佛一尊，像亦似稱古佛云，想有所因也。午後外院廚房一踏，因樓上自一早來人打灰土，用木棒作鞋底形，有把。敲聲，番女歌舞，聒人非常，亦頗可笑。晚飯後到後院，因小雨後

水長，水亦見清。轉至洋務局閒談，均在座。聞鳳大臣曾練剌麻洋槍，將槍即交其帶回，是以驟遇此難，彼丁寧寺槍藥均現成也。晴，半陰，小雨，有冰粟。

　　初九日　早均來工，作排房，即起。化臣來回公事，鶴孫亦來，給四弟送賻銀，所謂卻之不恭，受之有愧矣。然化臣、鶴孫、少韓、竹君、小瑾、海山均屬極熟人，惠臣亦在內，且係京內同鄉，正真無如之何，報顏而已。午後，小瑾由省內帶到裏綢、洗面帕、棒兒香、咖啡、茶相送，周天壽交來省買香片十瓶，尚有交買菊花未到，計泉又買小大洋瓷盌十二個，藏錢八文。晚飯過後院一踏，轉至洋務局，均到，化臣亦來。接錫清弼制軍由南來電信，三瞻已到，離裏塘四站，道塢助逆，即擬紮飭番邊禁止。晴。

　　初十日　早化臣、海山來，交初八日念經清帳，另有單。領一千元，剩八十六元，其中大開銷，不過池巴佛經資、酥油錢、眾剌麻經錢、青稞等，其餘均係小開銷而已。因談起巴塘昨電給番官帶信，令其早日稟覆，旋准番官稟覆，前紮話不甚明晰。過鶴孫屋內談。至後院一看，竟有到此散放生魚，並程明楨買魚來放，恐藏河所得，此三池未必潔淨，不易活也。晚飯後到頭門，東西轅門偷修，並塝頭門班房地平。轉至洋務局部，均到。午後並到二堂，給惠臣一謝。晴。

　　十一日　早起，晚因醒太早，睡二覺所致。午後聞鶴孫在院內大笑，詢之，所養仙鶴因後池魚死者撈而餵之，內有稍大者，吞之不下，為刺所扎，大唾後，雖小魚必啄碎方食，以見禽鳥亦有知過必改之理。晚飯後，後院一看，並出後門一看，轉至頭門，復轉洋務局，均到。接川督據爐廳同知劉廷恕稟，泰寧寺之亂，有藏番主使三瞻番官助逆之事，未知何所見而，云然。晴，有雲，頗燥熱。

　　十二日　早晚至後院一踏，鶴孫來將覆川督及軍門文底來看，改訖交之，明日即可行文矣。計泉又拿白藍洋蔴大小盌十五個，不過九元錢，鶴孫在此，送給籃小盌二個。晚至洋務局閒談，均到。晴。

　　十三日　劉化臣來回公事。至鶴孫屋內談，飯後覺倦，不止一日矣；耳內作響，右耳尤甚，牙齒痛，亦係右牙為甚，總之火盛非常大，外不多見。且乾燥，天時則涼熱無準。穿小棉襖、大棉襖各一件，套袷氈坎肩、棉套褲、棉襪、袷鞋，至後院一看，過鶴孫後門外一看，板打牆明日可竣。晚飯後頭門一踏，門左小院砌一小牆，未留門，四圍皆牆，擬在小牆南北砌一上下土臺出入之，真正未有之奇，其笨以至如此，余不覺大笑。轉至洋務局閒談，均到。晴。

十四日　化臣、鶴孫早午來商公事，將川屬巴塘之案據電話來稟，擬改奏稿一件。午後王永福回，賞作工肉粥已熬得，適薙頭未能前往一看。旋同鶴孫至後院，見池水大長，頗有趣，新種楊柳樹已活十分之七，到秋日必可大觀矣。晚飯後外院一踏轉至洋務局閒談，皆到。回時月甚朗，有微雲，北斗懸正北偏西，柄指異方，或云至五月可見，六月後不見，過九月再見。晴。

十五日　卯刻，恭謁磨盤山關帝廟行香，回署，家廟各神位前行香。鶴孫、少韓糧務至龍王塘，今日開布達拉山，往遊男女甚夥，以上山後亦至龍王堂進香，後到柳子內喝酒並跳歌，晚間皆成醉番子矣。化臣來，持韋禮敦信，並照達賴像請辨真假，似不是現在達賴。鶴孫屋內捉一蠍子，比京內較蠢笨，作黑黃色，非灰色，送給吳小瑾去看，蓋常州府無此物也。晚飯後院一遊，今日放工，皆去點酥燈燒香，聞昨夜轉郭拉一夜，早間噶布倫等亦須轉郭拉一次，年例也，不准騎馬。後院池水甚旺，對月看之，頗饒佳趣，轉到洋務局閒談，均到。聞竹君說，家鄉桐城縣姚姓家有別號姚平頭者，忘其名號，乃太夫人懷胎未下而亡，離塋地卅里有鎮店，每見一婦人各食鋪買江米粑，日久嘗見紙灰，有留心者疑之，必以為此夫人所給，去即尾之，見塋地有坵子，到此乃左右繞之，俟無人看才入。因告明地方開看，乃一小兒騎其母身上，手內猶持粑而食，算其葬埋年分已兩歲矣。余與鶴孫共歎父母愛子之心，死莫能忘，實可悲痛，後知其似僵屍，然未毀，仍埋之，其子頭頂棺板蓋，故平為板所壓也。後讀書入翰院，授江西贛州府，升本贛南道，至今仍有子孫出仕者。微風，晴。

十六日　過鶴孫處談，化臣、海山來，已交諭商上所有稟覆公事，兩三天可以呈上，信覆韋禮敦，達賴照相貌未能似，只有服飾、陳設不差，已寫就交化臣處覓寄。至後院一踏，晚飯後到洋務局，都至，今日頗躁，房上排土，其聲隆隆，整鬧一日，殊難過也，竹君談起，馬軍門初入川境，遇某縣演戲，在轎前放方桌一，將轎子抬上方桌，聽完一齣戲，賞其兩千方走。憶余出省赴藏，行至縣界亦經演戲者，打扮八仙迎接，亦覺太怪，至打箭爐日，有扮八仙迎接，且有兩仙來扶轎，尤其不典。同人以八仙扶轎為一笑談。晴。

十七日　早刺麻噶布倫洛桑稱勒昨日坐墊子，今日來謝恩。午後化臣、海山來，因番官公事明後日可呈上，因巴塘來稟有不便縶知者，擬噶倫傳署面諭，令海山告之。晚飯後至後院一遊，轉至洋務局，均到。今日仍房上排土，如悶雷一日，然工甚堅實。微風，晴。

十八日　午後因房廊排土，震動非常，踏至後院，將馬縶攜去，坐於柳陰

下，看家鳧在西北池浴水，頗有趣。復來刺麻，鴛鴦亦來浴，不甚怕人，三池水皆滿，有黃色、灰色者，不知其名，小鳥亦浴於池。忽見牆外塵土高於布達拉山，似有兩，雲甚濃，回至上房，隨有陣雨，甚微，房內天晴後震動，因將馬紮攜至房上略坐。接南路來電，係樞府發，為巴塘事，有煩聖慮，於心何忍？鳳荊堂之猛浪，喪身辱國，真死有餘辜矣。晚飯後頭門一看，左小院一大樹臥於牆上已砌得，外已發枝成小樹，內於有皮處均發青芽十數處，若長成則更覺別致矣。繞至洋務局閒談，均在座。微雨，晴。

　　十九日　<small>小滿。</small>早間廊上磨土，聲音震耳。至後院一踏，飯時色拉寺送白牡丹數枝，分鶴孫兩枝，余供瓶在書案上一陣，亦有香味未刻。噶布倫彭錯汪墊、策丹汪曲、汪曲結布謁見，洛桑稱勒因有事請假，將巴塘來稟有番匪勾結藏內及各處番官等語，令李海山同番語念給一聽，囑其諸事留神，不可大意為要。工人排裏外階下土，稍覺安靜。晚飯後到南門一看，橋下水已旺，有番子飲騾馬，用桶抓入糌粑令飲之，以代麩子，頗新奇。至少韓屋內談，因洋務局部小瑾、振勳電馬〔一〕，故到此電碼齊，洋務局給馬宗繼寫信，交臥克納發，即注今日亥刻。晴。

　　二十日　巳刻，赴布達山山後龍王堂，策馬而往，走琉璃橋，望西望北再轉西，即堂南面，坐皮船渡過，堂在水中央一土臺，圍以各種樹木，樹外皆水，臺上三層殿，圍以短牆。第一層供龍王，係佛像，不作惡像，西邊白刺麻並十二山神像，均騎各種惡獸；第二層龍王如上，係各樣水神水怪繞之；第三層龍王如如來像，左護法神惡像，右為六代達賴刺麻像，龍王坐下係九條蛇所盤，<small>傳說即是龍。</small>九頭在上，九尾在下，旁神有象鼻者，有赤鬃藍面歡喜佛，兩壁畫赤身老少佛像，有記載謂之春宮，已覺可笑，或謂如來出身，亦非細看。有降龍伏虎，乃五百應真番像，竟有赤身頭上出佛光者，前廊稍寬。略坐，清風徐來，覺爽，邊外不易得之地也。下二層樓上搭一布棚，略覺曬，在此吃飯。座中少韓、鶴孫、化臣、惠臣主人、肖臣主人，惟竹君到而單吃，自帶菜，小瑾因右目痛未去，自帶黃酒飲之，過年後初次可樂也。飯後下船圍河一轉，此即佛經所謂八功德水也，內水鳥甚多，有似鴛鴦者，水外邊以柳樹臥於河內者甚多，有糟杇者即作為尋常木筏以渡人，皮船乃於藏河特背往者，轉南面下船，乘馬而回。路上遇一刺麻，驅兩黃鴨，後有十數小鴨奔河內，頗有趣。晚飯後至後院，土牆已齊，轉東院，杏樹仍未結花，紅樹竟結花紅，種來十幾年初次也。到洋務局，均來談。晴，晚陰。

二十一日　早起耳鳴口燥，大外極熱似犯痔，因服萬應錠少好，自是昨日酒熱天燥所致。至後院兩次，將花廳前路拆卸重蓋，去歲修時正冬令，不免凍住，今春開化，萬難將就。柱子已塌下半尺餘，見木匠有剌麻在內。在草壩上大打跟頭，先單後打雙，頭人實令人笑倒。番子如小孩無老少男女不嬉戲也。接理藩院來文，鳳大臣所陳巴塘剌麻還俗令余酌之，錫制軍為收三瞻請聖裁，不論可否，斷語下不也。兩件皆滑而滑之至，一笑。晚飯後至洋務局，均到。少韓頭痛，先去，余亦回，約鶴孫商奏底。半陰晴。

二十二日　後院花廳已鋪板，據云今日不可打灰土，如打之必漏，番俗所忌也，此與內地俗忌亦同，不可解。同鶴孫柳陰下將馬縶取到閒談，見黃鴨浴水及水邊樹頭來小鳥，竟不知名，游魚亦出，頗可賞玩，蓋天陰微雨所致。化臣、海山來回，下月十三日擬扎什城仍按去歲演戲，告以祀神戲不便止，然無須調兵來唱，不比上年恭祝萬壽。海山云，伊在科房曾記陳熾調陳擬藏地開墾，讀漢書，僧續髮，經色石友奏駁，此與理藩院奏令詳酌情形之案相符，俟查。晚飯後過洋務局閒談，均到。半陰晴，雷，微雨。

二十三日　別蚌寺送白牡丹數枝，分給少韓、竹君、小瑾各一枝，前色拉寺所送亦白的，想無二色，並聞色拉寺乃格外奉承，向不應酬此也。過後院數次。頗饒清氣，水與樹好處。化臣、海山來回公事，番缺定於廿八日，俟午刻拜折後再驗收官缺，已出牌示。晚過後院，遇小瑾同踏，復同到洋務局談，均到。東院不但花紅結果，杏子亦結數枚。半陰，小雨兩陣。

二十四日　寫家信一封，內書廿七日，乃廿八日隨摺差走，已交鶴孫封寄。略敘本月周天壽到對象照單已收。相片均作架子，惟至格相片不如後來照得好，朱家相好，真有福。以後對象不要，如帶將木樨、玫瑰、松子食物可，帽花再帶用金線，初八日給四老爺念經，大家送份金，余身子好。後院挖池子，蓋房安橋，可以閒遊，東院忽結花紅杏子。前月接鳳大人兒信，因今剌麻還俗為番子所害，馬提臺已出關，先打太凝寺，因礦務，再打丁零寺，藏內辦防決無事，不可聽四川謠言。等語。早會楊子藩，由印度回，詢其一路番洋，均屬安靜。午後李肖臣、恩惠臣，因兵餉實係難辦稟商，令與文案處商酌。至鶴孫房內談。早晚過後院，黃鴨一對，帶十個鴨雛，池內游泳，極有趣，上岸則小鴨伏於大鴨翅下，所謂良知良能，禽獸亦然。花紅結得甚多，杏亦不少，細看方知。馬全驥家送芍藥一盆，可種後院內，不過此處花少，籍此聊為點綴而已。到洋務局談均至。陰，陣雨，晚晴。

二十五日　早過後院，頗覺清氣襲人，洋學講多種樹，並須臨水，甚有道理也。午後見外委王世昌，人頗規矩，為王登雲之兄，送大毛氈一張，甚好。出甘壩一帶，午後復至後院看工，遇鶴孫作兩看牆，同登一看，殊得法也。晚飯後外院一踏，木作挪至廓爾喀房，顏色在儀門外，用石杵石臼研之，未免太笨，只好聽之。轉至洋務局閒談，均到。少韓送乾隆、嘉慶、道光三藏錢，藏中尋之，須一元，一卡扛換一文，係人家所存，不易得也。半陰晴。

二十六日　後院過數次，晚遇鶴孫看黃鴨，雄在牆頭，有人過則叫，雌則帶雛在水內，小鴨不時紮水內，隨又上之，極有趣，雌者上岸，小鴨隨之上岸，有未上者則鳴之，俟上，皆伏於翅下。與鶴孫談及父母愛子於此，可見矣，唏噓久之。天甚涼，南山有雪。午後下平地下冰豆一陣，至洋務局談，皆到。半陰晴，數陣微雨。

二十七日　傳見公爵頓柱奪吉，為現在達賴佛之胞兄，赴庫倫給達賴送什物並望看，囑其沿途謹慎，約束僧俗大眾，不准滋事，騷擾地面，本大臣業已據稟奏明，所帶僧俗大眾，共二百五十餘人，查從前班禪佛進京帶二百九十餘人。過後院一看，水似落數寸，恐平池底所生之泉，未必可靠。回時洗腳又多兩雞眼，非常之痛，此腳長之明證也。晚飯後，又過後院一看，花廳上已齊，惟地平方打土，諒節前總可完此院工程矣。轉至洋務局，皆到。燈後雨微大，並雷電。半陰晴，數陣微雨。

二十八日　午刻，拜發巴塘近日情形並藏中現辦防堵一摺，並公爵頓柱奪吉到庫倫給達賴送食物及望看一片。未刻升堂，驗教僧俗、番官各缺。退堂後，化臣、海山回，拉里三六村爭理，前調夫馬一案，應告番官總以持平辦理，漢官亦然。至後院將馬紮拿去柳陰閒座，南看黃鴨浴水。北看丫頭打地，中有兵丁種草花，非此地無此景也，一笑。鶴孫來商公事。晚飯後復到後院一看，畫匠油門扇上色，此地以畫匠為貴，鐵匠為賤，蓋畫匠能畫佛像故也。同小瑾看頭門，門神畫得係漢人所畫，頗似內地。轉至洋務局，均到，談。半陰晴，昨夜大雨。

二十九日　午後化臣來，帶前派京堪布羅藏柱頓隨佛公到庫倫辭行。早過後院，王永福在東菜園移來一樹，名曰海棠，葉梗皆不似，不知何物，俟開花再說，且種於花廳前東南角上，其秧成草花，俟可都活。水池內水落，或云天涼即落，俟暖則漲，未審是否。午後又過後院畫匠搭交，似京內糊棚匠已將花廳上顏色。晚飯後外院一看，轉洋務局，均到，談。晴。

三十日　早過後院花廳，已五顏六色矣。午後奉到正月二十四日批摺，並有電音[一]，文書亦多，乍丫駐藏頭人奪言策認代乍丫卸管倉儲巴呈送佛尊並銀錢，擬佛尊敬留，供銀錢賞還。復至後院閒遊，晚飯後又至後院，與鶴孫、小瑾遊，同到洋務局，均到談。晴。

【校勘記】

[一] 即「電碼」。

五月初一日　卯刻恭謁大招萬歲牌前行禮，回署家廟各神位前行禮。旋至洋務局，約諸委員商酌，番官面稟，哈薩克斯坦逃來男女二百餘人並駝隻，已到藏地，擬派漢官、番官、達木八旗官前往攔阻。恩惠臣來，達木擬就地派往，免得此處前去多費周折。至後院兩次，花廳已油飾齊，尚屬淡雅。晚飯又至洋務局閒談，均到。竹君因肝疾先散。晴，晚風。

初二日　化臣、海山來回公事。至鶴孫屋內閒談。過後院兩次，花廳隔扇門窗等已糊得，馬福興畫隔扇心，其笑話不一而足。晚飯後至洋務局，均到。竹君已愈。半陰晴，數陣雨。

初三日　計泉又拿洋瓷拌小盆，前已買拌二個，共四個，甚有趣。後院去兩次，擺花石臺已砌成，東院送節禮盆花，俟多些，即可分擺之。晚由後院轉洋務局，均到，談各處花卉。晴。

初四日　芒種。早晚過後院，晚約小瑾在彼一談，前房已彩畫，喧嚷非常，蓋無行不歌也。午後至廓爾喀房門外看工人喝牛肉粥，謝余賞，甚樂。今日放半日工，明日放一日工，因過節。又十文錢買花匠小梨樹一棵，種花廳東北，不知何梨，恐徒有其名也。晚飯後同小瑾至洋務局，諸人皆到，回時看王順屋內供佛三尊，乃新鑄為多吉扎襄藏，竹君談噶哩噶達有本地黑洋人，當刺麻褊衫直披後面，不似前藏圍才披也。晴。

初五日　家廟委江少韓恭代行禮，堂屋朝上祠堂行五跪禮。便依放賞並私下賞，總計公賞在一千餘元，私賞一百餘元，委員家人等因討賞不了，有出而躲之，俟回時仍在門外等者，有裝睡裝病者，作種種醜態，不能逃去，竟無如之何，真正可發一笑，漢番官拜節擋駕。午後同鶴孫到後園，遇化臣在柳下閒談。晚飯後踏至後門外，進園，在花廳前平地上與鶴孫復談，此過節最閑暇無事也。聞李糧務應發之款，皆未發，可笑之至。晴。

初六日　寫家信一封，信內寫初七日，隨折初八日發，交鶴孫。略敘前信，恐巴

塘阻滯，藏內均好，洋貨已有來者，遣佛兄至西寧，佛有朝觀之說，此處謠言甚多，不聽而已。省中只關門過日子，少來往，少說話，身子好，時至後園閒踏，此隨萬壽折寄。等語。昨日蓮芳拿來名曰刺梅花一枝，其形與藤蘿無異，色亦如之，葉亦相仿，大小不過十分之二，花極繁，然非藤本，乃木枝，究不知何名，決不能以刺梅呼之。今日色拉寺管下番民送牡丹三枝，亦白色，通事以為向未送過，不肯收，余謂不過討賞，似不可卻，收之，賞之。鶴孫來，送到鄭銓稟，可笑萬分。外送紫晶煙嘴，令其趕緊擲還，其人素傻，不知被何人所冤，實屬可笑。油飾上房熱鬧非常。至後園兩次，晚飯後又至後園，適令郭什、李洪太澆花，種種塘塞，責其馬棒廿。此人不通醫理自己掛匾行醫，前金八不過停飲停食，其方中有乳香、沒藥等藥，詢之，伊云有蟲子咬心，真正胡說，當告以如再給人看病，重責之，或免草菅人命矣，一笑。眾委員皆至後園，月下一談。晴。

初七日　至後院兩次，見兵丁拔草，收拾院落。到鶴孫屋內閒談並商公事，天氣甚熱，不似去年，上房彩畫五顏六色，華麗非常，看其畫金甚好，因將後藏所送佛匣令其彩畫二個，以備帶入內地，可以見番子手藝。晚飯到後園，遇化臣監工，轉至東院北，東牆已拆另砌，洋務局談，均到。晴。

初八日　巳刻拜發萬壽賀摺，並代噶布倫等謝恩摺及呈遞佛尊。化臣、京如君來磕頭，贈其尺頭兩卷。過鶴孫屋內談。晚飯至花園，化臣買盆花，放於六張石凳上，頗有趣。轉至東院看打牆，至洋務局閒談，皆到。晴，晚陰。

初九日　化臣、海山來回公事，化臣並道謝。上房大描金畫花，正鬧一日，二堂前屏風畫大紅日頭，有書卷元寶山子等物，不倫不類難知其所以然，可發一笑。至後院看化臣送來盆花，外又種樹四種，一桃樹，一月季，一核桃，一榆樹，此處以榆樹為貴種，不易得也。晚飯後至頭門轉東院，復至後園，約少韓、竹君，小瑾、鶴孫在花廳閒談。月色甚佳，日轉西大風一陣，有雷聲，東北雲甚濃，有電光，未下雨。半陰晴。

初十日　早過後園花廳，與鶴孫、化臣閒談。未刻同鶴孫、化臣、海山同至穆隆寺，乘騎而往。訪噶勒丹池巴，談及彼處江達英大員臥充納來信，先敘問詢之辭，後敘譬語一斷。東方有一龍，西方有一小兔兒，為其保護，此時龍不能保護此兔兒，北方找一熊求其保護，不知南方有一象，可能保護兔兒，須知早為計方好，此隱語也。並約其前往，余告以此種信及外國慣技，可以不理，去之一說，更難分身。此外談及巴塘鳳大臣遇害事，靖西夫馬事，洋人約派人

往彼學習語言文字事，皆往復問答，甚明事理。又閒談十八羅漢何以有十六尊？據云本十六尊，伏虎尊者乃為羅漢侍從，笑面者乃施主，均有道行，究與羅漢有間也。燃燈佛為如來之師，燃燈後而去，觀音佛是女身，因薙度滅五百年佛果，是以有五佛冠為之接續，無量壽佛。無量為文，壽佛為武，其實一尊，眾生求壽，不知求眾生之壽可求，一人之壽不可，須有善因，方能如願。白拉木俗呼白剌麻，與如來同時許為黃教護法，故至今奉之。先登樓談之，下樓後看其各正殿佛像，有極大，亦有小者，均極莊嚴，內有一輩達賴，活至一百八十歲，外露一齒，乃重生者，告別。仍乘騎而回，陰雲雷聲，未下雨。晚飯後至後門，同鶴孫眺望，進園花廳談。復雲濃，有雷聲，遂同進內，未下雨。陰，多晴，少雲，雷，未下雨。

十一日　見知照，今日奉硃批：鳳全死事慘烈，深堪憐惜，著照副部都統陣亡例從優議卹，陳式鈺等均著從優議卹，餘依議，欽此。早微雨，獨至後園閒踏，小黃鴨已如鴿子大，較前膽量亦大，想硬翎長起，則飛去矣。化臣持其母並兩子照相請看，伊母七十一歲尚精神，小孩亦好。午後李肖臣糧務來，外簽押房會，因收支款項前單未符，復又遞一單，即交文案處，提及趙怡堂潼因至番官公所，眾人看其神氣，呼為阿拉百，譯漢如山石上，並布做得小人，未免譖而虐矣，可笑。李光宇送來藏錢，字音另單附存。晚飯至後園轉東院牆外，進頭門一看，遇小瑾同至洋務局，均到。早小雨，午後半陰晴。

十二日　王世昌外委派探哈薩克斯坦消息，稟辭。昨接金夷情來稟，已抵察木多，此人可保無虞矣。申后至園，在廳梳髮，一陣濃雲，見色拉山雲垂有雨，天忽晴，池內方見雨點，極有趣。適化臣同丁乾三來遊，約其坐談。聞南路有白孔雀，亦新奇，未曾聽過。晚飯後至外院頭門，看其畫門神，油飾各房間，轉東院看工，並花紅所結，竟有一百多果，且有大者，眾皆欣然，以為吉兆，可笑。至洋務局，皆到。半陰晴，兩陣小雨。

十三日　辰刻，恭謁扎什城關帝廟，率文武各員單刀會行禮，營內承辦，除吳小瑾未到，均至，今日並約噶布倫 [一]。戲內又有《送加彌》，殊可笑。晚飯掌燈後回署。昨夜雨，今日較涼，午後大風，晚濃陰雷。半陰晴。

十四日　早微雨，至後園，雲影山光，清人眉宇。轉至東院一看，至鶴孫屋內，略談。午後鶴孫來，持粗石一片，乃砌牆工人藏河邊背來，石已砸碎者，外作黑黃色，內黑地白章，係一龜形，惜乎不全，此不過後右一角，有紋有腳，係合併者，又拿其一片贈余。晚間聞洋務局茶房說，伊亦得一小塊，在

藏河邊，業已砸碎，到署有砌入牆內者，令人不可解。晚飯後又至後園，水已長，到洋務局均至。半陰晴，微雨。

十五日　卯刻，恭謁磨盤山關帝廟行香，氈冠，綢領，小袷襖、大袷襖、袷袍褂。早涼，袷褲、棉套褲。只洋布汗褂，單褲。晚又涼袷襖，氈長袖。因文昌閣修工，家廟委劉文通恭代。午後少韓、鶴孫、竹君均至公布堂看男女降神，男為正神，女乃從先傳璁者，非夫婦。會惠臣、肖臣，因款項殊難兌，求向李海山，說找番商，當告化臣問明海山再議。鶴孫過談，將花廳區封書就，發劉光榮刻之。晚飯後後園一遊，遇小瑾，即約少韓、鶴孫、竹君在月下清談，山光水色，樹影花陰，另有一番景象。半陰，晚風。

十六日　化臣、海山來回公事。午後二月初八日拜發摺件朱批奉到，隨來文書信件甚多閱訖。至後園一踏，得詩四首，錄交鶴孫求和。晚飯後至頭門外看工，轉至東院看工，至洋務局，均到。忽起大風夾雨，同鶴孫趕緊奔回。半陰晴，燈後風雨。

十七日　至後園兩次，化臣來持謝，禹績來函，有唐全權接印度議款七條，大約磋商已有眉目，或遣人或自己於八月間可以入藏，未知確否？午後會噶勒丹池巴，據云接達賴來信，於去歲十月到庫倫，已奏明，蒙恩賞給御用袍子，銀五千兩，並龍緞十卷等件，並遣員侍衛等往看，請奏請開復。並遞哈達一件，並問俄與英欲開仗，已備糧食、駝只多多，未審能否如願？恐與日大戰，元氣未必能復也。至外院一看，晚飯後至園東西菜園兩次，送花已有六十餘盆，未免太過矣。鶴孫往談，至二方回。半陰晴。

十八日　辰刻，上房懸御賜「福」字五方區，恭勤公三方，余二方，紀恩也。至後園同鶴孫一踏，到樹林中，將出賊條削去。旋惠臣、少韓、小瑾、海山、化臣約抱廈下，並鶴孫與余坐一席，另給竹君作一席，令馬福興作，竹君先醉，全亦隨後醉矣。回房後，即在娥珠鋪上大睡，渠恐著涼，將皮斗篷蓋上，幸下半身，可發一笑。晚飯至二堂前與家人等談。半陰晴。

十九日　詢之家人，昨日所喝不過二斤十二兩酒，不覺大醉，想年歲所致，或不常喝之過。今日仍覺懶，到後園兩次，在內看書而已。鶴孫代借《陰陽境》十六本，前數日閱訖，筆墨雖不高，乃因果勸善之書，加以詼諧，另立一格。川省刻本候購攜至珍五妙鄉居大有用，可雅俗共賞也。晚找鶴孫談。晴。

二十日　夏至。早微雨，至園，北山上半濃雲，池水甚清，覺涼氣襲人，不可多得。午後噶布倫傳見到三人，刺麻噶倫請假，交派巴塘、瞻對，大宜留

心，謠傳不少，伊等代達賴求恩，告以趕緊具稟，再議。晚飯後，復至園轉洋務局，均到，談。微雨，半陰晴。

二十一日　至後園一踏，程巡捕將花廳匾拿來一看，劉光榮將大小字已刻就，圖章字太小，交小瑾刻之。今日肚中凝痛，登廁數次，大有痢疾之意，幸下黃色熱沫，各處均未去，僅在內房而已。半陰晴。

二十二日　早寫橫披一紙，交程林作花廳懸掛。鶴孫過談。午後仍因肚腹微痛，各處未去。晚飯後至後園，約少韓諸位閒談。午後王順拿來石膽二枚，作圓形鐵銹色，搖之似有動意，據云得之藏河，究難辨其真偽，仍令拿回。晴。

二十三日　將去歲所書對聯等字給分眾人，並看程巡捕、振動《後園詩》，令其找斌筆政書之。鶴孫來，談及酌量賞作匾木匠，每方約卅兩金，費多多矣。晚飯後，至洋務局，皆晤談。晴，甚燥。

二十四日　早接廷寄，又陳奏三瞻藏內各事，為吳先培，之前韓嘉楨一鼻孔出氣，皆係虛無飄渺，不著痛癢之談，與呂鏡宇尚書所陳同一傳開而已。靖西送到駐俄胡馨吾，惟德，浙歸安人。星使諮，送其奏，西藏彩印圖八分。午後至後園，看花廳掛匾對。晚飯後復至園，約洋務局諸君閒談。晴。

二十五日　早紙扎差一切箱支俱到。午後至園，遇惠臣談。惠臣走後，接鶴孫談，因衣服少，未戴帽子，覺不適。晚飯飲黃酒兩小杯，似少好。復至園，化臣明日請客，借來賬房、墊子、地桌，的確番邊景象，可發一笑。轉洋務局，均到。晴。

二十六日　早化臣來，面請至後園，在西邊平壩打賬房兩架，小賬房一架，備跳弦子坐落，江古學在花廳，俟飯後在另小賬房坐。江古學均來見，有楊聚賢、李海山家眷均到，因肚腹不好，進內略歇。又到花園，極熱，穿單衫、洋布汗褂、裌紗坎肩合式，園園一踏。至大賬房晚飯，早晚鶴孫、惠臣同席，然而搭矣。因小雨趕回，即有風雨兼雷聲。晴，晚陰，雨雷。

二十七日　寫家信，信內寫廿八日，隨摺差廿九日走。略敘藏中熱，竟穿單衣，刻池巴求雨，已見雨，想田稼不至不收成矣。南路唐大人、東路馬大人均無辦理，如何準信？聞川省涼。京內蓉格曾否去信？余給那、溥大人去信。四老爺過去用款，想法通融還之。至格已過一生日，必有玩意，余身子好。聞路上番子頗拆信看，奈何？等語。午後至園，池水見長，昨日大雨之故，聞科房欲藉此處，要為闔藏所無之地也，余可之。紙扎差送來省中土物，似可不必，半路將酒罈打碎，賠錢廿文洋錢，尤為可笑，俟明日擲還之。晚飯後至頭門一看，

已油飾得。南山已青，有牛數十頭在半山放之，甚有趣。轉洋務局，惟鶴孫未到。午後並會李肖臣。半雨，午後半陰晴，有雲。

二十八日　鶴孫借來《封神榜》一部，內短一本，看訖，不知其寓意在何處，或謂道書，然與《西遊記》不同，似有寓意，可耐看也。將回差周天壽、胡長春傳來，所呈洋錢擲還，痛教訓之，即以此錢令其分肥，謂之當差不慎，責之不為過，然小事也，罰錢則不可。午後至園，早間有雨，池水大長，山上未斷雲，望之有趣。晚飯後復至園，頗涼，小裌襖、軟裌襖、氈長袖、裌馬褂、洋布衫褂合式，與前日大不相同也。至洋務局閒談，天黑如墨，有細雨，即回。眾人皆散。王永福將此處所用顏料找來數小塊，白藍紅綠皆有。半陰晴，早晚雨，風。

廿九日　巳刻，拜發請開復達賴剌麻名號一摺，代班禪謝恩一摺，請補後藏載本一摺。午後，至外院看文昌閣工程，藥房即在其下，遇王佐，在閣下一看，化臣帶領捏巴本石匠及作小工鳥拉等跪一院，磕頭謝賞。復至園一踏，化臣、海山帶倉儲已謝賞，前後已用一千一百餘兩漢銀。鶴孫、少韓同來商公事。晚飯後，出南門一望，轉洋務局，均到。半陰晴，午後細雨。

三十日　給琴軒、仲路擬兩信底，交琴軒千金以還四弟喪葬墊款。接班禪佛來信，送長壽佛一尊，紅片子一件，信尚未譯出。至外簽押房會李肖臣糧務。到園一看，氣甚清，因昨夜雨，水池大長，蓼花已有開者。晚飯後復至園，覺涼，轉頭門一看，到洋務局，均到，聚談，並將岣嶁兩手卷拿去一看。半陰晴。

【校勘記】

［一］吳注：又演《八仙壽》《九華宮》《李存孝射紅袍》《盜靈芝》《雕窗逼嫁》《送加彌》《歸正樓》。

六月初一日　卯刻，恭謁大招萬歲牌前行禮，家廟委江委員行禮，覺頭暈。至園一遊，北山白雲數斷，頗得景，將園內未活各樹盡行拔去。鶴孫亦來，坐屋內談。午後，飲黃酒數杯，遂睡一覺，似暈少好。化臣回公事。晚飯後復至園內，約鶴孫、少韓、小瑾談，竹君未到，雷電交作，回。不到二炮，王永福買到白洋布四匹，可染黃以備印《陀羅經》。半陰晴。

初二日　早晨給琴軒、仲路信寫得，找化臣當面交給，聞楊聚賢處人須初四日走。午後至鶴孫屋內略坐，至園看帖，落在抱廈坐，忽微雨，點點池內，甚有趣，回屋內一陣大雷雨。化臣、海山來回公事。晚飯至東院，同小瑾上看臺一望，牆外小佛公新蓋小土房，有剌麻四人念經，蓋道喜之意，此地有每月

初二、十六，剌麻念經者，不過一文錢，即可了帳，似京內化小緣者。至洋務局，均到。回時細雨，聞四野沾足矣。陰，雷雨。

初三日　午後至園遇微雨。化臣來，甘奠池巴擬明日來，定於明日未到。鶴孫來，因帶來賞耗香串甚多，各漢裝江古學各給一串，鶴孫致惠臣信送之，伊用官銜帖來謝，大為可笑。擬初十日約噶倫來小園道乏吃飯，並兩佛公，達賴剌麻至刻下係十四輩，班禪係七輩。布達拉山西有塔子兩面，有串鈴接山，俗呼搖鈴接脈，蓋布達拉山從先與藥王山相連，經岳威信公斷之，本如龍形，後雖接，風水已破矣。晚飯至頭門外一看，轉至洋務局均到。又細雨，午大雨，陰，雨。

初四日　午後至園，化臣來，未刻噶勒丹池來談，公事訖，因詢其各教。據云緣起均係紅教，自宗喀佛初駐於某寺院，徒眾本佛共有卅人上下，某施主施給僧帽，眾人皆有，惟宗喀佛未有，即以黃包袱盤於頭上，遂祝以我今日如此，或可當以黃教興，記載多以染色興，非也。紅教自蓮花佛祖於教興時，未免徒眾於佛教，自負靜淨無為之道，未免支離不講，彼時有白教從而正之，是以源流三教，皆算正宗。後有黑教出於蓮花祖師時，尚與有親，因其以殺生求善助惡，專講咒人害生，當時將其全滅，後因有用其法，將其拘於卅九族，永不得再出害人。後藏亦有數廟為彼教，廓爾喀則彼教甚多，然別蜂子雖屬廓爾喀，多奉黃數者，是以黑教僧不可過於原舊之人，然亦不可滅也。又云燃燈古佛上有七尊，如無量等佛，大約在中土遂人之世。當詢四天王，前云係守鎮四方，何以手持之物各不同？據云此本四家王子，能鎮妖魔，是以各得降魔之具，如東方以琵琶乃其地妖魔頗畏此具，且彈之可以感化此地之人，餘者不過此意。因思小說家以風調雨順附之，無此說也，詢其哼哈二將，內地廟內多塑之，何說？據云佛地無此一說，並不塑此。又詢其文字經典，據云字不過記載來往所用，經則所包者廣，如天之生物生字人生生字，畜生生字同一，然人生內有畜，畜生內有人，非可拘一而論。李海山云，如今番家閏五月，蓋隔二年必一閏，乃為牧放而設，總在夏日秋初，非有別意，其大小建，係月中減去一不好日作小建，廿九日為一月，大建則滿卅日。剌麻則不然，以單月為小建，雙月為大建，乃一年定準也，至日月蝕有推算家，與內地不差也。鶴孫來談，韻秋女史拿來蘿蔔甚好，內有青條名曲，曲乃佛爺噶僑所用，此為葉梗，葉如大麻子，每本上出穗似桑葚帶紅色，其酸非常，實難領教，只好賞佛爺吃罷。晚飯後，至園，約鶴孫談，穿軟袷襖、小袷襖、袷氈長袖馬褂，坐不住，似中

秋，復至鶴孫屋內談。半陰晴，有小雨。

　　初五日　巳初，策騎赴磨盤山下永安寺，寺額有四體字，為「藏衙永安」等。太上皇實，無年月，自繫嘉慶初年恭懸。廟宇氣象莊嚴，登樓，在其說法處坐，主人為江少韓、余鶴孫、吳小瑾、馬竹君，竹君提調，乃教門席，少坐。本寺剌麻請升座，進炒飯、酥茶、果品、長壽佛哈達，回賞數十藏錢為服役人，哈達賞當事剌麻，當回明本寺濟曨胡圖克土，因明年受格隆大戒，不受此戒，不得穿黃披單。今已至別廟坐靜，此濟仲尚係恭勤兄任掣瓶。下座後到各殿一看，觀音佛果係女身，胸前帶，告亦用松石所鉗，與藏丫頭無異。座上佛冠、佛座，皆係珠寶鉗之，然座下鉗鼻煙壺三個，不可解。其餘諸佛有千百尊，多係珠寶鉗成，甚覺富麗。回時入座客中恩惠臣、劉化臣、李海山，羊肉菜甚好，不過太多。未免後路不得下嚥。《聊齋》云，此食可飽三日矣，一笑。回時已酉初三刻矣，策騎遇雨到署，又大雨矣。海山云，藏佛觀音別拉木均女身，其餘各佛均係男身。早晴，午後陰，小雨，復大雨。

　　初六日　小暑。早至園一遊，池水業經上岸，明日可往外撒之，楊柳條葉頗盛。午後過鶴孫屋內一談，王占路送來貂皮五十五張、艾葉貂皮五張、金錢貂皮二張，價三百餘元，將近四百元，噶必丹女人送來蜜點心，賞之。晚飯後復至園，轉東院遇小瑾，同上看臺一望。至洋務局，均到，均謝之，昨日約也。晴。

　　初七日　早化臣來回公事，未刻升堂驗放達木八旗協領等缺。升協領嘉里，升佐領工噶策認，升驍騎校札巴堅參，其什家戶應補者，歸夷情司員補放。劉光榮買來硬紅木一斷，重七斤，合藏錢十二文，不過一錢三四分，銀一斤而已。至外院一踏，晚飯後至園，登看臺，見放水口尚通，院內三池水過滿，不得不放矣。見前作工小孩喊阿媽衝衝，問王永福，即是喊其所生母阿媽母也，「衝衝」乃其母名字也，呼父亦必帶其名，不為怪也。約洋務局諸君在園閒談，月色甚佳。晴。

　　初八日　早化臣來回公事，午後至園水少落，水上起綠沫，用布袋打之，不能淨。至外院東院一看，皮張有硝〔一〕出者，比江瑞田所製較好。晚飯後復至園，同鶴孫、小瑾談，在廳前步月，見河鼓織女星中所謂天河，微有形，不似北方，地高之過也。晴。

　　初九日　早至園，見搭賬房，係化臣辦理，以備明日約噶倫道乏，忽聽西牆外鈴鼓齊動，大念剌麻經，出後門一看，許姓葉園中即從先後園業主，係漢

人，門貼對聯，橫批為螽斯衍慶，乃辦喜事者，殊可笑人。午後又至園，赴拉差叩辭，明日走。晚飯後至外院一踏，轉東院，唐兒小女甚好，因賞名椿兒，因右耳有肉椿二個。至洋務局，均到，一陣雨，趕回。半陰晴，燈後雨。

初十日　早化臣來回公事，午刻約兩佛公四噶倫在園吃飯，余未往見，恐拘泥，今化臣、海山陪，皆大樂。以有池內活水為奇，甚愛此小花廳，蓋番家以金碧輝煌相尚，無此雅潔也。且找科房跳弦子，此作生意者較好，聞終席壓桌菜皆動手，其餘全盡矣，漢菜不常用之過也。後至大堂來謝，亦未見。走後至園一看，搭得賬房三架，即有噶夏一架，甚精工。晚飯後又至園，少韓、鶴孫、行君過談。晴。

十一日　午後至園一看，鶴孫來，金佛像業找人去畫，外院見纏頭拿假片金看，可備裱佛像用，皆係洋布所畫，非此地裱，內地恐無此手藝也。晚飯後至頭門一踏，槍架作成擺上，甚覺威武，旁院本砌得石塊，頗似龍頭，因種兩棵草花以當角，以後必有燒香祈福者，可發一笑。轉東院登看臺路看，轉洋務局，皆到談。小瑾將小圖章刻成，謝之，回時帶來。半陰晴，晚大陰，風。

十二日　連日早晨寫二百餘字。午後至園，各皮已硝得，虎皮只有一張，毛尚厚，成做褥子一床，有五尺長，余留送人可也。晚飯後復至園，少韓、鶴孫、小瑾過談，因詢酥茶辦法。用木甬一中盌，細木板一圓形中鑿一孔，安木柄比甬長，四周鑿四孔，將茶熬得漉於甬內，兌酥油、鹽，搗之，如欲兌奶子，亦可同入，搗之。如達賴所用，必再熬再搗，係芽茶，民間不能也。糌粑乃內地芒大麥，用麥粒炒熟，碾碎，細則羅去粗皮，民間並粗皮用之，裝入木盌，兌酥茶以手揉成蛋形食之。聞藏鹽出於達木，極好者作粉紅塊，別處亦出鹽，不如也。廓爾喀國王噶基食印度鹽，今民間亦食之，皆不願，仍食藏鹽，味重。如茶葉，印度所產不能酥也，味不甚佳，雖相強，金玉茶打箭爐即有，此芽茶雖次，亦稱上品，內地所產。午後並會惠臣。半陰晴，午後雷，未雨。

十三日　早接家信二封，皆係三月發，省寓均好，至格已種天花，甚好，且已能叫媽媽，真光陰迅速。旋找鶴孫談，化臣來回公事。午後寫字，晚飯後至園，小瑾到，聞有雷聲即去。鶴孫來，在花廳談，下微雨，頗清氣，二炮後方回，雨已住，有未濕地處。半陰晴，細雨。

十四日　早給鶴孫寫一小對聯，少韓寫一摺扇。午約鶴孫至園，看山對飲，山繞浮雲，頗饒佳趣，回憶去歲藏中正在吃緊之際，今年則看山景，把酒杯，甚矣，歲月入流，人事變遷，真不可思議。化臣、海山來園商酌兵餉，已

由山上稍有頭緒。過前院，略睡，已入醉鄉矣。晚飯後至頭門，轉東院，同小瑾登看臺一望，到洋務局，均來談，陣雨後方回。半陰晴，燈後雨。

十五日　昨夜大雷雨，天明雨尚未住，磨盤山委恩委員，家廟余委員行香。聞布達拉山前已滿水，須繞柳林，轎行不便也。余鶴孫上來銷差，藉此痛談。午後三點餘鐘，復大雷雨，雹子小鈕子大，滿地皆白。拾起食數粒，涼極，聞雹子番家請剌麻來咒，均係紅教，黃教不會也。用篩子一枚，將水放與中間，不露，咒之，則雹子下於山溝或人家內，不至傷禾稼也，甚奇。同鶴孫過園一看，路上皆水，雨已大足矣。晚飯後看書。陰微晴，雨雹。

十六日　昨夜又大雨，無雷聲，早起覺涼。午後，化臣來公事，惠臣來回公事，並擬借園訂約，余告以二十二日，蓋去年洋人進藏之日也，聊復爾爾，正復無聊而已。晚飯後至園，約洋務局談，均到，作得一對桌，燈甚亮，二炮後回。又見雨星。半陰晴。

十七日　午後，化臣來回公事。至院外一遊，看朱炳章養鳥，有朝天子黃嘴，得來五個，業經喂死一個，可發一笑。找到反舌一個，八文藏錢，亦不為賤矣，此處鷂鷹、烏鴉、喜鵲、鴿子、布穀、鷦鴣、黃鴉、紅嘴鴉、胡百勞、葉子雀、麻雀，姿姿黑，不知名這山鳥、水鳥甚多，養者亦頗有之。劉光榮將前買廓爾喀一把聯作一小匣，甚精巧，擬配筷子，須作成兩截方好，不意作得，中間須安腰結，銀匠不能打，只好罷議。晚至洋務局談，均到。半陰晴，有細雨。

十八日　<small>初伏。</small>午後至園，水已滿地，外放不能，甚旺，蓋牆外水亦滿矣。將《說文》翻閱，擬將《心經》篆出，然不載之字甚多，須借用之，自找費事而已，一笑。鶴孫過談，晚飯後復至園，覺湖氣過重，轉東院登臺一望，過洋務局，均到，談。借小瑾《六書通》查字。晴半陰，午後小雨。

十九日　早起仍查《說文》，惟薩字無有。化臣來商公事。午後，鶴孫送鮮桃四枚，不過小酒杯大，已藏中不易得矣。媚柳給娥珠送衣服等，在西屋坐，娥珠必要周旋，蓋番禮客來須擺點心、零食等物，只有洋點心、鍋巴錫、乾杏兒，然三碟不成局面，只好有吃剩乾莞豆湊上而已，大為可笑。想主客二人之酬酢，不過如此。晚飯後至園，登看臺，聽東邊有鞭聲，乃漢人今日祭觀音，世傳此日過海，始聞歌聲，繼聞鬥聲，蓋入醉鄉矣。聞此處丫頭、小孩等打架，皆不要緊，惟剌麻打架最狠，必到藏河邊先約打死不抵，如果打死，即推入藏河，如未打死敗下風者，以後不論何時相見必以低頭為禮，不敢再打矣。園內

蚊子甚多，轉東院登臺一望，見印房有似纏頭者，頭頂白布，蓋德筆政有鼓盆之戚，乃丫頭家親有來穿孝者，見餘則脫下，外省規矩，似可不必。至洋務局，均到。半陰晴。

二十日　早鶴孫過談。午後至園，黃鴨與老黃鴨相等，已可亂飛矣。大約長成，計算總在百日，或問人生萬不能如此，不知禽獸雛長得快，年命促矣，人果不勞心盡勞力，百年皆可望。化臣來回公事，晚飯後至南門外一望，橋下水甚旺，見逛柳林女人已入醉鄉，沿路仍喝醋不止。其中有珍珠巴竹者，隨走隨跳舞，且大聲歌之，本地不以為異，如至內地，大眾必以瘋子目之矣。轉至洋務局，均到，痛談。午後，並會惠臣。晴。

二十一日　大暑。早化臣來回公事，並拿湘梅信來看，將詩稿取去。晚飯後，至園西邊平壩上，已搭帳蓬房四架，惠臣備明日請客用。轉東院，登臺一望。至洋務局，均到。竹君拿來假犀角一看，蓋野牛角所作，詢之，真犀角頭上不銳，且圓形，下面長成微長凹皮，甚粗，似多豎紋，乃鼻上生長，不似假者頭頂所生也。小瑾拿來熊膽，乃真者，有驗法，已水盌搖放一星，必不散，見一縷縷出紅絲，則非贗本矣。竹君買得煙碟，係水石的，十五藏錢，甚大，余以其聞，量不大，可以讓余有之矣。晴。

二十二日　早鶴孫過談，午飯後至園，惠臣藉以請客，並有江古學皆來見，先在西賑房，挪至南賑房。因熱所至，熱極，隨便園中一踏，將落日，遂入座。座中江少韓、余鶴孫、吳小瑾、馬竹君，另席劉化臣、李海山，落日後已入醉鄉。將丫頭叫至座前，賞酒喝。飯後令唱「羊竹噶牧」，完後即賞錢而回。晴。

二十三日　昨日鶴孫談起四川紳士之無恥，有某紳以進士起家，因訛人成訟，發審局為王介卿大令宮午，山東人，亦由甲班分川，正問此案，該紳非常狡展，大令始勸之，謂同是讀書人，不應作無理事，不聽，反以語言頂撞，大令氣極，登時大加戒飭，謂汝是進士，我亦是進士，諒不至有如何辦不到處，此紳因此氣死。伊子乃一孝廉，後代父白冤，大令遂劾去之，至今川省傳為笑談。午後化臣來，昨日兵餉均放完，多仗噶爾丹池巴督飭番官出力也。老左因其作菜太難，令其改為幫看放馬料，找來明廚子，係營兵，恐家常菜未必能好，成桌或可吃也。晚飯後東院一踏，登臺，轉至洋務局，均到。晴。

二十四日　少韓、化臣、海山來回公事，由噶爾丹池巴處回為墊發兵款餉項，擬明日俟驗缺後傳噶倫等面諭之。昨夜子刻後，大雷並未大雨，今日較諒。

晚飯後喝燒酒兩杯，至園一遊，登西看臺，牆外作土工，水溝已挖深，將土均墊於牆角下，蓋鄰近菜園，引水澆菜，時常上岸，不利於牆，令其墊之。遇鶴孫同看作工，見余請安伸舌，乃討賞而來，賞其兩文錢。轉東院又登看臺一看，至洋務局，均到，惠臣亦到談。半陰晴。

二十五日　昨有轎夫，乃鳳大臣所逐者，來藏。伊云，鳳大臣走至鸚哥嘴地方，見隨從人等皆死，轎乃番子所抬，已將鳳大臣請出，將轎抬跑，鳳大臣只剩跺腳歎氣，遂來槍子，打中太陽〔二〕而倒。番子恨極，將其鬍子拔下，不留一根，尚問此轎夫，此是欽差？此是洋人？轎夫答以不知。蓋恨極，怨毒之於人，甚矣哉。午後升堂驗放番缺三班，到二堂，傳四噶倫等將漢兵餉令其酌商先為墊發，以後隨到隨還，皆應允，俟商之回話。進內，至園一踏，又得鴨子四隻，有一白色，蓋此地皆蘆花及黑色者，白色不多見也。順路鶴孫屋內一談。晚飯後復至園，轉東院看臺一望，臨牆土渣均鏟平，頗覺眼亮。至洋務局，均到談，因雷聲大作，即進內。半陰晴。

二十六日　中伏，小袷襖、大袷襖、袷袍、棉馬褂，因雨覺涼，在內須四件，紗與夏布雖平，亦難穿也。卯刻恭赴萬壽宮，率文武漢番各官恭祝萬壽。聞番官廿八日齊集布達拉山，在高宗聖容前再行祝禮，此風已久，難以理喻之，可謂堯舜至今尚在。來去皆在細雨中行，山已被雲遮滿，惟布送拉山尚清楚，田內青稞已長成，出穗前半年旱，此時諒可無慮矣。午飯後，通事帶來新換乃心巴等，增敬巴卅二歲，乃頂補新得鑄佛七品，仔仲洛桑格勒之缺，此人已老，諒不至如洛桑仁青前補扎巴參等之缺，仍還俗娶親，一笑。化臣來送余灰色袷襖一件，乃其京妻由印度帶來氈呢，惜乎顏色太紅，似難與老人相稱也，哈哈。未正餘，會噶爾丹池巴，因南路、東路至今未有確音，請示一切，告以安靜處之，自有道理，遇事來商可也。至園因蒸得鴨子一隻，約鶴孫在廈間同享。飯後陣微雨，大有趣，燈後蚊蟲甚多，頭炮後即回。陰，微晴，斷續細雨。

二十七日　昨夜雨，早又雨。午後至園閒踏，蓼花大開，沿池均滿，大可點綴秋光矣。化臣來，接到王世昌來稟，前路果是哈薩克斯坦逃人，詢明頭目名布克，有男女百數餘，現無所歸，將公事令委員等看之，交李海山轉商於噶倫，應如何撫之，再聽回音。晚飯後至南門外一遊，橋下水甚旺，水色雖渾，遊魚可數。看西山雲腳下垂，必是有雨，正佇立間，大點雨已來，趕回到洋務局，均到。恩惠臣先在轅門遇見，亦來談，小瑾在東院揀得花紅送來，業甜酸矣。陰，微晴，斷續細雨。

二十八日　中伏。昨日聞惠臣云，由巴塘進來人說，鳳大臣前本不願就往回路走，因趙潼極力說之，鳳大臣只得起身。當時有一番娃子在側，不過十數歲，即指之告人：「俟我回來，此娃亦難再活矣，必令此地雞犬不留。」旁有通漢語番子將此話一傳，番眾即趕去，以致隨從諸人未有逃脫者，趙潼亦死在內，並非先有埋伏也，而此君已至逃走。此種話亦說之無謂，同人皆以為劫數應該，或其然歟。至外院一踏，鶴孫來商公事，至園一看，因飯時喝燒酒一杯，廚子備羊肉鹵，吃麵，未免較多，故在園亂踏，可發一笑。晚飯後又至園，見南池上燕子飛來飛去，捉蚊子吃，甚多，極有趣，細看尾上並非雙剪，恐另是一種，家人說係雛燕，未經長尾，未知然否。旋細雨，到廳廈，見北山雲起，將山遮住，池中雨點風波，又是一種景象，覺園忽狹小，蓋雲垂天低之效。即約鶴孫來坐談，因涼而回。又到鶴孫屋內談。陰，微晴，數陣小雨。

二十九日　午後，少韓、鶴孫來商公事，擬知照馬軍門派員防堵。恩惠臣來，接達木八旗來稟，查北路哈薩克斯坦逃民布克等與前王世昌所稟大略相同。三月廿四日具奏一摺一片，均奉到朱批回，所失報匣一分，聞軍機處奏事處回文。據云來時即夾板，甚怪，恐為內地舛錯。接到家信兩封，至格周歲，親友往賀，此南禮，北方未見過，且送禮未免不安，並提及壽昌、壽蓉，因四弟故，均有信到省。且云壽昌信略，壽蓉信詳，然封來只有程巡捕、振動兩信，此二信說同家信帶來，並未見，想封信時漏下，可發一笑。晚飯後至園一看，因文書收到太多，燈後看之。鶴孫來談，韻秋來已知之，大有責備之語，必惠臣、童朱生所說，有既往不咎之語，已算夫人開恩矣，哈哈。振動信內有娃子起號芝仙，並別人都起號，乃余六太太所贈也，亦可笑。半陰晴，時有小雨。

【校勘記】

［一］稿本原作「銷」

［二］「打中太陽」，即「打中太陽穴」。

卷 九

光緒三十一年七月初一日至九月廿九日

　　光緒三十一年歲次乙巳秋七月初一日　卯刻，恭赴大招萬歲牌前行禮，家廟委江委員。昨夜大雨，圓壩子並大招前極難走。化臣、海山來回哈薩克斯坦撫恤事，竟所見皆同，匯款事亦頗盡心，甚為如意，可喜之至。晚飯後至園登臺一看，蚊蟲等更加厲矣。轉至洋務局，拿來劉仁齋公信，真是老奸巨猾，鳳大臣一面撇開矣，均到，痛談。馬竹君云，哈薩克斯坦盡屬回民，尚知撫恤之恩。晴，細雨。

　　初二日　早化臣來回公事，鶴孫亦來商公事，並閒談。午飯至外院一踏，覺涼，晚飯後竟氈袷襖、棉馬褂，內地七月初間萬無之事也。至頭門內一踏，四山雲起，不時細雨，山色或青或翠，風景亦頗可觀。轉至東院等看臺到洋務局，均來談，回時又雨，房上已流水。半陰晴，不時雨。

　　初三日　劉化臣、李海山來回公事，借商上款恐一時未能湊齊，只好從緩辦理。明日化臣請假，欲到大招、色拉寺朝佛，明日是番家六月初四日，各廟皆開，相傳為佛之聚會日，不可解。鶴孫來，因色拉寺印《陀羅經》，擬賞銀四十兩，每大臣皆一張給一藏錢，剌麻總覺抱歉，此次三百餘張，多費無幾也。午後至園，馬竹君送來筆墨，晚晤謝之。晚飯後復至園，轉東院登臺看拿豬者，拿住並不綁上，望肩上扛起而走，難免咬之，殊可笑。轉洋務局，均到談，回時細雨。半陰晴，不時微雨。

　　初四日　午後至園，將水放出甚多，無如隨放隨下，亦無如之何。聞昨日噶倫等至藏河看水勢，業經上岸，各柳林無不存水。聞同治年間曾經大雨，藏河衝開，水至雪里人戶，竟有將什物飄泊者。至外院遇化臣，據云纏頭官丁乾三來接濟哈薩克斯坦米糧，已由番官發票有十餘馱，明日可走。晚飯後復至園

看臺一望，牆外有帶珍珠帽子、穿花衣丫頭，並淡黃衣、花靴男娃，乃今日各廟皆開，此伺候白刺麻上山者，須到彼男女對面歌舞，亦年中一次差使也。又見小兒掛紅豆珠如珊瑚，回來時蓮芳送來小紅豆，名刺果，如溫桲，內核三，亦似穿珠，所用佛頭名毒，如核桃，有綠珠，人吃必死。廳廈看雨，約鶴孫同坐，回時鶴孫又到余屋內談。昨夜雨，午晴，晚又雨。

初五日　早晨寫對聯、摺扇，其醜萬狀。午後至園，水不見大消，然雨不可再下矣。聞青果尚無礙，草大受傷，與牛馬大不便。王永福買來桃子，一文七枚，隨食兩枚，肚子甚痛，登廁二次方見好，可發一笑。晚飯僅喝粥，遂到洋務局，均來談。陰多晴少，不時細雨。

初六日　早無事，寫小金字對子送各委員，藍紙乃程巡捕所染，似藍布色，金乃洋來者，價甚廉，殊為可笑。晚飯後至園，遇馬竹君略坐，轉至洋務局，均到，惠臣亦來，微雨而回。半陰晴，時細雨。

初七日　不時有雨，不過寫字看書。午間換化臣所送新裌襖，洗腳後換新鞋，大為可笑。晚飯後雨又大，過鶴孫屋內閒談。半陰晴，雨。

初八日　立秋。寫家信一封。信內寫初十日，係十一日摺差走，帶交鶴孫。略敘接到三月十八、十一，四月廿，五月十三、四信。至格已種天花，並辦周歲。一切鞋腳有賣的，不必再帶，惟吃食短少。前賞家人銀，知已收到。余老爺銀信已收到，均告明，周老爺送花、對聯等已攔擋，見周太太亦可攔擋，朱太太已赴萬縣。四老爺事，昌格、榮格信漏，未封來，以後千萬封來。已湊千金交那大人、溥六大人。聞川中天時不好，家中留神，藏內多雨，河已上岸，此時穿棉，馬提臺現住里塘，尚未到巴塘，金夷情已至拉里，糧員英鍾、余鐘麟皆在營，接聯大人信，俟道路通方來，今年內未必能到，周天壽帽子、宿砂等錢已還清。等語。統領稟明開操。午後至園，回時寫對聯等件。晚飯後至南門一遊，竟滿路皆水，不能出去，遙望漢河，水已上岸。聞藏河亦大溢，且番官已派五家出一人至工布擋水，恐直奔藏街而來，從未見有今年如此大水，亦奇事也。轉洋務局，均到，惠臣亦來談。二炮進內，見月，半陰晴，早午細雨。

初九日　未伏。接班禪佛回信，送到長壽佛一尊、轉送鶴孫。泥印泥印最貴重，如前次薩迦佛所送，糌粑佛比銅佛已貴重，尚不如泥佛，蓋銅佛可買，余買不出也。觀音變像緣法身護身佛一尊、圓泥印觀音護身佛一尊、圓泥印馬首金剛一尊、舍利子一粒、子母丸一包、平安丸一包、淨身丸一包、黑白香一包、哈達一方、藍片子一塊、江卡一個。少韓、鶴孫來商諮川文底，化臣公事，並云伊妻頭面皆腫，

乃風熱所致，即送其寶丹服之，並用白菜蒸熟貼之，可以見效，旋令娥珠至彼一看。少韓、鶴孫、竹君、海山、化臣等均來，因見噶倫等議籌兵餉事，多恐難辦也。晚飯後至園，轉西院登看臺，望藏河水浩瀚一片。即出西院頭門，至南門外一看，河汊水皆滿，因西踏即郭拉路，在大麻密堆前，見河汊近北岸有一泉，傳聞係福文襄王至此領水，仍由四川薛濤井郵寄，剩水即傾於此地，隨出泉，轉郭拉者到此，多有淨面者，因水清，番語呼為甲朗傾遮，乃內地四川井也。回至洋務局，皆到談。晴，午後雷聲作，聞南邊有小雨。

初十日　少韓、鶴孫來商公事。化臣來回，甘奠池巴欲回噶勒丹寺，須耽延十數日，大約商上又可湊五千款，以備八月間兵餉，甚盡心。午後無事，將書籍送樓上，似書案可稍清楚。晚飯後至園登看臺一望，到廳廈略坐，蚊子多極，萬難久坐。至洋務局均到，惠臣亦來。回時小雨，今日將《悅心集》第一卷鈔訖。晴，晚雨。

十一日　鶴孫、化臣前後來回公事。午正拜發請補復藏戴琫奏摺一件。昨聞少韓云，後藏馬首金剛乃是真正護身佛，如蒙古王公得此，非布施萬金外不可，其佛真偽在後面有無小戳，常人不敢造也，名曰螺絲戳，像其形耳。晚飯後至南門外一踏，橋水已見消，惟小魚，無大魚，水太深矣。轉洋務局，均到。晴，晚有小雨。

十二日　化臣來回公事。午後無事，寫對聯、條幅等件。晚飯後至外院一踏，見二堂有番官給恭勤公掛一區，係頌德政者，其文曰「更上一層」四字，不知何解。余謂此區可懸於後樓，殊可笑人。轉至東院，落微雨，見東南山白如雪，乃下雹子所積，亦奇事也。詢之，本地乃常事也，至洋務局均到。半陰晴，微雨。

十三日　天已稍涼，氊襖、棉馬褂合式。化臣來回事。午後無事，寫字、看書而已。晚飯後由外院轉洋務局，均到，惠臣亦來，談及四川土地對聯，殊堪噴飯。鶴孫云，「噫，那裏放炮？哦，他們過年。」蓋年底作夫婦問答之辭，足徵香火之冷落。少韓云，燒酒、老酒不論，公雞、母雞要肥，均堪笑倒，然瀆神亦至矣。半陰晴，時有極細雨。

十四日　鶴孫來取公事，寫字、看書而已。吉祥買來羅瑪四個，似盒子軟底，蓋不過十文錢，此物出江達之東南，工布作得尚好，不過笨極。聞工布地方每多種蠱者，種之必死，蓋為役鬼看田地備使用，其行為壞極，番家恨極，如查出將其全家男女皆治死，並抄其家，至今難免有此，亦無如之何也。〔一〕

晚飯後至洋務局，小瑾刻極小而圖章相送，謝之。一作「丙午生」，一作「忠恕」。均到，惠臣亦來，因王樹、王相卿父子，定日汛糧書。被人告發，造謠生事，派惠臣、少韓、鶴孫於明日在洋務局審之。半陰晴，時細雨。

十五日　早抄書，連日如此消遣。午後園一遊，惠臣、少韓、鶴孫來回訊，問糧書等王樹父子固屬不安本分，其造謠生事者乃朱文源，令其責二百板，枷號示眾，將王相卿亦責掌一百板，均革去名糧，以為懲警。晚飯後，又至園登臺一望，轉洋務局，皆到談。早因城隍神出巡，磨盤山委恩糧務，家廟余委員行香。早飯時，且到東院一看，頭門委程巡捕行禮。昨夜大雨，半陰晴，時小雨。

十六日　吳小瑾送來黃緞所印《陀羅真經》四方，渠與鶴孫親往色拉寺一看，緣此經由印度加卡飛來，至上色拉寺，因著火，將原板飛入下色拉寺，磕為兩半，其倒正中間有一小雀，頭形朝上即為正，是以印時皆有中間中縫一道，後有翻板反無此，不足貴也。此板飛來已七百餘年，非駐藏大臣印之，眾人借之相隨，未必能得其真也。色拉寺並有千手觀音石佛，係由土中請出，有一手為牧羊小兒所傷，亦一掌故。聞磨盤山關聖像亦係自來者。經之飛來，小地名叫多吉店，後又在上色拉寺遇火，又飛入下色拉寺。加卡，即係佛祖所生之地，《陀羅經》另有神，已令番畫匠之，即是千手千眼觀音佛，並有別位佛像。後聞噶勒丹池巴云，係如來佛化身。晚飯後至園登臺一望，轉東院到洋務局，均到，惠臣亦來談。昨夜雨，半陰晴，晴時有小雨。

十七日　李海山送到印洋布《陀羅真經》九十六張，布係自買，共賞印經剌麻銀四十兩，並闔署所印二百餘張在內。無事，寫字、看書。馬竹君來謝，委拉里糧務，略談。晚飯後至東院閒踏，到洋務局，均到，惠臣亦來。小瑾送一小圖章，一頭「丙午生」，一頭「夢琴老人」，似此實不當老人之稱，謝之。半陰晴，細雨。

十八日　恩惠臣謝署前藏糧務，因痛談，李肖臣虧甚多，其打算出人意料之外，恐未能以意為之，必如意也，自作孽無可說也。鶴孫來商公事底。晚飯後至外院頭門內一看，轉至東院登看臺。至洋務局，均到。晴，有雲。

十九日　藏內尼姑呼為阿尼子，有薙髮，有不薙髮，滿留頭，則披於頭上。詢之為紅教中阿尼子，三五成群化小緣，人家不過施給半個錢而已，彼亦有廟在上路，乃與剌麻廟相對，均係紅教，彼此配偶，生男當剌麻，生女當阿尼子，子由來久矣。春堆竹君曾在阿尼子廟住，即通過剌麻廟，可發一笑。尼子甚應酬，送若許物

什。不但不能以法律拘，亦不能以僧律拘，近日方看見此種人，若令還俗，不知再還何俗，一笑。午後至園，西菜園送到西番蓮數盆，池中子午蓮大開，葉如金絲荷葉，花如小酒杯，白色黃心，外有綠殼托之，花葉俱浮水面，於午時出水開之，過午並之，沉於水內。據云子時亦然，奇事也。此花緣丁乾三來此談及布達拉山後水塘_{名蘆草塘}。內有，遣人移之，移後皆爛於池內，以為此南池乃新開，恐不潔未必能活，不意前數日又新漂荷葉，今竟開花，且有一叢花至十朵者，可謂勝矣。無事抄書。晚飯後至後園，蓮則早不見矣。轉洋務局，均到，惠臣亦來談。半陰晴，傍晚雷，微雨。

二十日　早至鶴孫屋內談，竹君因接印，求其擇日，回教中有每月四日向為所忌，乃尾室嘴翼云，係彼之聖人病故陣敗等事，故不用，牛頭鬼元為好日子，殊不解。王永福拿來白玉四方，煙壺一個，上刻十二「壽」字，蓋取花甲重周之意，索價四十藏錢，後落至卅，因留之，可備與人作壽，色尚不難，不過地子太軟。飯後至園，子午蓮又有開出水面者。李肖臣來稟知交卸，在外簽押房見。晚飯過洋務局，均到，惠臣亦來。今年水大極，接稟報，嘉玉橋竟打壞，張天衢等出差，走至鹿馬嶺為水阻，兵丁竟有落水者，幸無恙，趕不上宿頭，打野盤，橋樑大半損壞者極多，竹君巳刻接印。半陰晴，不時細雨。

二十一日　鶴孫來商公事，周統領忽送洋糖、洋點心等物，收之，賞之，諸同寅皆有，大約地方安靜，未免高興，可發一笑。午後，仍抄書作消遣。晚飯後至園登臺，見番子大醉，似夫婦攜手而歌，真堪絕倒。轉洋務局，均到，惠臣亦來，因交代請委人會盤，委吳小瑾並劉化臣會同辦理。早雨，午後晴。

二十二日　化臣、鶴孫早來商公事，接馬軍門來函，巴塘於六月廿四日肅清，番匪自將丁零寺燒毀，死者千數餘人，並有沿路漢番字傳單而來，所敘甚略，當擬稿將原信敘入，紮飭各番官並各糧員勸警各番民遵照。午後至園，看小孩撈北池內水苔，皆樂不可解，水之涼不管，蓋皆常到藏河洗澡，此水不當事也。晚飯後過洋務局，皆到，均有喜色，因巴塘肅清也，惠臣亦到。昨夜雨，半陰晴，早晚小雨。

二十三日　化臣又送給洋布汗褂一件，屢次費心，殊覺不安。無事抄書。午後至園，看小孩撈池內水苔，在廳廈略坐。晚飯後，由外院轉東院登臺，見小兒皆放風箏，在大招前似有七八個，皆起至狠高，計泉等亦欲糊風箏賽之，似無不可，一笑。至洋務局，均到。半陰晴，早晚雨。

二十四日　_{處暑。}早鶴孫持玉件二，人求售者，其一作龍鳳形，雕極細，

紫檀座，微有損，刻工亦佳，此必都中帶出，造辦處手工或即上賞之物，索價太昂，難買也。午飯後繞東院，約小瑾同至園，山雲籠罩，時時變換，園內大有秋意，至廳廈略坐，蚊子將二人頭皆叮去，不便再請蚊子，遂回。聞李海山云，此地相傳未定鼎之先，磨盤山間聖像即出現，本地眾番即知國朝有主內地之兆，亦一奇也。晚至洋務局，惠臣等皆到談，議札覆察木多各件，謝糧務種種，笑人也。半陰晴，早雨。

二十五日　化臣午後接郎茹出差，王世昌繪藏北一圖，頗有用，余留之以備看。今早將《悅心集》二卷抄訖。晚飯後又雨，過鶴孫屋內閒談，聞噶爾丹池巴云，在六月初間，云云。今年七月藏內雨總不斷，奈何？蓋有道行者可預知矣，至今日驗可知。半陰晴，不時雨，晚覺更大。

二十六日　早聞水聲，即東院登臺一看，順南門柳行，由義河漾上皆連蹤，院墻子水沒膝，汊河上游來甚旺，激石有聲，小橋已沖塌，聞近年無此大水，惟同治某年曾經大水，轅門外即用皮船，此次皮船亦來，因新佛公住房內進水，牆已沖塌，將船放入院內，以被放水。晚間水聲放消，遂至園登臺一看，北面水照常，尚不甚大，園中亦然，蓋地勢南面低北面高之故也。水至南面如此之旺，固由昨夜雨，然上流水亦太沖之過。午後登樓西望，已一片汪洋。晚飯後至東院，登房一看，已消水多多矣，轉洋務局，惠臣等均到，唐兒將余按金貂絨織羊毛毯拿來，甚新奇。夜小雨，有雲，晴。

二十七日　早化臣來回公務，接湘梅信呈來看，此處由川發來，文武各官真正天良喪盡，不但為錢考成不顧，甚至性命在所不顧，真奇矣。午後至園，廳廈少坐即回，連日困倦略睡。晚飯後計泉回，風箏糊得，在元墻放，請看。至東院登臺，見糊一八卦，放狠高，忽風不准，盡力拆下，可發一笑。轉洋務局，惠臣等均到，談。晴，夜雨不大，晴。

二十八日　早程巡捕送來斌筆政泰所書邪閒公單條，裱得似京內小畫鋪所裱，亦甚難得矣。劉光榮作一小鏡盒，帶胡梳，甚巧。午後無事，抄書而已，晚飯後至頭門一看，小雨。轉至洋務局，均到。半陰晴，晚小雨。

二十九日　早化臣回公事，午後至園，程巡捕與王永福打賭，將北池內青水沫限一時內撈完，乃喊成一片，並未訖事。程巡捕賞小孩錢五枚，王永福請吃切面一頓，似解和矣，可發一笑。晚飯後至外院轉東院，即落微雨，到洋務局，大雨如注，雨住，皆到，惠臣亦來，提及李肖臣欠款，川藩亦有怒之。夜大雨，半陰晴，晚大雨。

【校勘記】

[一] 吳注：又云，工布南咱里方出竹子，羅瑪乃彼處之野人所編，尋常尚不害人
　　　物，惟不知穿衣服，每藏中朝咱里山，將竹器帶回。

八月初一日　辰刻，恭謁大招萬歲牌前行禮，家廟委江委員。午後至園，見小魚無數，乃前次送放生者所生，大有趣。晚飯後到東院登臺，計泉糊一大魚，放之不起，蓋無風，可發一笑。轉洋務局，惠臣等均到。忽接江孜外委來一紙包，乃上海華美保教兩本，無頭無腦，令人不解，因攜回一本來看，後有價，乃每部洋八角，亦未要錢，怪哉。半陰晴，不時雨。

初二日　早看昨來華美保教，乃是耶穌教堂所論，不知其妙處。午後至園，在廳廈閒坐，見有鳥如鴿子大，白色，紅嘴黑頭，尾似魚尾，甚靈巧，在南池盤旋而飛，將池內魚銜一條而去，本地謂之魚嬰子，其本名不知也。晚飯後至東院看臺望遠，轉洋務局，均到。半陰晴，不時雨，昨夜大雨。

初三日　卯刻恭謁文昌廟、武侯祠、昭忠祠、龍王廟，率漢藩文武行秋祭禮。午後至園，對廳廈山上有剌麻坐靜之處，聞山上、山下統歸色拉寺經理，此處山下原有一小廓，現已改成大廓，各蒲隆喀，番家謂之擦喀胡圖克圖廟，漢人呼為將軍剌麻廟，蓋此廟乃北口剌麻貢克扎拉參朝佛所修，因其在回疆多立戰功，故以將軍呼之，又呼為羅佛爺，蓋其俗姓羅，曾與恭勤兄相識，記先慈宗室太夫人大事，彼曾遣官送祭席。余請訓時，蒙皇太后垂詢，刻下有無如貢克扎拉恭之人，對以該剌麻，故後實再難得其人矣。略坐而回，抄書消遣。晚飯後復至園登臺一看轉。至洋務局，惠臣等均到，回時看北斗不見，天市垣正中太微、紫微皆不見矣，聞十月中醜正後可見南斗等星，內地必有未曾見者。昨夜雨，晚大晴。

初四日　昨夜雨，早八點鐘又雨，無事抄書。晚飯後至園看臺一看，至東院登臺，因巡捕放風箏，糊鮎魚鳳凰，放得甚高，小兒等來看，樂極，此處不過四塊瓦，無別樣，此則目所未睹也。忽見南門進來一群人，乃逛柳林唱搭而回者，細審之，係達木八旗協領、佐領等_{漢人一樣裝束}。前走，中間乃家眷，_{番家打扮}。攜手而歌，後跟小娃子、雪大蠻等，僅後拉騾馬數匹，大為可笑。亦看風箏而樂，轉至洋務局，惠臣等均到，因告惠臣、少韓等所見，如內地協佐家眷，如在街上亂唱，必以為瘋子矣，眾大笑。晴半陰雨，晚晴。

初五日　早無事抄書，到鶴孫屋內談，午後至園一看。晚飯後踏至南門外，

水已落下，惟橋踏下僅以浮屠培之，計泉用腳踏之即漏，大不妥，因告王永福令找人重修之，可賞給錢，以免傷人、傷牲畜，不可當兒戲也。往西至四川井，復踏回。進洋務局，均到，惠臣亦來。昨夜雨，日晴。

初六日　無事抄書，午後至園，北池、西池長滿綠苔，南池竟未長，或云水底乾淨即不長，此物亦可作一證也。晚飯後又至園，登看臺一望，琉璃橋噶倫宗唱蠻戲，外有唱搭之男女，從而和之，殊可笑。有戴五佛冠、穿女衣而來者，即是唱戲之剌麻，又有穿花衣裳者，為男人即穿行頭而回其住處，亦新奇也。後見小佛公夫人騎白馬而來，走急快，騎得頗好，即前噶倫邊覺多吉女兒，曾伺恭勤兄。轉至洋務局，惠臣等均到，聞雷聲，未下雨即回。半陰晴。

初七日　同鶴孫到東院看放風箏，糊一帶巴竹小人，放起，番子未有不大樂者，皆以為甚奇也。午後仍抄書，晚飯後至東轅門，看小孩放四塊瓦者甚多，放起則打跟頭無數，若以此為能者，頗可笑。遇惠臣、肖臣至化臣處，為任姓送行，明日走。轉至洋務局，惠臣均到，談。昨夜兩點鐘大雷雨，天將亮始住。半陰晴。

初八日　辰刻恭謁觀音閣、丹達廟、呂祖祠、瓦合祠行秋祭禮，寫家信一封。內寫初九日，係初十日摺差，寄交鶴孫。略敘藏內安靜，身子都好，七月雨水大極，橋皆沖斷，現飭番官修理。馬提臺於六月廿四日兩點鐘將巴塘番匪平復，現仍住巴塘。達賴佛爺據番眾稟奏，請開復，尚未奉旨。每日寫五六百小字。十五日擬唱蠻戲。聯大人不知何日可動身。等語。午後至園，各山出雲甚有趣，廳上略坐，回來抄書。王永福買來鐵鈴杵二份，聲音甚好，不過四文錢一份。又有銅鐵記念四分鐵的，並帶小鈴杵，略具其形而已，四分兩文錢，內地不多見也。晚飯後，至東院看臺一望，轉至洋務局，均到。半陰晴，午前雨，燈後細雨。

初九日　午後至園，因夜雨並半日雨，吃糖水皆滿，南山雪大，北山雪小，起東風，所謂東風解凍，此處乃東風飄雪，亦頗新奇。閒時抄書，坐靜覺涼，本氈袷襖竟須換棉衣，然菊花尚未開也。晚飯後，至東院看臺一望，滿山青草，上以雲雪朦蓋，小孩在元壩放東風風箏，奇景也。轉至洋務局，惠臣等均到，談。半陰晴雨。

初十日　白露。巳刻拜發皇太后萬壽賀摺，化臣回公事，並云十五日蠻戲，番子等皆欲來聽，告以無妨，大家均為可樂，求之所不得也。午後無事，抄書看書，買來琉璃數珠四掛，不過五文半錢，蓋此珠乃印度所出，非內地燒來者，

配此以銅錢記念，統出於佛地，似新也。晚飯後，至園登臺一看，轉洋務局，惠臣等均到，談及李肖臣唯利是圖，形同無賴。半陰，晚晴。

十一日　夜四點鐘，覺腹內不好，起蹲馬桶，虛恭熱沫齊下，不知此地如此下雨，燥氣總不能去，何也？無事抄書，《悅心集》三卷抄訖。午後濯足，覺漲癢非常，亦因乾燥所致。晚飯後，至南門外一看，小孩放風箏有斷線者，極力追之，殊可笑。轉至洋務局，惠臣等均到，早覺涼。午後略有雲，早晚皆晴，有秋意。

十二日　昨晚聞竹君云，養蒲草春分、秋分須兩剪，以用竹剪為上，鐵剪長出多不齊，可墊沙不離水根，須著風，上蓋沙，用激泥易活也。早抄書，午後同鶴孫至西院看賬房，已搭四五架，備十五日聽蠻戲，聞番世家借地欲搭賬房者尚多，何大家高興乃爾可笑也。回至園，與鶴孫至廳內，又坐談良久而回。晚飯後至東院看臺一望，轉洋務局，晤少韓、鶴孫商公事。庫倫、西寧兩大臣來公事，有達賴剌麻從西路回，由庫倫大臣朴壽派員偕西寧大臣延祉護送之旨，並川督諮外務部電撥銀二萬兩寄藏，已到爐廳，殊可感也。小瑾云，近日運氣大不佳，早找鶴孫要金剛子，用小刀拉繩，將手拉一口子，因腹痛找人尋洋藥，不意吃多，大嘔吐，看其難支，定更後即回。晴，偶有雲。

十三日　早抄書，見兩園送花，竟有菊花，留院內，其餘送入後園。午後各處紛紛送禮，賞之。馬岱樂送元狼坐褥一件，平生所未見，據云得於兵丁手，獵而得之，此處亦不多睹也。今早巳刻升大堂驗放番缺。晚飯後，至園看花看魚，惟蚊子甚多，因天晴所致。到西院見賬房搭多架，內有做得極精巧，頗適用，此物蓋番家常用之，反比內地得法也。轉東院看臺略望，至洋務局，惠臣等到談。晴。

十四日　早放各項賞耗，內裹吉羊等，仍按上節。每節仍在百金以外，年節尤多。午後，噶爾丹池巴來會，詢及佛像，正中為尊。金佛像以如來佛為過去、未來，以宗喀佛，黃教之祖，達賴、班禪之師。為現在，如《陀羅經》之千手眼佛，乃如來佛出神所化，非觀音佛。傍晚至西院，蠻戲各剌麻皆至，如內地鄉間所謂亮臺，即在平地，地方須大，有帶鬼臉者五人，手持羽箭。用藍氈所作，鼻眼口皆俱，且白髮繞喉，上如蛾子形，中出一尖，作戟形。均金畫，後垂一錦披，套在頭上，身穿花布衣，腰繫若干繩，綴以黑牛毛，以便舞時打圓，皆紅褲、花番靴，謂之天上下來之神。又有二人，如帶葵花帽，加大多絨，身穿花衣，下番靴，手持竹板各一張，為引女角色者。女角五六人，頭帶五佛冠，左右如

半開，摺扇用紅綠染之，身穿花衣、番靴。每歌一人起頭，眾和之，後面有人打鼓鈸，隨之歌訖，則群轉圈而舞之，舞訖又歌，不過如此。有時各人單轉，竟有暈倒者，為眾番所笑。下面紅袴皆須牢綁，不然舞歌則無處不露矣，一笑。晚飯後，過鶴孫屋內一談。晴。

十五日　磨盤山委糧務，仍按去歲免當面拜節，家廟委余委員，自在上房望祠堂五跪十五叩禮。將巳初，赴西院，看蠻戲，乃剌麻班，頗鬧熱。約噶布倫、佛公、纏頭官亦來。廓爾喀噶必丹、楊聚賢、丁乾三諸生意人，德格王子、院上眾委員、糧務、統領，即令統領承辦，用羊肉席，倉竹巴並各處家眷，並不約而至者，約有三千餘人，所演似在唐贊普通中國之先。戲番名《曲結洛桑》，曲結賢王之意，洛桑即王名，凡正角皆手拿竹板一根，長三尺餘，其打扮則各色緞面，五佛冠巴竹，且巴竹上有圓紙花，或古裝湊笑，女角有公公頭者。有一南海子，即藏地，有一北海子，大約達木左右。北海龍王以其地國王無道，遂搬至南海北，王找紅教剌麻至南海咒此龍王欲害其命，可巧一漁父，龍王遇之，贈一寶劍，將紅教剌麻盡行誅滅。龍王遂贈其一寶，漁父不識，找其朋友夫婦亦不識，因一坐靜高壽剌麻見之，說此物不如換一捆仙繩，可以大富，漁父果換之。高壽喇叭處，適仙女下界沐浴，正施淨水，漁父將繩捆得一仙女，欲亂之，仙女不肯，令其進與南國王，稱曲結洛桑，曲結乃賢王，洛桑名也。遂作小王子妃。先宮內眾女，因小王子童身且貌美，以此仙女為匹偶，眾皆妒恨欲害之。適有打卦剌麻行賄賂，令在老王子前將小王子遣至北國出征，以便害此仙女，此剌麻乃一丑角，打卦時偷羊肉、偷糌粑，且不會騎馬，作種種醜態，大為可笑。始則打卦，以其國內平安，繼則必要小王子出兵，老王子信之，其夫人來說不行，仙女說亦不行。遂出征，帶一先鋒，亦係丑角，與其丫頭別，頗逗笑。小王子與仙女別，頗慘然。小王子走半路復回，乃囑仙女要言，後復走，宮內欲害仙女，仙女遂騰空而去。小王子征北國，遇一放羊的，問其本國各事，不肯說，嚇之方說，遂招集彼處多人。內有半黑半白臉婦人，因愛小王子，留於營內，因將彼處情形說知小王子，因平其國醜婦亦死，得勝班師，遂皆成仙，為仙女之父帶領上天，係一綠馬首之神，不可解。且柳枝上挑一觀音像，朝正座，亦不可解。藏中以得勝，且成仙為吉羊戲，然節泰亦有意思，其離合悲歡亦與內地無差，人心所同，又何分彼我也。大家掛哈達賞錢，竟有在房上亦擲哈達，上綴藏錢，蓋此事本地以為吉羊，眾人皆樂極。蓋今年因達賴未回，不敢整日演之，餘則不論，向由初一日至初八日，山上及各廟唱，過此不得再唱。且倉竹巴將山上所存行頭皆借來，外邊亦未見過，

皆嘖嘖稱羨也。回時至鶴孫屋內談。燈後濃雲密布，起風未下雨，後聞夜半有數點雨，不大。晴。

　　十六日　無事抄書。化臣夫婦並媚柳皆來謝飯。至園閒踏登房，問小瑾，已略見好，乃係感冒，總因身弱之過。晚飯復至園登臺一望，聞今日尚有來聽戲者，蓋街市謠傳因蠻戲三班，一日刺麻班，二日丫頭班，三日番了班，可發一笑。又因昨日來聽，不識為誰，不准進來，僅至南門外聞鼓鈸之聲，自己跳舞一陣，未免歉然，故意想當然耳轉至洋務局，惠臣均到。晴。

　　十七日　辰刻，恭赴扎什城關帝廟觀音祠、風雲雷雨神祠、城隍廟行秋祭禮，去時正道頗難走，雨水尚未消盡，回時繞道尚易行。麥子黃的多，然亦有青的。即青稞，內地芒大麥。已有搭賑房，割麥者無幾處也。聞此處割麥，割後不得搬至家，須浪子峽會同紅教各處看過，方運走，且須給紅教剌麻糧食，因曾施法止雹也。聞前數日已有下霜之說。回時在外院二堂見剌麻噶倫等赴北路接達賴，囑其問候，如見西寧辦事大臣延錫之大臣祉問候，係奉旨沿途照應達賴，究竟到藏否，未可知也。今見京報延調庫倫，西寧為慶恕。五月八日奏摺奉到朱批，接家信均屬平安，並給帶來翡翠翎管一隻，並不見好，上有黑塊，已卅八兩，川省之物，不得不算貴矣。並問及娥珠，可發一笑。晚飯後，忽有風雨一陣，過鶴孫屋內談。晴，晚風雨。

　　十八日　早抄書，午飯至園，因用菊花梗葉泡酒，化臣處搬去數盆洋菊，即西番蓮，殊為可笑。後令王永福找來數枝，聞西園種菊甚多，惜均高棵無法也。晚飯後至南門外看橋，已修齊，比從前加高，諒大水不至漫溢矣。乃化臣、丁乾三約商辦，可大利於行人。看放風箏，皆搖擺不穩，山風究與平地差也。轉至洋務局，惠臣請人均到。昨夜雨，晴。

　　十九日　早鶴孫來商公事，午後同鶴孫至園，手拿糌粑一塊，據云每日前往喂魚，極其有趣，魚來甚多，待至池邊屢擲糌粑無魚可睹，蓋有風之過，余謂古有羊公不舞之鶴，今有余公不游之魚，因大笑。園園一踏，到廳廈坐談而回。晚飯後至南門外一踏，至洋務局，惠臣諸人均到。半陰晴，風，小雨，西北遠山見雪。

　　二十日　辰刻恭謁磨盤山關帝廟，率漢番文武行秋祭禮。布達拉山西甬道此為恭勤公捐修。下皆滿水，竟長浮苔，今年水可觀，通永安寺水溝亦流得極旺。莞豆田已收割，青稞田尚有未經收割者，然已一片黃色矣。午後至園一看，魚甚多，池水因連日夜間有雨又滿矣。晚飯後過洋務局，惠臣諸人均到，樹葉已

有黃落者。半陰晴。

二十一日　早化臣來，因小佛公母妻前次聽戲未得面謝，今遣送長壽佛一尊以為道謝，此番禮也太奇，只好留之，告以多禮費心而已。午後抄書，到鶴孫屋內略談。晚飯後過園登臺一望，柳樹黃色多多矣，不意蚊子將手指咬腫，腦後亦叮去。轉至洋務局，惠臣諸人到談，竹君送灰麵兩袋，謝謝。惠臣拿來，告兩個擬留一枚，價值尚未講，明日再說。半陰晴。

二十二日　早化臣、海山銷委財神廟行香差。卯刻，委化臣。據云有刺麻胡圖克圖應摯瓶，俟定日再請定時。卯刻，惠臣銷蕭曹廟、三光廟行香差。鶴孫來商公事。化臣復來，適噶必丹在西院看衛隊操，並帶洋號吹之，又到後園，亦為藏中自無此講究者。晚飯至洋務局，惠臣等俱到。晴。

二十三日　亮炮前醒，蹲馬桶後睡，起頗晚，早看書。午後，化臣來，送到涼水茄二個，並廓爾喀點心一盒。據云噶必丹太太來，與其太太換帖，如干姐妹，其打扮[一]似洋人而非洋人，同到西院關帝廟磕頭，彼此送哈達並錢兩枚，禮也。鶴孫謂「以利交，非以義交」，一可笑也。又送金戒指，媚柳亦有，留噶太太吃飯，另搭一賬房，帶來廚子給其做飯，洋肉一塊，切大方塊，洋芋若干，白米若干，熬之，煮之，太太鑽入賬房，皆擋嚴密，一人獨享，無論何人，例不准睄，或云彼國用飯，向不穿衣，不知太太作何舉動，二可笑也。劉太太將京帶到紙花送給噶太太，樂極，將花插上滿頭，鶴孫謂如劉老老入大觀園，三可笑也。噶太太未來之先，到園略坐。晚飯後至東轅門一望，轉洋務局，惠臣諸人均到，談。晴。

二十四日　無事抄書。午飯化臣拿來黑羊皮，留十件箭，不過八兩一件，京內買不出也。過鶴孫屋內略談。晚飯後，至園一踏，轉洋務局，惠臣等均到，談。晴。

二十五日　無事抄書。昨日清晨，即聞鶴唳聲音清越，真不枉世稱仙禽，蓋秋氣已深之意。午後王永福拿來本地土燒小花瓶，乃供佛插花之具，並燈盞一個，相傳比文成公主鞋而作，其形漢裝小鞋，似附會之辭。唐元宗楊貴妃有羅襪之遺，彼時尚未有婦人纏足之說，豈唐初唐太宗時有纏足之理？曾記《西清古鑒》銅匜

頗似之，或以作燈盞用，亦未可知。此處陶器有多似古銅器者，蓋唐時始通中土，唐去漢晉不遠，公主到此，自然攜帶器皿，後乃仿造之，亦未可知。川督電有八月十七日達賴由庫倫啟程回藏之說。晚飯後至洋務局，惠臣等均

到。晴，晚風。

二十六日　秋分。無事抄書。午後至園，買小金剛子念珠一串，甚有趣。化臣、海山來回公事，今番家有外來十數人，不知何處來者，非漢語，非番語，非蒙語，甚怪。晚飯後至東院看放風箏，轉洋務局，惠臣等均俱到。晴。

二十七日　無事抄書。午後，丁乾三女孩阿迷勒此乃回經中句，凡乳名皆由經中取，如用漢名亦可，至嫁娶日，阿渾〔二〕所呼必經名。來，極有趣，係女孩如男孩，結實極，兩歪毛極黑，臉極白，不到三歲似四歲以上，因前數日送給紅魚風箏，特來道謝。見面磕頭，到屋內，因在教，無可送，給其果丹皮一塊，揣入懷，荔枝一罐，抱之而去。先至鶴孫屋內談，晚飯後至園，登臺眺遠，轉到洋務局，惠臣等候到。竹君有納小星之信，擬在東花廳居住，請其大安，前託鶴孫擇日，擇於九月一日。開一單，用封箋裝之題籤，乃三五在東，奇想可笑。晴。

二十八日　早鶴孫來回公事，午後化臣來回公事。接稅司韓德森來函，前致外部電報，已由惠德墊給，復由韓稅司先為付給，當即致函，茲應還盧比九百餘元，一併還之歸款。聞唐大臣有告退之信，未知確否？早飯痛飲黃酒，已入醉鄉。晚飯不過喝粥而已。至園一踏，回上房，未至各處，燈下看書，身上頗覺爽快，不過牙疼。晴。

二十九日　早抄書，將《悅心集》抄訖，即交鶴孫，倩印房筆政諸君，凡有錯落，挖補好，再重書，然統計四卷已四萬數千字矣。借鶴孫《閱薇草堂筆記》看訖，然「薇」作「微」，係石印本，或古通用。午後化臣來，明日請半日假，拉魯小佛公約其吃飯，並內眷亦同往也。晚飯後到東轅門外，看小兒聚集放風箏，大有意思。轉洋務局，惠臣等均到。晴。

三十日　早無事，至園，小魚極多，皆㳛水曬暖，大有趣。午後西園送花，菊花只有粉色，令其有黃的拿來。晚飯後由外院至洋務局，惠臣均到。晴。

【校勘記】

〔一〕稿本原作「打搬」。

〔二〕「阿渾」，即「阿訇」。

九月初一日　辰刻，恭赴大招萬歲牌前行禮。以後大招磨盤山親往，家廟朔江委員，望余委員代行。化臣來回，拉魯小佛公意欲請到他家耍一天，並約眾委員，然怕冒昧不敢說，因倩化臣探聽如何。告以必去，因其父噶倫曾跟恭勤公當

差，即定於初九日，彼處有樓，借可眺遠登高。巳刻，馬竹君納江古學，一片鞭聲，不意古學乘馬而來，馬為鞭所驚，不往東花廳去，徑奔洋務局，或嚷嚷非洋務局，乃東花廳。蓋局內吳小瑾所住，聞者無不笑倒，然竹君意以正經事作，請來阿渾念經，到時先以一活雞投之，不知彼教是何禮節，竹君竟衣冠候之，且有香燭。午後至園，媚柳送來倭瓜一個，彼叫他西胡盧，吉祥叫他黃瓜，殊可笑。永福拿來棉毟，多一個，尚未全，乃供佛所用。晚飯後過洋務局，惠臣等到，少韓病，竹君未到。半晴，午後，天小陰雨。

初二日　午飯後至園略坐，倭瓜作餡、蒸燙麵角，竟不難吃，還送江、余、吳三君以為好。竹君江古學起名平安，前來磕頭，當送給玉色湖縐一匹，以為賀禮。化臣來回，楊聚賢匯賞省內家人款，其匯票亦似內地匯票，不過少粗。鶴孫來談，贈小木盌一枚，有蓋，極有趣，並銅打鎖練，裝洋錢包二個，甚別致，可作花囊用，不過一枚藏錢一個，價甚廉，係印度所來，本處無此手藝也。永福拿來海棠果，半文錢一蝶，比化臣前送者大，然澀亦稍減，略有甜水，似內地樣，略有透亮，意頗奇。晚飯後至東院井旁一看，聞昨天夭尼小女孩掉入，幸水淺，伊母亦跳下去，將他撈上，幸其落下頭仰起，兩手抱之，然亦可危矣。孩子不過三歲光景，令永福找木匠趕作井欄為是。轉洋務局，惠臣等均到，午後數點雨。半陰晴，晚小雨。

初三日　早至鶴孫屋內閒談，午後至園一踏，無事。將娥珠始末，並保子留蓮芳及化臣太太來，均祥寫一密信，擬封入初九日家信內寄往。永福將棉毟多拿，全以銅託子，如一件楞銅盌，扣用，上有三圈，一大一小落著用，均係五色小料珠所穿，向以糌粑按層堆起，上安前日所拿銅八寶，蓋供佛必用物也。晚飯後至南門橋上一看，係化臣、丁鄉約功德，收拾甚為妥協。轉洋務局，惠臣等均到。至園時有太陽，飛牛毛小雨一陣。半陰晴。

初四日　早至鶴孫處閒談。午後至園，晚飯後到南門外一遊，轉洋務局，惠臣等俱到。晴。

初五日　鶴孫屋內略談，午後至園，大有秋意，樹葉黃色不少，且多落下者。北池浮苔多沉水底，遊魚在上，偏北岸者多，蓋取暖也。晚飯後至東院登臺一望，轉至洋務局，與鶴孫談及湘梅在省，大家借看《花月痕》，得意者為左文襄，失意者為郭意誠，其中筆墨頗佳，餘日久竟忘矣。晴。

初六日　寫家信一封。隨初十日摺差走，信寫初九日。略敘八月十七日接來信，一省都好，並翠翎管亦收到，已上帽上，以後無復帶物。高玉貴如走時，可帶

食物，不可帶別項。范太太等常到公館甚好，范老爺已到後藏，其寄家錢恐託人未當。現大家畫佛像，亦畫四軸，印《陀羅經》六十餘張，護神佛六十尊，現番信服不似從前說是大臣胡圖圖佛轉世。八月十五日曾唱蠻戲，男女等到者三千餘人，交劉巡捕辦，不過數十金。外寄永聚興票一張，匯兌平銀一百四十兩，不出冬月交公館，如有人送銀至公館，即驗明，將此票交送銀人作收兌憑據。又一紙交趙興買《桃花扇》《儒林外史》《花月痕》三部書。又有小信一封，即初三日所寫密信。等語。早接五月廿九日折奉批回，文書甚多，並喬英甫寄舒肝丸三百粒，並無家信。鶴孫來商酌覆文信底。晚飯後至園登臺一望，轉洋務局，惠臣等到談。晴。

　　初七日　無事。由省督寄到湖北官報，乃張湘帥所送，甚好，頗可破亂黨之肆無忌憚。化臣來，送到加利吉打天益和記一紙，乃前寄那協撥墊款千兩收條。化臣、鶴孫拿來千里鏡三個，留一個，係一萬一千四百十九號，最賤的四十五盧比，合內地較貴，然亦有用之物也。晚飯後至園，登臺演千里鏡，貴者與賤者比，亦差不多，不過裝潢稍講究耳。轉洋務局，惠臣等俱到，曾聞王永福云，大招來一蛇，肚子甚大，此處原無此物，番子謂給如來送酥油的，問其何以見得，據云前數年曾得一大魚，放之又來，又得之，亦係大肚剖之內有酥油，是以蛇之來，故知之，不值一笑。番子之愚，真不可思議矣，後送入柳林之內。晴。

　　初八日　九鐘吃早飯。九鐘三刻，由署起身赴布達拉山，文武漢番各官均到。見噶爾丹池巴佛座東面南站在墊上，由京剌麻捧敕書，池巴面東跪，永安寺胡圖克土後跪，佛公、噶倫等廊外跪。池巴接敕書後，剌麻交印房筆政展開，一人讀清文，一人讀漢文，達賴及大胡圖克土、佛公等均有賞賚，讀畢，池巴等均三跪九叩禮，大臣退，池巴送哈達，永安寺胡圖克圖送哈達，升座。在佛座東北高臺。佛公噶倫等參見，送酥茶，前後三次，達賴大臣用金壺，眾人用銀壺，送酥油、炒甜飯一次，送羊肉沫熬粥一次，排筵二桌及氆氌片子，上賞蟒緞一匹，藏香數束，羊肉一塊。此每回照例天恩，均露之意。此係石鍋所煮，極好，乃山上有名之物也，番子僧俗各官當即撕而食之，漢官作不到也。跳鉞斧三次，照常賞之。兩剌麻對北念經，兩剌麻講經，並搶筵席，照常辦理，惟筵上有一木刻八寶，後知名扎喜打銘。似棉魚多，大約佛所食之物，皆以此為恭敬，故必放在食物之上，惟此次有兩噶倫手托如銅盆一個，上以酥油麵捏成塔形，後詢明，以麵捏八寶。先行禮，復站起，以手二人託之，一剌麻面北念經。東果兒穿花

衣戴元寶帽，云是唐朝宮女打扮，分兩般頭硼佛座，先如世襲後來則散眾，先來者，佛當以手摸其頭，後來者，以棍堵之亦而已。噶倫等均朝衣掛珠，朝頂繫碧靈，大可笑，如貴妃頂戴，佛公等亦朝衣掛珠。詢之，乃達賴得大皇帝恩賞，均為吉祥，合藏都平安等語。經甚長，念完後進上復交下，後隨剌麻，俗人捧寶物銀袋由佛座前過，噶倫等先行禮，並一切執事人頭硼佛座並遞哈達，此禮不甚了然。後詢之噶倫等，在山上賃來三寶，以作為送達賴，蓋虛而又虛之文也。此為例貢回賞之舉，禮成下山。正午正一刻，穆隆寺請掣瓶，名德柱胡圖克土，此為本寺大堪布請示。定於十五日。午刻送觀音佛一尊，哈達一方，禮也。晚飯後大吃羊肉，未免較多，乃真香可吃。由外院轉洋務局，惠臣等均到，竹君未到。半陰晴，風。

　　初九日　早九鐘策馬出後門，由琉璃橋走布達拉山東，直走過旱河到拉魯佛公處，沿路卻易行，惟滿途黃葉，頗有深秋景況。去歲英國諸人在彼住，曾壘甬道一條，尚未毀，兩傍柳椿皆被唐古忒拔去，甚可惜。到時多人站班，皆其屬民當差者，詢其所屬有二千餘戶，地畝所出可交一萬五六千金，以作一年用度，然所費並無餘剩也。佛公接於大房外，大臣到，則蓋盌、酥茶盌、酒鐘、飯盌、點心碟，無一非玉非翠非水石者，乃供佛之意，極恭敬也。酥茶盌托，蓋俱是真金，花極細，蓋上竟鑲大珍珠一顆。其房四面圍繞，上下皆可通，無分前後，即登樓，又上一層樓，乃其住處，正面兩層樓為佛堂，尚不住人，番家通例也。其東西樓，上樓乃客座，並可住於此，到其西樓，四面皆有玻璃，四圍山皆入眼中，甚高敞也。眾委員來見佛公，名吉美朗結。叩見，其母公太夫人來見，乃前公噶倫夫人，公噶倫名伊喜洛布汪曲。曾在恭勤公手內當差，其妻公夫人來見，乃夏扎噶倫邊覺多吉之女，夏扎噶倫亦曾在恭勤公手內當差，用朝佛禮一拱手而已。化臣夫人媚柳亦來見，乃化臣新與佛公換帖，弟兄也。屋內則漢番洋什物無美不備，有照相片，醇賢親王、丁文誠、李文忠皆真，余不可考矣。紅緞繡福祿壽三星，乃一剌麻針黹，雖粗，亦奇事也，新得賞琉璃淡綠花瓶、煙壺等，似萬難，乾隆賞乃玉杯，刀工極細，四腿茶壺亦燒得極好，的係官窯。備早麵，在樓下平地西北花廳，三間式樣頗好，不過太華麗，無處非五色金花，竟有漢裝抱小孩美人，甚可笑。飯後在花廳外對面支一賬房，略坐，極其精緻，裏面有紗圍、綢圍等，似蒙古包，惟中間一柱，總覺討厭，略坐。至其西佛樓，院內有兩池水甚清，其樓乃供各佛，並其叔十二輩達賴剌麻像。下樓後，見西邊有一泉，水極清，云是樓乃海眼，由樓內可看此泉即由內所出，兩池並流。水溝內皆有魚，呼為神魚，不敢動，然去藏洋人在此吃去若多，亦未見魚有神也，一笑，

去歲韋禮敦云，白拉木曾轉世英國皇帝，後詢榮赫鵬，彼國果有此說。今年下電，紅教咒之，電竟下入人家及廟內或山溝，未傷禾稼，非耳聞目睹，萬難信之。今於其坐靜處，佛公於一四方小亭內拿出一物，如翎扇扇把，粗細一寸餘，兩頭破碎不整，係人骨長如來佛像一尊，絕非刻成。云某剌麻圓寂燒時檢出，乃腳骨也，奇矣哉！後至其正面佛樓痛看，佛甚多，坐靜處亦多，坐靜係地墊，四圍皆有木板，似羅漢椅，又似半截木箱子，不可解。又到原來所坐西樓歇息，主人大盤盛來桃兒，痛吃。然似杏兒，核亦似杏核。據云七輩達賴之奶母所種，曾許此樹為達賴之供養，藏內只此一株，在其西北一小廟內，至今存之。又下樓至花廳東，看新挖一小池，水極清，底有泉，管家抱一白鵝投之，游泳其間，亦頗有趣。新挖池有階可下，或云公爺即浴於此，蓋番家於夏日多以活水洗浴，藏河中竟男女同浴不為嫌，據云涼水洗浴可不怕冷，雖達賴亦然。聞其牆外常來仙鶴，且甚多，然野獸亦間乎有之，蓋此處離人煙遠也。遂入席，海山云，由哈拉烏蘇往北走七八站後，則水草皆無，路上如燒茶，即挖土燒之，火焰甚旺，亦一奇也。飯罷，賞其家人銀廿兩謝，主人送上馬，周旋之。襯月色乘馬而歸，四圍山影，清涼無比，至署仍由後門走，已燈後七點鐘矣。晴，有雲。

初十日　巳刻，拜發代廓爾喀奏明請旨准否進貢一摺，家信一同發去，遣小通事至拉魯佛公處，送桂花、薄荷、鼻煙，因昨日當面所許也。倩韻秋女史煙包寫番字，桂花照寫，薄荷則謂之治頭痛，不寫原名，恐未知也，可笑。午無事，昨日乘馬，又因上下樓多次，竟覺腿微疼，似老境逼人矣。晚飯後出南門外一踏即回，至洋務局，惠臣等均到。接京電譯出，為英國藏中議款事也。燈後小雨，有雷聲。半陰晴，並聞略下小電。

十一日　寒露。找化臣來，告以明日傳噶拉丹池巴並噶布倫等來轅，有面諭事件。午後，少韓、鶴孫來商綦飭商上，昨奉外務部電諮賠款，即通商口岸兩款文底。晚飯後至橋南野壩一遊，看各樹林已黃至七成，橋下水亦漫流，不似前之洶湧矣。至洋務局，均到，明日山上請金瓶，已派巡捕等照料。風，晴。

十二日　早到鶴孫屋內談，未刻噶爾丹池巴來，與其將外務部來電並札知，復傳噶布倫，亦嚴飭趕緊議覆。鶴孫找來，將一切情形告之，俟噶夏稟覆再作道理。將《曝言雜記》《竹汀日記》閱訖。晚飯後至園一踏，較冷，穿棉襖、氈棉長袖合式。轉洋務局，均到。昨日少韓聽說有一女身，正江豬佛轉世，現居藏之南山，在懸崖石壁中坐靜，番家信的人甚多，皆以果子供養，有時落下享用，後復騰空上之，蓋此壁非人跡所能到，未審確否。風，晴。

十三日　無事看書，借來《鏡花緣》一部看訖，筆墨不大壞，甚博雅，似與《儒林外史》相左，此筆墨惟恐人不知，彼則惟恐人不知耳。午後，鶴孫過談，少韓來商公事。晚飯後，由頭門內轉至東院看臺一望，雖有深秋意，比去歲較暖，緣番家有閏月之故也。至洋務局，均到。惠臣拿來水晶一塊，重十數斤，乃別蟀子之物，索價十數兩，恐綿性太重，俟明日再議。晴，微風。

十四日　早在房內看書寫字，忽覺身上發冷，左膀作痛，至馬號一踏，不覺好。至鶴孫屋內談，待用早飯，用燒酒兩鍾。飯後即攜馬紮出暑，至南柳林順藏河往東，踏至腔子嶺岡河邊楊樹下閒座。看河對面山色已蒼，向陽尚有黃綠色，間有小紅樹，頗饒秋意，雲徵寺左右綠樹、黃樹相間，可入畫景。河內水極清，深處綠色已歸槽，沙石灘已露數片，林中落葉皆滿，即看守者一年所燒之柴也。回時仍舊路，小瑾、鶴孫來找，皆未遇，可發一笑。踏回滿身是汗，膀子已愈矣。晚飯後洋務局談，均到，水晶已賣，八十六元一分，合八兩多銀而已。有雲，晴。

十五日　辰刻，恭赴磨盤山關帝廟行香，路間討口子者甚多，雪里前有擺佛者，蓋今日亦番家十五也。午初二刻，由署至大招，先入座，在東，噶爾丹池巴在西。金經謂之今日掌教來去，皆來招呼。俱高座。委員東，番官西，皆矮座，兩旁剌麻念經者甚多，詢之，所念係消災經。俟筆政先書清番字，名字用墨筆。將象牙籤用黃紙封固，大臣在外用朱筆寫滿洲封字，供於金瓶前。滿語愛新奔巴，即「金瓶」二字，今均呼為「奔巴金瓶」或呼為「金奔巴瓶」。大臣行一跪三叩禮，派委員恩禧，本應幫辦之事。將籤入於瓶內，又念經，時不久，即請大臣行一跪三叩禮，站起復跪，掣一籤，為呼畢勤罕，共二隻。余籤應宣之，以示大眾，明其非私也。本當在佛前，因地狹在萬歲牌前，仍按佛前行禮，掣出穆隆寺德住胡圖克圖呼畢勒罕，凡掣瓶未及歲者，為呼畢勒罕，俟及歲坐床，方謂之胡圖克圖，坐床在十一、二上下，以後經到何地位小戒，再經全則受大戒。名吐布丹堅參，又加名青鏡稱勒朗結，即住布達山北。年八歲，聞家計甚寒，伊母曾當人家薛大嫂，未掣出者，家內頗富云。掣籤宣示後，番眾擊掌，似歌非歌，齊喊之，以為慶賀之意，觀其大眾皆面有喜色。本擬不掣，經理藩院駁之，此次仍係其人。掣出之子，原文仲瀜奏明勿掣，經理藩院奏駁，此次仍是此子，惟原文有卜卦及所敘有父無一定，母名策忍拉莫，父無一定四字，真堪絕倒。穆隆寺札薩克送觀音佛一尊，哈達、酥茶、甜飯、果筵、錯鑼照舊，乃大典也。不候經完，皆散，回署，午正十分，來去不足三刻耳。拉里糧務來稟，屬民逃走甚多，皆云至白馬棍出有蓮花世界，人至彼可以不死，且食物皆

由天而落，真正胡塗可笑。惟有速扎噶廈禁止為要，至園閒踏，向日葵大開，竟有一盆菊花頗好，尚未開。晚飯後由頭門內轉洋務局，均到。晴。

十六日　早鶴孫來，韻姑娘生一子，開八字一紙，乃乙巳丙戌乙酉丁亥，甚佳。余送小名為佛保，蓋昨日漢番皆為望日，且有掣簽之舉，又生於此地，故有此贈。巳刻，噶必丹率領兵丁等到此進羊頭、果品、點心等物，乃其新年，並奏樂、舉手為禮。穆隆寺札薩克來謝恩，遞如來佛一尊，哈達、錯鑥、金絲緞二方，外有泥寶一個，乃其素來如此，取吉利也。至鶴孫屋內談，晚飯後出南門空壩子一踏，轉洋務局，均到，談。晴。

十七日　鶴孫到我屋，我到鶴孫屋。因佛保洗三，所送對象太怪，乃牛脊骨一具，酥油一包，為產母賀禮，此為重禮，只好算娥珠所送。如窮家乃醯一壺，酥茶一壺，如嫌費事，送二文藏錢外，次送小孩哈達一方，搭於身，又哈達一方掛其母項上，又哈達一方應掛其父項上。鶴孫只好逃之夭夭，皆掛在一燭燈上，實令人笑倒。更有奇者，此地相傳凡產男兒有變女兒者，或生育後在數時內或三日內、七日內，過此則不變矣，是以每生男兒，必以炭灰在小雀上圈之，鼻上掠之，可以不變，余謂此窮人家其產母生育後即須負苦，此地又重男兒，俟其出，有育女兒者偷換之，未可定也，因相傳如此。至外院一踏，晚飯後過洋務局，永福小孩八字一看，亦甚佳，或應運而生耶。均到，談。晴。

十八日　早至後園一踏，小魚皆在苔綿上清水下，頗有趣。蓋天已涼，均負喧矣。午後化臣來回公事，馬全驥由後藏都司署任回，彼處均為安靜。晚飯後至洋務局，均到，午後起風，少涼。風，晴。

十九日　早無事，借少韓《三國志》來看。午後，後藏戴琫期美策汪謝恩，詢其回後藏尚遲，山上已派其接達賴剌麻。旋至後園，各花已殘，令全園背去，惟留菊花數盆。過鶴孫屋內談，遇化臣。晚飯後束轅門外一看，轉洋務局，均到。晴。

二十日　化臣、海山來，噶廈所遞公稟，恐語言失當，乞恕之。告以凡盡理之言，無可駁飭，如其亂說者，必應罵之，亦不能容。化臣復來，將娥珠鉗子、鐲子等件，復包金送來，余給佛保打鎖，程林將金送來，乃水銀攪入，不可解。過鶴孫屋內，約少韓來，將前接唐大臣、張大臣兩信令看之，所擬覆外部電底不甚妥協。晚飯後燈下重擬之，即交鶴孫明日與少韓斟酌。晴。

二十一日　化臣來回公事，李光宇派漢印房、正稿房發給委牌謝恩。鶴孫、少韓來商公事。至園，落葉有樹已盡者，爭出蒼山，是深秋氣象矣。王永

福與別琫子將氆氇挑換，凡有十字花者，好壞共九十八塊，均拉合十一文一塊，換得極好。無花、紫與黑色並次的紫黑紅三色，共二十塊，貴者一百三十三元五分，賤者廿六元，皆能作衣料用，找其一十三元五分，可化無用為有用，並撿存無花者八塊並存之。晚飯後復至園，轉洋務局，惠臣未到，餘均到。王永福說，有一剌麻名然堅八納群，呼為瘋剌麻，冬夏皆赤身行於市，藏中原不論此，亦聽之而已，久則知其異。每睡必至剮人臺，就而臥地，群狗圍之。每至市自有各鋪戶送其酥茶、糌粑，如盤淨，則飲食之，此鋪必興隆，如不潔，則擲而去。有送其衣服者，亦穿著，如有僧俗窮人向其乞討，則合其自剝，不吝，仍躺於地，雖雨雪不顧。光緒廿七年第穆胡圖克圖圓寂後，忽對人云，吾師去，吾亦去矣。遂亦示寂，驗其頭骨一凹一凸，為碎骨所拼，亦一奇也。頭骨現存山上，聞五輩達賴腦骨正面現如來佛一尊，金川某胡圖克圖腦骨後面現如來佛一尊，並有以舍利子積佛一尊，前見腳骨佛，不為異也。晴。

　　二十二日　外務部覆電於今日發。至後園，約惠臣、少韓、鶴孫、小瑾在花廳吃泡羊肉，恐有不能吃者，備席一桌，竟未用，皆愛吃，令程巡捕、王永福、李振勳、計泉、田德續吃。詢廚役一整羊盡剩一脖子，不過十人，亦可謂勇矣。馬全驥送來仙塔《陀羅經》一板，乃後藏印，與前藏無異，惟下面左右有塔二，少異。有白銅火鍋，漱盂，皆可笑。外洋雞二隻，灰黑地白點，頗別致，收之，賞之。鶴孫送來後藏班禪所印泥作龍蛇劍兩枝，作圓形，亦如護身佛，甚貴重也。龍蛇劍，如有病，可研碎飲之，甚效。晚飯後，至南門外壩一踏，到洋務局，均到，少韓未到。晴。

　　二十三日　昨接幫辦聯大臣來文，具奏仍駐藏地，不駐察臺，並附片奏派隨員及以後不敷再調隨員，歸此次奏調者三名。通判職銜許成寶，府經歷職銜余陵，四川試用縣丞周和榮。鶴孫來談，午前至鶴孫屋內，少韓來商覆扎噶夏文。晚飯後至園一踏，轉洋務局，均到，談。借少韓洋板《鏡花緣》。買金印紫花絨，並藍地絨絨。晴。

　　二十四日　寫家信一封，隨廿六日摺差發，信內寫廿五日。略敘藏內都好，達賴於年底、明春可到，已遣人接。馬提臺聞有回去信，已到省否？聯大人已奏派隨員，未知動身否？余老爺見信，省內都好，頗慰。至格想已會走，此地小孩以酥油上下抹曬，可笑。等語。飯後至園，將兩隻洋雞送至園內交該班兵養活，此物食生米，且滿地草葉、草籽大可食，雞時啄之，在前小院不妥也。計泉拿來洋瓷小貓、小狗等，一文錢兩個，留廿個，帶內地可送小孩。晚飯後至洋務局，均到，化臣將黑羊皮甬七件送來，收入樓上。晴。

二十五日　早清真寺將「福」字區不懸者請去，纏頭官_{名各朗馬馬}。亦然，皆謂大皇帝御書，尊敬之至。馬竹君帶纏頭等來，因用飯，未得見。午後至園，化臣來回公事。晚飯後至四川井路，回至洋務局，均來，竹君未到。晴。

二十六日　_{霜降。}巳刻，拜發具奏德柱胡圖克圖呼畢勒罕掣瓶一摺。午後至園，略坐。洋雞，又名珍珠雞，頭上有角，雌雄皆然，聞天明並不啼，恐非雞屬，未識果何名也。化臣來銷差道喜，今日霜降，例應守備漢兵、達木兵至扎什城打牌，約在二百餘人。晚飯後至東院看馬，轉洋務局，均到。接財政處為辦理金銀銅各錢，天津設立總局，以後只有南北洋，廣東、湖北准作分局，其餘省分惟銅錢酌量准造咨文二件，此實正辦也。並接余糧務_{鍾麟}來信，省寓所交松子、玫瑰，均先為寄到。無家信。_{午覺不適，換氈棉襖，氈長袖，燈後少好。}晴。

二十七日　昨日因感冒，今日仍不適，屋大之過。午後至園閒踏，略坐，涼而回。昨接余糧務信，松子寫作白果，木樨寫作玫瑰，可發一笑。將兩種各送鶴孫少許，並至其屋商公事。晚飯後至東院登臺一望，見剌麻、番官等皆由柳林而回，蓋此數日乃剌麻要柳林請番官，前番官已請過剌麻，詢其請客總在二百餘人，並主客統計也。始到吃打鹵麵一盌，不過一口，有能吃者，可二十餘盤，少候食酥茶、糌粑，再過時則有四盌菜，不過蘑菇、乾粉之流並生肉，又過時乃食火鍋，一日之間，惟有大嚼而已，無他事也，殊可笑。轉洋務局，均到。晴。

二十八日　早寫「嘯雲樓」三篆字，令劉光榮刻之，以備懸於正樓上。午後至園，遇小瑾同踏，柳色金黃，大有初冬景象，聞番家已有著皮衣者。忽王順去，老左因染紫氆氌一匹偷去，將湯約交乃心已審之，待回時一問，係娥珠鬧著玩藏起，將王順、老左叫來，欲責之。後問程林丟一表，令追問之再說，因大罵一頓，將氆氌存上。家人狐假虎威，無處不欺壓人，甚可惡。晚飯後過洋務局，均到。晴。

二十九日　早無事，鶴孫借來《對山書屋墨餘錄》，上海毛祥麟著。所記除古事，有咸、同年間髮逆等事，甚可觀，且國朝掌故亦多，分十六卷，四本，前有朱雨蒼氏四六序，甚佳。每卷有眉批，有總評，想川省必有售者，有用書也。晚飯後轉洋務局，均到。晴。

閱《對山書屋墨餘錄》所載戊午科場案。主考柏葰、_{斬決後昭雪，原參為孟傳金。}朱鳳標、_{革職。}程廷桂_{發軍臺，伊子程炳采，工部郎中，斬決後，聞聯文介公云，通關}

節者係伊弟戶部主事程炳文。審此案者為怡親王載垣、鄭親王端華、後賜自盡。全慶、陳孚恩，後革職。兵部主事李鶴齡、代刑部主事羅鴻繹、關節於同考官編修浦安上三人，均斬決。託柏葰家人靳祥、死於獄。鄒應麟革職，永不欽用。為改平齡死於獄。卷。聞此案因肅順與柏相偶而聚會，柏必以詩詞行酒令，欺肅順不懂以取樂，順遂恨入骨髓。迨案出，端華即其胞兄，每以其言是聽，竟周內成之，因禍由自取。諸人不敢謂之冤，然大事每起於小節，可不慎哉！

卷 十

光緒三十一年歲次乙巳冬十月初一日　辰刻，赴大招恭謁萬歲牌前行禮。午後無事看書。晚飯後至洋務局一談，均到。天氣較涼，行香，換珍珠毛褂，白袖頭，縱線帽，黑絨領。晴。

初二日　早起甚涼。由東院轉至園，復至西院看洋槍隊，步法頗有見齊整且著實，惜人少，若能至三百人則可大觀矣。回房後仍覺涼。午後化臣來回公事，隨時到廊下散步靜坐，便不適，將皮馬褂換上，少好。至鶴孫屋略談。晚飯時痛飲黃酒，略見好。至洋務局，皆到，少韓因犯肝疾未到。晴，風。

初三日　早無事，看書寫字。午後化臣來回公事，鶴孫、少韓擬文書底來商。娥珠至西院，不過吃點心、喝酥茶而已。晚飯後至園一踏，轉至洋務局，均到，竹君未來。晴。

初四日　接後藏糧務都司來稟，有臥克納逼迫班禪到印度等語，是否屬實，殊難盡信。少韓、鶴孫皆來商公事，即擬底知照張懇伯<small>蔭棠</small>星使，並知會班禪聲覆，紮知後藏妥為辦理。午後無事，看書。晚飯後至園，因化臣生日，眾委員皆往赴席。仍回上房看書，後聞吳小瑾未去。<small>王世昌因病回稟，到見。</small>晴。

初五日　化臣、鶴孫前後來商公事。午後達木來送羊二隻，四方之物，<small>共十五方，番家呼之曰腿，蓮芳云食之治腰腿痛。</small>似凍豆腐，乃酥油麵所作，上安白酥油，捏成塔形，竟有三桌，馬奶酒兩罐，應以哈達、銀牌、藏錢賞之，循去歲舊章也。達木八旗，似在蒙古、番子之間，其所送之物可概見。王永福拿來青玉煙壺，兩肩作大小螭虎二，玉雖不好，卻係舊對象，因留之，不過藏錢十八文。晚飯後過洋務局，均到。晴。

初六日　派山南教讀兵丁黃得恩。昨日送來一南瓜，今日炒醬，不甚難吃，詢之尚非山南所產。今晨送羊一隻，似馬鹿，惟角不分叉，性極馴，院內可謂鹿鶴同春矣。因賞小條一件，小對一副，均自書也。聞從前色石友將軍曾養此物，乃山中所產，的是野山羊，在馬圈內，後訥子裏來，有一黑騾，羊每見之，必以角抵他，騾則不然，始而黑騾讓之，繼而踢之，中頭而斃，迨佛家所謂夙孽耶。午後會噶勒丹池巴，談前次噶廈所來稟，措辭多不當，祈恕之，並後藏洋人逼班禪，務祈作主。哈薩克斯坦安置，請飭噶廈覓達木、番家分界水土多處，接達拉漢地住戶番民須接濟一切，等語。班禪遣聶藏娃此理奪結遞番稟，祈保護班禪，等語。晚飯後過鶴孫屋內，將少韓約來告知各語，以便辦稿，應行應紮，作速料理。鶴孫拿來墨晶瓜形煙壺一個，製作尚不俗，且有白色一小瓜，世呼為巧，作價藏錢七十五文，尚不為昂。晴。

初七日　至鶴孫屋內，約少韓商公事。午後，少韓來斟酌文底，鶴孫、竹君、化臣、海山來商匯款事。過園數次，令王永福家人等在彼東南處淋酒，淋出水多一半，酒少一半，可發一笑。然酒已多日泡陳皮、菊花，竟無大味。天寒之過，水則綠色，聞蠻燒酒麴子，乃五毒所造，每多喝，令人腿疾面黑，亦大怪事也。晚飯後，酒方淋得，其燕非常，蓋淨酒也。因接公事甚多，並有爐來電，未至洋務局。晴。

初八日　纏頭官來謝紮，未見。鶴孫來買鐲一對，略談。竹君送到葡萄一盤，並自買，嘗其酸無比，真可笑。至園兩次，淋蠻酒與燒酒味較差，多半亦是水。給大眾四文錢買牛肉炮著吃，以作犒勞，余亦大吃，可謂省矣，哈哈。晚飯後過洋務局，均到。惠臣云接京信，大利輪船煙甬坼傷，有千數人危極，有陸莫登舟，名言也。晴。

初九日　早覺涼，至園內一踏，將野羊拉去，看其仍愛食青草，然牽之費事，不失為羊之本性。過鶴孫屋內，少韓、鶴孫復來，皆商酌公事。復由南路來京電，又大忙，至夜間七句鐘，才將公事簽押發出。午後兩句鐘，三噶布倫來回，為班禪赴英之事，當將辦過公事告之，皆以為然。並令其回噶勒丹池巴，須派明白曉事人到後藏，務要班禪不去，且查明勸導各項人，不可為英人鼓惑，伊等已應之，必回池巴佛。晚至洋務局，少韓未到，忙公事，惠臣、小瑾在座談。計泉拿來倭瓜瓢煙壺一個，係坯子，外面朱紅甚多，蓋乃銀鑲碎石，其老樣無疑，始與王永福認為泥作的，甚為可笑。且告番子，京內泥皆如此，尤可笑，索價廿文，以十六文買得。晴。

　　初十日　辰刻，赴扎什城萬壽宮，率滿、漢、番文武叩賀皇太后萬萬壽。路上水已結薄冰，田內糧草尚有，支搭黑牛毛賬房，收拾未了者。換染貂冠、乾尖領灰鼠袍褂棉襪衣正合式。皇上於初十日前總換黑袖，最惡白袖，以為不詳，敬徵聖孝之一端也。午後至園一踏，野羊可放入草內，並不混跑。且見人即往依之，足見萬物，人果愛之，無不馴順，臨民者所當知也。晚過洋務局，均到，談。晴。

　　十一日　昨見佛公、噶倫等仍繫涼帽，蓋其換季，按番曆三月初八日換涼帽，十月廿五日換暖帽有一定之日。如換季日，尚須在山上更換，且與達賴擺宴，此與四川換季道喜同一，令人不解。早至園閒踏，覺冷。過鶴孫屋內略談，遂換小毛皮襖。午後較暖，晚又涼，覺比去歲熱多矣。晚飯後又至園，野羊放開，徑上看臺，據云此物能由牆上跳下，因不妥，復拴之。月下已見雁行南飛，天已明日立冬矣。轉洋務局，均到，竹君未到。晴。

　　十二日　立冬。早找化臣來，告以公事。午後至鶴孫屋內談，找來蠻裁縫區匹四四，將前畫兩軸佛像令其配片金縫之，即如內地裱工，然所畫均係洋布，裱不成，必須用堅實之物縫之。化臣、海山同來商公事，旋噶爾丹池巴、三噶倫來回商公事，因班禪之赴印也。晚飯後至園，轉洋務局，均到，惠臣將達木八旗始末呈一清單，並夷情事宜簿一本，擬暫留之，將事宜錄之，以備查收。晴。

　　十三日　早過鶴孫屋內談。午後會噶勒丹池巴，將奉旨摘錄並利害收瞻之，所以節略共一紙面交其細為酌奪，且開導，告明兩三日即有公事，到商上再作公務辦理。復至鶴孫屋，少韓來談，知此事並商酌回覆班禪之件。晚飯後踏至南門外橋上一看，水已結冰，伏流未斷，岸上垂柳盡黃，葉有未落者。轉洋務局，竹君未到。晴。

　　十四日　早鶴孫來，並約少韓來商公事。接後藏番漢文臥克納逼班禪赴印，湘梅已伴送江孜，須打京電奏明。午後至園，地下反出水，如犯潮狀，真怪事，然天時已冷，夜間必結冰，白日化，此處地有層土，下均石子，或傳本係一片海子，經某佛法力所填，獨拉魯佛公住處未經填滿，至今水更淺於別處。然耶？否耶？晚至東院登望臺，轉洋務局，惠臣、小瑾談，鶴孫始到繼去，少韓必忙公事，竹君亦未到。晴，晚起雲。

　　十五日　辰刻，赴磨盤山關帝廟行香，沿搖鈴接脈塔外皆葦子滿路，原牧葦草捆載所落，不啻數十背矣。遙見山右有白房五六間，詢之，乃上別蚌寺與

上色拉寺，分布達拉山左右，高高在上，殊不可解。聞各廟於正月初一日、六月初四日、九月廿二日通開，任人燒香點燈。午後至園略坐，回時化臣來，將黑毛羊皮褥甬做齊，共十件，合八百藏錢，京內親友卻實有用也。晚飯後過洋務局，均到，談川省跳端公一切不典之事，竟有訃文中奉嚴命稱孤者，真堪噴飯，蓋因承繼也。晴，午後風。

十六日　午後佛保伊母抱來，弄來磕頭，南禮也。小孩相甚佳，準頭頗大，送給銀鎖一掛，鐲子一對。鶴孫來，又抱來看，是非凡度。旋登樓，寫「嘯雲樓」三篆字，刻成懸之。「慈聖天語福壽平安」圖章一方，「察哈爾蒙古卓特氏」圖章一方，名、號、圖章各一方，未落款也。晚飯後，後藏班禪遣傳號剌麻洛桑蝦加傳見，因臥克納所逼，佛爺十二日起身，請派漢員隨同保護到印度。告以未奉諭旨，實難派人隨往，有來文不過如此，俟譯出，明日再行批示。過洋務局，均到，談。晴，晚風。

十七日　早湘梅由後藏來，痛談彼處事，內有漢奸種種謀利，無怪班禪為其所誤，惟有恭候諭旨如何。鶴孫來商公事。前數日由李光宇轉交犀角盌一個，如木盌形，邊黃色，含黑牛毛紋，中心純黑色，手撫黑色極涼，黃色稍溫，據云的確犀角，然未有識者，索價八十藏錢，當交鶴孫給其退回，未識真假，不便買也。午後至園一踏，早因濯足換棉襪比此地毛襪暖多矣。化臣來回公事。晚飯後過洋務局，均到，少韓未來。晴，午後三鐘起風，旋住。

十八日　早來公事甚多。午後過西院回拜范湘梅，同劉化臣三人痛談，回時噶勒丹池巴、三噶倫、羅藏娃亦來，仍為三瞻之事，欲遞公呈請奏，仰懇天恩不還等語，姑令其呈再說。旋鶴孫、少韓來商奏底，斟酌改定。後藏剌麻傳號來辭，令化臣先具一信給班禪，即交傳號帶往，公事俟再批，整忙一日。晚飯後過洋務局，均到，惠臣未來。晴，微風。

十九日　昨談四川白蠟，乃樹枝結成，外蠟內蟲，採後即須煎熬，不然躭延時久，則蟲食蠟，傷本無算矣。關卡知其然，故意留難，敗此者惟有多費，求其早放而已，與常州魚秧相等，是以屆時必委員稽查，以免流痞從中作祟。今聞王永福云，染氆氇有一種樹，生於南路，與蠟樹無異，折而熬之，其色純紫，染物後其所剩腳子，即是紫膠，可蓋圖章用，印度甚重之，然只能純紫一色用也。天地生物，人之用物，真不可思議。早至外院，轉東院閒踏，將松子、木樨作湯圓，送給諸人吃，皆稱好極。午後，湘梅來呈後藏情形白稟一件，留內存。鶴孫來商公事，新裱藏內諸佛金像一幀，《陀羅經》佛像一幀，令其看

之，不過八十餘文，每幀並畫工合十金上下。晚飯後至洋務局，均到。馬竹君云，聞拉里塘兵云，凡跑公文摺報，野獸皆避之，每至落日後遍地皆是，惟馬熊及各種熊皆不避，必在旁以前爪拱於胸前，土猞子尤為有趣，則爬在地叩頭，若奉朱批回摺，更藏避者多，是以夜行無礙也。晴。

　　二十日　寫家信一封。廿二日隨摺差，信內寫廿一日。略敘藏內平安，天涼，園池已凍，午前後仍開化。范老爺給范太太寄銀，因取回未寄家信以致舛錯，余老爺亦必敘此節，久未見信。至格必大有玩意，奶宜少吃，大來怕病。余老爺聞搬甚近，朱老爺商未見到任。等語。七月十一日恭拜奏摺奉批回。午後至園一踏，因來文甚多，直看半日。晚飯後至轅門外元壩上一看，今日多吉扎念經燒草堆，係紅教，不知何故？為番曆九月十九日。轉洋務局，鶴孫未到，餘均到。甚涼，晴，風。

　　二十一日　早無事，看書。午後至園一踏，化臣來送鐲子一付，乃云南玉，係楊聚賢所給者，因付與娥珠，不敢要，恐摔了，告以平常不用戴，如有事再戴，未為不可，遂敢領之，可發一笑。晚飯後至外院，轉東院登臺一望，轉洋務局，均到。天由昨覺涼，回時換紫羊皮襖、小毛羊皮馬褂，早間已換棉鞋，合式。晴。

　　二十二日　午刻拜發臥克納逼班禪赴印一摺，家信隨寄。午後至園一踏，池皆開凍，遊魚可數，內萍草甚多，涼時魚皆入草內，暖時再出，池水未大消，諒明年魚尚可養矣。湘梅來，面交張議約大臣批語一看，不過推外務部駐藏大臣而已。晚飯後至外院，轉東院至洋務局，均到，談。甚冷，晴。

　　二十三日　巳刻，約范湘梅、恩惠臣、江少韓、余鶴孫、馬竹君、吳小瑾、劉化臣在後園花廳便飯，飲以淋酒，少韓、竹君均入醉鄉，余亦可稱相陪矣，力量非尋常大麴酒可比也。午後回，化臣復來回公事。聞大招東北房角探梁作成龍頭形，由口內兩旁出水，從鬚滴下，昨日有兩大盆，今日略少，王永福親往觀之，上面絕無存水處。聞庚子二三月曾滴七日，北京竟有拳匪之亂，思之殊切杞憂，可奈何？晚飯後至外院略站，到鶴孫屋內閒談。晴。

　　二十四日　早接電京報，即行譯，乃奉旨賞給賠款。又張大臣來電，有暗阻班禪，不可令洋人知之。實無此本領，自負不曉交涉，於此更可見，如此機心，自來無從而起，奈何？午後後園一踏，轉東院而回踏，微有汗。午較少暖，化臣來回公事，過鶴孫屋一談。晚飯後過洋務局，均到。惠臣云，今日至大招，見滴水椽頭於午後未滴，詢之廟中當差人，早晨水尚結冰，其味甚鹹，不可解。

半陰晴，微冷。

二十五日　早無事，看書，約鶴孫商酌公事。午後找劉化臣、李海山來，明日午後找噶勒丹池巴並傳三噶倫面交論旨，並有話面告。李肖臣來，因有文底刪改，無瑕，約明日四五鐘再來。至園一走，午間來皆化。晚飯後過洋務局，均到，談。晴。

廿六日　早鶴孫過談，午後至園一踏。未刻，噶勒丹池巴因有圓寂胡圖克圖往念經請假，傳見三噶倫，恩旨面交，皆喜形於色，應示知各話亦唯唯。四鐘，李肖臣糧務面見，其所說之話，令人莫解。鶴孫復來告之，渠亦笑而不懂。晚飯後，過洋務局，均到。惠臣談李糧務交代，在情理之外。晴。

二十七日　小雪。天甚涼，西山見雪，摺差回，鹿馬嶺一帶已見大雪矣。早至後園一踏，冰已三池結滿。午後，化臣回公事，聞藏中僧俗各官皆欲擇日來謝恩。晚至東轅門外一望，見洋務局買柴，臥若多牛，毛甚長，即耗牛也。聞王永福云，色拉寺溝內曾有人打土猹子，窩內有極大一猹子，後洞供酥燈，糌粑捏成塔，意告人如此，然此人竟捉之，剝其皮，後一家皆死，有鄰居欲殯殮之，黏其屍印死，後扔於土壩上無人過問焉。聞金八聽吉祥母親云，土猹子如養子，有人薰之則竄出，對人似叫有娃子，人因其不動，反持槍擊之，亦甚慘。然轉洋務局，少韓未到。小瑾云，常州城外有一種稻魚樹，多生於人家墳塋，亦不多見，年分好，則葉成稻，年分潦，則葉成魚，亦奇事也。晴。

二十八日　早鶴孫來商公事。午後化臣來回公事。王永福拿來雜木雜雅盌三個，留中路八兩。並小盌二兩六錢一。二個，大的花不均，退回。此物頗不易得，蓋樺樹所結，又說雲南來松木所結。別項樹亦有如贅瘤，然白晝莫敢取，鋸時易生火，必夜晚取之方不燃，紋理如瓠形，中間結一心，隨一路一路上長，作黑黃花，惟心十有九漏，長不滿即成棄物。若心長正，紋再細，更不易得。此雖真心不甚正，已覓多日，不易購也，倫敘齋〔一〕表弟託覓之，似可交卷矣。晚飯後過洋務局，竹君未來，餘均到。程林雲外邊傳言，班禪病怕克里。晴。

二十九日　早甚涼，院中曬暖，與鶴孫談。午後至園一遊，化臣來回缺分事。閒看書。登樓給丫頭、大眾找茶葉，不意拿芽茶，復退回，拿金玉茶，可發一笑。晚飯後過洋務局，惠臣未來，余均到。晴。

三十日　早無事，看書。午後至園，到鶴孫屋內略坐。化臣送來小鹿一隻，尚未長角，詢之，乃達木放牛者在山中牛回帶來，蓋失迷其母隨下山，今年三月始得之，初不過如小狗，刻如小驢矣。王永福送前收拾雜木雜鴉盌兩個

來，又帶一酒鍾六文錢。亦係雜木雜鴉，乃一木所下。據云須有眼方為貴，此三盌皆有眼，云有眼者可去毒，如眼正或有多眼，則百數十金皆可賣，年年達賴收此，以備回送來藏布施蒙古王公。馬友龍送來雞鴨十數隻，雞名絨觺雞，肉嫩有油。三四鐘，鴨放於園，池冰皆化，因往看，頗有趣。晚飯後東院登臺一看，轉洋務局均到。晴。

【校勘記】

〔一〕吳注：溥倫。

十一月初一日　辰到，恭謁大招萬歲牌行禮。巳刻，噶布倫並闔藏僧俗各官為噶勒丹池巴率領，前奉恩旨賞給賠款銀兩，特來叩謝，當諭以此是格外天恩，本大臣有何力量在內，以後諸事總要聽話，不可執拗亂說。噶勒丹池巴並噶布倫皆係辦公事明白之人，大眾亦要聽其說話，感激在心裏莫忘，不是在嘴裏，等語。送來如來佛一尊，哈達、毾㲪、片金、金絲緞、片子等件，外有冰糖、棗兒等，數羊皮包，又有實銀、平銀，並一小包金沫，不可解。詢之，此為駐藏大臣謝恩大禮，只好收之，賞之。午後至園二次，鹿不甚食物，因餵熟係一小剌麻，想是盼望餵養人，亦可憐矣。晚飯後至東轅門外一踏，轉洋務局，均到，談。晴。

初二日　早無事，看書。找惠臣來，糧務事洋務局交出，令其自理。少韓、鶴孫來商公事。午後至園兩次，寫小屏四扇，因篆字金表時脫落，令畫匠將金兌膠重新描之，可發一笑。鶴孫復來商公事。晚飯後由外院至東院，看眾人踢球。到洋務局，均到，惠臣未來。晴。

初三日　夜間著涼，早起頗為不適。午後至園，轉西院看宋筠教習洋操步伐，似更齊整，惜人太少，殊難足用。回時兩鍾後，少韓、鶴孫、惠臣、竹君、化臣、海山同來，晤噶布倫等開導交還三瞻之事，仍以求恩為辭，大約此事誰亦不肯認沉重〔一〕也。只好先發給公事，再作道理。看舊卷，保案大多不真，歷來如此也。晚飯後至外院，轉東院又看踢球，轉洋務局，均到，談。晴，午後風。

初四日　早改保案奏底，鶴孫過談。午後至園，挨園牆踏之，一轉六百廿步。噶勒丹池巴勸余多走，於身體有益，只好園內以後多踏。化臣來回公事，可惜守備陳其光竟病故。四川所派來者以此人為第一，像貌、才情均相稱，武官中不多得也。晚飯後復至園，轉東院到洋務局，均到。晴。

初五日　早覺冷，過鶴孫屋內談，化臣去回公事。午後至園，化臣復來，送到議約大臣張來函，說得透徹，萬非不通交涉者所能辦理。晚四鐘即令開飯，喝粥一盌，覺胸間作痛，想因氣滯，遂由園後門東走至丹達廟前。遇一番婦，髮白，腰略彎 [二]，手持拐杖，詢之，乃百歲以外，係至堆子前沽酒，聞其眼微明，耳須大聲說話尚可聽見，如小孩惟知吃喝而已，仍健飯。若問其歲數，則亂說不甚記憶，伊女亦五旬外，嫁於漢人。出南門，過菜園牆外，由西進後門而回，兩腿竟覺酸，不常走之過也。轉東院至洋務局，均到。晴。

初六日　早起覺口乾，肝熱大作，吃舒肝丸兩丸稍好。此處乾冬，大半春日見雪，冬日見雪亦在山上，平地不見也。找少韓、鶴孫來，將保案奏底面交。午後至園亂踏，似覺胸間此昨日略好。晚飯後至洋務局，皆到談。晴。

初七日　早無事，看書。鶴孫來，略談。午後又過鶴孫屋內談。化臣來回公事。仍服舒肝兩丸，覺脹滿稍好。晚飯後園內一踏，轉東院看騾馬，聞羊毛粗細皆貴，乃洋人南路收買也。轉洋務局均到。陰冷，晴。

初八日　寫家信一封。初十日隨摺差，信內標初九日。略敘余老爺來信知公館平安。此處亦好，天時較涼，生日要唱影戲，又有送萬民衣傘，攔之不住。達賴無信回，恐須過年。南貨已通，多漢人無用之物。至格想會說話，如寫信，將其近日如何寫來。昌蓉格有信給我封來，蓉格要當差，二蓉、雙格伊母能守不能守？如不能守，孩子須留下。令趙興常寄稟。鳳大人送帳子，或綢或緞，奠敬四十兩，已告喬老爺英甫辦齊，令趙與送往，須問明開弔日期。有人送小鹿、小野羊，可謂並前鶴，乃鹿鶴同春，一笑。等語。早服舒肝二丸，覺兩膀痛。午飯飲黃酒斤餘，出後門過琉璃橋東北走，均在兩牆夾道內，至東院菜園，係練永琪、練永祥看守，花樹四株，海棠、花紅、杏子、石榴，此株非是。即在中間坐，飲茶、吸煙頗適意。聞松壽泉尚書湘駐藏時，常步踏到此，尚有匾刻成，懸於屋內，來回不過八里地。化臣給至格等送鐲子，將保案核之交鶴孫。晚飯後到洋務局，均到，談。晴。

初九日　早無事，看書。午後至園，轉圍牆一踏。到鶴孫屋內閒談，覺倦，頭亦痛，略睡方好。晚至東院看場球，至洋務局，均到，惠臣未來。晴，風。

初十日　早王永福拿來秋海棠玉鑲鉗一塊，八文藏錢，留之，可鑲於朱硯蓋上，聊以消遣而已，一笑。午刻，拜發元旦賀摺，並噶勒丹池巴代達賴謝例貢回賞恩典一摺，並德柱胡圖克圖呼華勒罕謝恩一摺，皆隨進佛匣各一。化臣來回公事。晚飯後至園，南池水盡化，北、西兩池未化者多，沿邊均有凌。轉

東院登臺一望，見東北一斷濃煙，早晚此處皆然，或云霧，余恐有謂之寒瘴者，即此也，轉洋務局。均到。晴。

十一日　早無事。午後至外院，轉東院至園，吉祥之兄色拉寺剌麻因伊輪班，應念經熬茶，送到紫香二束，黃香一束，不可解，不過討賞，賞其藏錢十文。劉光榮因刻匾作匣子佛龕，三個，內有隔，甚細，很費手工。頗勞力，賞其四十文，合四兩銀。亥刻，觀音佛請入龕內，係班禪佛所送綠變像者。晚飯覺不適，飲燒酒二盅。過洋務局，均到。晴。

十二日　大雪。無事，看書。晚至洋務局，均到，談。早惠臣來。晴。

十三日　聞恩惠臣云，京內有諺語謂，年歲為五年六月七日八時。蓋五十後則衰敗，以年計，六十後以月計，七十後以日計，八十後以時計，養親者不可不知也。人生大概如此，百齡之人，談何容易哉！午後至園一踏，並登樓略坐。別蟂寺剌麻來，因蒙古王公未來，廿四日念經熬茶，請昂班布施送來羊腔二隻，胸前四腿厚肉，皆挖而食之，僅有微肉，點心二匣現買者，頗可笑。收之，賞藏錢一百文，合銀十兩，所謂厚往薄來，藏中事大半如此也。少韓、鶴孫來商保案奏底。找化臣來，保出江達差弁兵。晚飯後，東轅門外至橋上一看。轉洋務局，均到，少韓未到，因公事忙。晴。

十四日　早過鶴孫屋，與少韓商公事。午後至園踏，略坐，因吃炮羊肉甚作渴。永福找來甲翠兩小塊，另存之，即前記為蟲所化，與川蠟相同。今日為白剌麻在大招散糌粑，係番家十月十四日。晚飯後復至園，轉洋務局，均到，惠臣未來。晴。

十五日　辰刻恭謁磨盤山關帝廟行香，遍地似霜非霜，似雪非雪，係寒氣凝結所致。換本色貂帽、白風毛馬褂，仍金銀腿袍，尚覺涼，回署換狐脊皮襖。有送壽禮者紛紛，洋務局四君共送雜木雜雅盎二個，非此地不能以此作禮。午後至東院登看臺，白剌麻出，逐看燒草堆，乃係惡像，張嘴齜牙，前帶護心鏡，停於丹達廟前，護法至草堆邊似砍之刀，作種種醜態，不過等人掛哈達而已。晚至洋務局，均到。晴。

十六日　早化臣來回公事，吳小瑾來更早，余才洗完面，詢之，乃為其保舉，係眾人冤之，以致昨夜未睡，大為可笑。紛紛送壽禮，且有衣傘、牌匾等物，殊可笑。至鶴孫屋，正梳辮，少韓來為奏保稿件，談及小瑾，無不大笑。至外院兩次，但覺紅成一片，可謂勞民傷財，愚而自擾，無可說也。晚飯後由頭門內轉東院轉洋務局，均到，看竹君差條，劉廷恕打箭爐廳已調省。晴。

十七日　早又紛紛送禮，或收或璧。鶴孫、化臣面行禮。午後至園一看。三鐘，各江古學均來，外邊唱影戲。晚飯備羊肉席，內外皆然，在二堂同惠臣、湘梅、少韓、鶴孫、竹君、小瑾、化臣同吃，後挪階下觀戲。二炮，少韓與劉禮志唱《教子》而止，極樂也。晚風，不大，晴。

十八日　巳刻，各文武佛公、噶倫等，並漢、番執事、兵丁等均拜壽，即留在此吃麵，內眷亦來。午後兩點鐘，至二堂周旋，晚同惠臣、湘梅、肖臣、少韓、聚賢、鶴孫、小瑾在東桌，拉魯佛公、賽綱噶倫、琉璃橋噶倫、永安寺大堪布，札薩克。姜堅佛公、李海珊 [三]、劉化臣西桌，擦絨因病未來。先陪東桌半席，陪西桌飲酒三盅，復至東桌，丁乾三、竹君備教席在東花廳，本擬往陪，再三攔，未經過去。午刻開影戲，燈後佛公等散去，移於階下聽之，少韓先唱《捧琴》一隻，復唱《刺字》全本，未免落淚，曲文經恭勤公改本，遂進內。半陰晴。

十九日　早湘梅、鶴孫來商公事。午刻，飯後至街市給各處謝壽。佛公、噶倫等仍在公所遞片，湘梅、化臣、少韓、竹君、小瑾皆面謝，鶴孫再三攔，出署先往叩謝，出其不意，無處躲避矣，可發一笑。鶴孫、少韓來商公事。晚飯後至洋務局，均到，竹君未來。晴。

二十日　早馬友龍處送來拉子塘石兩麻袋，然大塊不多，可留磨圖書，以備一格。令王永福五文錢買七把豬鬃刷，其笨萬狀。作來烏拉，蓋回絨靴一雙，頗暖，卅文，比京內緞靴貴。午後無事，刷石玩，大可笑。晚飯後至後園一踏，轉東院登臺，煙四起，雲燒佛香，恐有瘴在內。至洋務局，均到。微陰，晴。

二十一日　早無事。午後少韓、鶴孫來商公事。晚飯後至洋務局，均到。濯足，換厚棉襪。晴。

二十二日　早鶴孫來商公務。午後惠臣、少韓、鶴孫、竹君、化臣、海山同來，因哈薩克斯坦逃民布克解到，在糧署訊問，其賊滑萬分，並無實話，擬再訊之。晚飯後，至頭門內轉東院，至洋務局，均到。半陰晴，冷，晚間雲更密。

二十三日　巳刻，升堂驗放番官，甚有不會磕頭者，殊可笑。午後至園一踏。少韓、鶴孫來，回致樞府信底。靖西松糧務送來水仙，恐係廣東往印度者，聞其地亦未嘗出此物也，用水泡土種，未審能放葉開花否？因改文底等件，覺胸間作痛。晚飯後，至東院來回盤桓，至洋務局，均到。晴。

　　二十四日　化臣來，鶴孫來，皆為公事。午後看僕人裝箱二隻，不過衣料、壽帳，並得珊瑚珠等項隨裝隨寫，直半日才完。晚飯後至園，轉東院登臺一望，四山起霧，至洋務局，均到。近日，色拉寺燃燈，各家亦然，聞係燃燈佛弟子某今日番十月二十四日。圓寂，明日乃燃燈佛圓寂日。明日色拉寺不燃燈，大招各廟乃燃燈。俗傳燃燈佛圓寂時，遺囑如此，兩日燃牛油、羊油燈，則一年傷牛羊吃其肉，以免其罪過，故丫頭信之尤神，如有人手摩其燈，或鼻息於燈前，乃恕不可解。此日皆牛油居多，非酥燈也，且過此兩日，牛肉才有油賣，殊可笑人。聞竹君云，在噶哩噶達居停陸吟秋廣東人。云，黑鬼子即印度洋人。係豬八戒後人，因當竹君特問之，彼則正色說，此佛語，不可亂道，雖不直認，然亦不亂也，真可絕倒。聞牛魔王即係牛首金剛，在噶勒丹池巴座下，係肉身所成，因係從前池巴徒弟充廚役，令其為護法，在座下塑一牛首金剛令其鑽入腹中，以青稞灑之，遂圓寂於內，達賴剌麻受格隆大戒後，必至噶勒丹寺升此座，前輩達賴因升座鼻流血，過數日而亡，此輩升座竟無事，蓋其經典比前深也。

　　廿五日　寫家信一封。隨廿七日差走，內標廿六日。略敘久未見家信，此處都好，現穿大毛，院內比屋內暖，番子亦講曬暖，普魯單寒也。已派定請紙扎差，須下月走，帶箱四隻，一箱甚大，改三隻。歷敘各物。皮子未能帶，恐川省愛生蟲也。鐘六架，令趙興收拾以備禮。等語。早至鶴孫屋內，略談。午後看裝箱只，將鐘裝好，作為第三號，外間已將一號、二號縫血牛皮。晚飯後至屋上一看，各廟及人家皆燃燈，大招並山上及第穆用銅燈，其餘用泥燒燈，似京內正月初八日所用敬星之燈，底有小座，較精緻也。到東院，同小瑾登看臺，聞大小人念經，各廟有音樂，亦念經，遂回。今日山上送酥茶，乃番子換季之日，係十月廿五日。半陰晴。

　　二十六日　辰刻恭謁扎什城，冬至令節萬壽宮，率漢、番各官行慶賀禮。四山雲霧，微風雪，回時天晴，去時甚冷。此入冬以來初次見微雪，大半乾冬時多，此近日冬至交節，六點鐘尚黑，七點鐘乃大亮，晚間五點餘鐘黑，六點鐘上燈已大後矣。午後覺咳嗽、鼻塞，乃風寒所致。無事，看書。化臣來二次，回公事。晚飯痛飲燒酒，仍不見好。惠臣午後回公事。至洋務局，均到，惠臣未來。晚間仍陰，四山或遠或近見雪，覺冷。半陰晴，微雪。

　　廿七日　巳刻，拜發噶勒丹池巴番眾代謝恩賞賠款一摺，隨哈達佛尊珊瑚朝珠各二分，巴塘防堵已撤，請將在事出力各員獎勵一摺，清單一件，請獎噶勒丹池巴諾們罕名號一片，並致樞府信一件。拜發進內，眾文武來叩謝。湘梅

來辭，趕後藏，略談，擬今日即行，因當面叩送，復遣人差送，咳嗽大作，風寒逼內所至。午後，仍傷風咳嗽，未敢各處去。早晚飯喝粥，胸間因頭所致作痛，且中滿，內熱不清。晚燈後，鶴孫過談，並來看視。半陰晴。

二十八日　早鶴孫過談，並看視，咳嗽見好，仍食粥，晚飯才吃飯。化臣亦來看。午後無事，看書。田德拿來洋小刀數把，不過一文錢一把，有極小者半文錢一把，甚有趣。晚飯後洋務局一談，均到。半陰晴。

二十九日　早起覺頭悶，積熱所致。劉化臣來看。午後登房上閒踏，聞外間槍聲，乃雪裏大塔子燒草堆，布達拉山念經，係今日太陽留住，不再往下短景矣，即內地冬至，計日期不過差三四日。並聞此地以唐曆建辰，三月為歲首，必由文成公主遺留，至今不改也。晚飯後，至南門外過橋草壩子一踏，至洋務局，均到。半陰晴。

【校勘記】

　　〔一〕稿本原作「陳重」。

　　〔二〕稿本原作「灣」。

　　〔三〕李海珊，即李海山。

十二月初一日　辰刻，恭謁大招萬歲牌前行禮，廟外見達木豁爾等處百姓甚多，詢之為作生意並朝佛而來也。午後至園圍牆轉三遭，至敞廳略坐，近日總覺兩腋脹痛，似氣滯之過也。少韓、鶴孫、化臣、海山前後來回公事，噶勒丹池巴送惠德來信，為賠款事，覆信底，晚間代酌。明日遣海山送往，詳細告之。晚飯後至洋務局，均到，談。半陰晴。

初二日　早起極冷，滴水結冰，屋內放炭盆，亦無熱氣，套大毛皮馬褂，已兩件大毛衣服矣。午後至園，轉牆三次，池冰可走人，到廳略坐。回至鶴孫屋內閒談。少韓、海山來回公事，收到文書、川報等件甚多，欽天監諮到吉方立成滿漢《時憲書》。晚飯後過洋務局，均到，竹君未來。半陰晴。

初三日　早化臣來回公事，讀《四川官報》及《日報》，新政大興，均為改觀，然辦理總在得人，徒法無用也。午後至園，仍圍牆踏之，擬日日如此，與身體似有功效。田德又拿小刀數把，留之，或一文一把，或一文兩把。令振動一看，係德國製造，總比東洋見好也。東洋貨如川省出產，無一不有，無一見好，此桂香雨之斷語〔一〕，誠然。晚飯後踏至頭門內，轉洋務局，均到，大談各處地畝，川省竟合一分利，別省無有也。晚風，晴。

　　初四日　早無事，看書。午後至園一踏，覺天涼，衣服未免穿少。到敞廳坐，連打噴嚏，即大傷風，回時傷風不止，時時流清涕，身上亦發冷。晚飯後屋內添旺火盆，似少好。晴，微陰，晚大陰。

　　初五日　天氣早冷，午略好，晚復冷，聞外邊時令甚不見佳，大半因風得病者多。早無事。午後，惠臣來親身請。申正，余過洋務局，在座為江少韓、余鶴孫、吳小瑾、劉化臣、李海山並主人及余，馬竹君在裏屋，另座。戌初，余進內。微風，晴。

　　初六日　早起，天氣甚冷。計泉拿來深香色燈草絨一卷，出印度，質甚厚，與吉林所出相仿，寬有二尺一方，索價藏錢七文，實不為貴，共有六方半，均留之。午後，化臣來回公事，在此痛談。晚飯後過洋務局，均到。見惠臣復謝之，談及川省蘭花，四季俱有，竟有雪蘭，冬日所開。半陰晴。

　　初七日　早甚冷，起晚，昨夜雪，滿院皆白，四山一色，約有三寸厚，前聞鹿馬嶺外已大雪，此地大半乾冬，今見雪，雖農田非內地可比，勿庸需此，然可去多少病，亦天恩也。午後覺稍暖，無事，看書。在廊下閒踏，晚飯後至洋務局，均到，痛談引見事，其笑話不一而足。晴。

　　初八日　早化臣來送臘八粥，用江米熬。憶克公府亦如此，年年總糊，蓋盛京一帶，均以此米熬之，乃臘八粥舊規矩也。廚役以青稞熬之，似大麥米粥，別開生面，未免可笑。午後，看書，或廊下閒踏。晚極冷，四山及院內背陰處雪竟未化，大似內地北方天氣。飯後過洋務局，均到，談。晴。

　　初九日　早過鶴孫屋內，略談。午後，令王永福買來淨水奔巴一個，_{八文。}如來坐靜處所生草，_{番名離古旭義同。}並孔雀尾，_{名馬加著。}合半文。草送鶴孫半束，_{因鶴孫早送孔雀尾三個。}外有孔雀尾所綁小排子一個，_{並聞淨水奔巴亦有插此者。}乃跑人跑馬所用，可插花瓶也。不過二文錢，化臣、海山來，明日甘奠池巴來，特此稟明。至園一踏，看天上飛一鳥，與大鷹無異，身翅皆白，翅稍黑色，或云吃人肉，內有此鳥名雕。晚飯後出頭門，時見七隻仙鶴往南山飛去，與所養仙鶴聲音相同，飛時如雁行，亦一異也。出東轅門到青稞倉前一轉，均以石砌，已破敗矣，住人家園倉者尚不少，聞琦侯爺 [二] 曾在此住過，刻下尚未有上米者，俟上米再來一看。回至洋務局，均到。晴。

　　初十日　早無事，覺天甚冷，四山如霧，或即寒瘴。午後，噶勒丹池巴來，先補祝，送長壽佛尊、哈達、片子、氆氌等件，只好領之，因收瞻一事，其中頗有為難，請代定奪。告以開清單來再議，因談及大招龍頭吐水，曾經打卦與

藏地圖不見好，與內地亦恐有不安之事。曾公議，凡屬藏內僧俗官商，大家集資，擬點萬燈以禳解，不知能否應驗？並求致西寧信，詢達賴行止，應其必達知，或信或文，然須番邊備夫馬，此非漢人官道也。王永福拿來紅、綠、紫、藍四色燈草絨，與前買香色者有一半厚。因各留六方，不過兩文半一方，雖薄，不如吉林的，然價甚廉，共二十四方，一尺多寬一方。錢六十文。因至外院看水仙，據巡捕馮瑜云，曾見李觀察王森在印度曾買此物種之，係用木盆放石子，以半溫水養之，後竟開花，因令王永福買來木盆三個，有圓有長方，係用整木所刻，其笨自來未有，真不值一笑，不過一文錢一個。娥珠要錢三文半，買一洋瓷盆，相較之下，未免大懸殊矣。晚飯因感冒喝燒酒三杯，似略好。至洋務局一談，均到，噶勒丹池巴走後，曾至鶴孫屋內商公事，並記。晴，微陰。

十一日　早無事，天冷，起時甚晚，竟未覺頭昏等病，足見寒氣之過重也。午後至園一徘徊，由東院外院轉回，水仙均移入木盆，然盆俱裂[三]。此地太陽真利害，是以番男女大小均講曬暖，蓋衣單燒柴火又貴，只有燒牛糞，無處取暖，亦可憐矣。姿祝麻拿來洋瓷拌小盆、小茶壺，均皆潔淨，不過略有殘缺，俱留之，不過十數錢，此地洋貨盛行，大半內地所用，不過此等對象，在洋人已是極粗之貨，番子視為至寶，然銀錢外去，未嘗計也。此處所出羊毛亦聚於大吉嶺洋人公司，番商、漢商皆無此本錢，難以抵制，且賣羊毛者因頭頭是道，無城池關卡可攔阻，隨時買賣，利害所不知，誰給錢多，即可交易，初無計算也。麝香亦是大宗到印度，廣商收者多，洋商不甚著意。皮貨尚多，惜無底絨，與關東大差，價值比較亦賤於東貨，或如猞猁、沙狐、虎豹皮，若務其名，不求實在，亦可銷售，然服之、鋪之不甚暖，恐深於考查者日久未必取也。詢其皮中最暖為艾葉豹臁，刺麻噶倫多病，年年非此不可，因令永福找之。據云未有現成者，須俟湊得方能買，有狼臁亦暖，不過板子硬，余謂此地手藝，再加板子硬，穿上必至不能動矣，一笑。將前得雜木雜鴉盌作套，皆縱而不合式，足見裁縫之笨，殊可笑。少韓、鶴孫來商致張憩伯信底，並外務部電底。晚飯後到洋務局，惠臣、鶴孫未來，少韓談及川省轎夫、長班，只抬老爺、老太太、太太，此外雖老太爺皆不抬，問其何以如此，老太太係母以子貴，太太係妻以夫貴，此外無論矣，可笑。晴。

十二日　早起無事，午後看書。至外院看水仙，不定能活與否？轉東院登臺一望，有風，甚冷，井旁冰凍甚厚，足見天寒不在京內以下。晚飯後由外院至馬號，所養猿竟狠結實，且見長，想回內地可無礙矣。到洋務局，均來談。

晴，冷。

十三日　早起極冷，手耳皆凍，與北方無以異。午後稍暖，因病喝燒酒才覺略好。聞外間亦云冷得非常，自兩點餘鐘起風，前見噶勒丹池巴，據云冬日宜風，方與田稼有益，近十數年風少，收成總未十分也。晚飯後過洋務局，均到，談川省盜案非由班役作主不能辦理，緣會匪極多，竟一夜可出七起搶案，官之處分不得了矣，殊為可恨。如新政通行從寬辦理，則更無法矣。晴，大風。

十四日　早起牙甚痛，蓋因燒酒內熱外寒所致，吃萬應錠稍好。午後，化臣來回公事，接幫辦大臣來文，已奏報十一月初十日啟程。又片奏續調四川候補縣丞劉星馴。振勳接京信，保府有白話報，乃並音，以國旗為憑，亦頗有趣。並有公約，因美國驅逐華工，思有以報之，約南北均不買美國貨物，以作抵制，果同心，未必辦不成也。晚飯後過洋務局，均到，惠臣未來。晴，大風。

十五日　辰刻，恭謁磨盤山關帝廟行香。天甚冷，冰結滿河，尚有中路未凍，然藏河惟邊岸略凍，亦見地不甚冷，風利害也。午飯吃化臣送來冬瓜，作湯麵角尚好，化臣送來酥油炸麻花，與京內無異，惟粗而不細。晚飯後過洋務局，均到。回時燈下看文書，來文並川報，文書看完，川報只好明日再閱。晴，午後風，晚停。

十六日　早無事，天覺稍暖。午後，惠臣、化臣來銷放青稞差，貧民甚多，比從前人數加增，多放出錢五十餘文，因青稞不足。一名不過一卡扛，六人分一文而已。鶴孫來，因其太夫人忌日，並有其岳母、哥、嫂，南方之例也。在小招念經一日，點酥油燈五百盞，剌麻五百眾。辰刻到彼，其酥油並剌麻一人半文錢，皆令本人看過，其實在如此。並聞一年凡念經日，皆將此日為何人念經，亦必念之。其疏文先敘文殊菩薩大皇帝，其次達賴、班禪、噶勒池巴等名，均為祈福，再次方敘本家眷屬並施捨之物，雖一文錢亦敘入，通例也。晚飯後過洋務局，均到，鶴孫未來。晴。

十七日　早間奉到九月初十日奏批回，並有文書多件。午後至穆隆寺回拜噶勒丹池巴謝壽。在其樓上痛談，聞文殊菩薩乃在如來之上，為各種佛所應世道者，普賢菩薩即是文殊，無分別，如宗喀巴亦是文殊普賢化身。至財神稱神，非仙佛可比，藏中有男女財神、文武財神，不同也。大半長奉者，文武財神也。回時送哈達、古觀音佛像一尊，並點心、果子，反攪擾之，未免不安。街市頗鬧熱，蓋每日兩三鐘正市中買賣攤全擺時也。忽丁乾三二尹處送來菜八盌，每樣皆變，據云開齋，回教禮也，詢竹君不用周旋。晚飯後過洋務局，均到。晴。

十八日　早無事。午後至園，天較暖，惠臣、少韓、化臣、海山來，因傳佈客詢之，敢具結，實未滋事，請明日奏請恩典，諒可信之。擬發千錢買米糧救之，男女大小九十餘口已斷炊，亦可憐矣。晚飯後，由外院轉東院，到洋務局，均到，惠臣未來。聞竹君說昨日丁乾三送菜乃家內有週年事，曾請布克，因係回教，渠到彼，竟吃十六盌菜，廿四盌飯，其所帶之人亦五六盌菜，十數盌飯，大眾以為罕見，剌麻中有能吃者也不過一半也，壯哉！晴。

十九日　早無事。午刻升堂封印，大吉。午後看書，連日鼻中有血，蓋乾燥所致，午後竟覺兩件大毛衣穿不住，須將馬褂脫去，換中小毛合式，然大風不止，反不正如陰天，及四山起霧，覺涼。晚飯後赴洋務局，竹君、惠臣未到，今日本惠臣約諸委員署中封印席，均為去。晴，風晚住。

二十日　因派紙扎差馬永太、葉長清於廿二日起身。寫家信一封，即標本日。略敘總未見家信，想平安，問余六老爺信內有交喬老爺信二件，至今未到，以後即交余六太太隨家信帶來不至誤。今因紙扎差寄箱三隻，本擬四隻，因箱作大改，另有清單一封，到時照點。此處天時非風即霧，刻稍暖，均平安。聯大人已啟身，打箭爐過年，到藏須明年閏月前後，因帶兵百名，不能快也，等語。外箱內裁料等單一封。早鶴孫過談，因秦介人過難，伊世兄兆奎號聚五。來信，擬幫助銀廿兩，大眾亦有幫分，可交紙扎差帶往。馬永太、葉長青來稟辭，因囑其謹慎一切。午後至院一踏，見飛鶴由北往南有八九隻，仍作雁行。聞其冬日飛過者甚多，天熱則少見矣，蓋其性耐冷怕熱如此。晚飯後，由外院至東院登臺一望，至洋務局，均到。晴。

二十一日　早化臣回公事，大約有信，班禪可以回藏，實在交涉令人難揣摩也，奈何？午後至園，樹已有細條變綠色者，池水仍凍冰。王永福拿來真熊膽二枚，一大一極小，據云小者尤好，索價四十文，全留下，真者不易得也。晚飯後至東院登臺一望，到洋務局，均來，竹君未到。晴。

二十二日　辰刻掃上房，去歲忘掃，塵土多極。至圓花廳自獨坐，極冷，放兩火盆仍不暖，蓋地上濕冷，且久未人去之過。約鶴孫來吃羊肉火鍋、雜麵，伊川省生人，不然紹興府此種吃法不能下嚥也。因涼燒酒飲之過多，回來甚不適。鶴孫復來商公事。化臣來，持洋人信，給三寺剌麻送照片，內有託佛保佑一切平安，等語，可謂賊滑萬分，大可笑。晚飯後至洋務局，均到。布克已具結，係土耳其字，番字、漢字暫存案，俟入奏。談起岑雲階制軍，笑話不一而足。晴，略風。

二十三日　早將櫝子收拾，又一年矣，可謂懶極，一笑。化臣來回，噶廈因聞班禪欲回藏，可否遣人迎接？告以可接，本大臣亦紮飭靖西、後藏往迎並沿途照料，遂趕緊辦紮訖。晚飯後親身至廚房祀灶神，各處亦然。均有鞭炮聲。在頭炮後，然無糖，只得以芙蓉糕、炸中果等代之，殊可笑。晴。

二十四日　早無事，化臣來回公事，仍收拾書桌等件。飯後布克來謝恩，賞其百金，買糧米活其九十餘人，其像頗好，身材極大，惟穿靴似洋人，又不似洋人，看著甚笨。伊戴三品花翎子帽子，然無辮子，頗可笑。傳話亦甚難，漢話須成番話，番話又成蒙古話，伊方懂得，晚飯後過洋務局，均到，惠臣未來，送少韓、小謹、竹君各活羊一隻，見皆道謝。半陰晴。

二十五日　早無事。昨日竹君拿來碧璽帽花一塊，尚是舊坑，重二錢三分上下，索價二百五十藏錢，合一百餘換，因留之，尚不至比京內行情太離奇也。午後至園一踏，見該班兵兩小娃子在冰上玩耍，皆藏內所生，不穿褲子，冰上來往爬，頭上尚有熱汗，可謂結實。化臣送到洋人照藏內山水人物一大冊，有十幾斤重，皆係布與厚紙所成，堅實固屬堅實，謂之不笨，則未敢奉承也。晚飯後過洋務局，均到，惠臣未來。竹君談及音樂，文廟中瑟乃五十二弦，彈時須挪柱取音，所謂膠柱鼓瑟，即言其柱不挪不能成聲，今始知此語之真解，與鶴孫言及學問之道，無盡也。晴。

二十六日　早即紛紛送年禮，竹君送藏圖一張，乃布達拉山一面橫披，甚有趣。王永福拿來本地燒土罐、土瓶等十件，皆按古樣，據云唐文成公主在此所留樣範，未知然否？索價六文，如可帶到內地，亦可見古陶器之一斑。午後無事。晚飯後到洋務局，均到，惠臣未來。小謹談及離其住村有居姓百戶餘人，以燒窯為業，本處人不准其考試，云係時遷後人，恐不典，可笑。晴。

廿七日　早無事，將得來洋食物罐分送鶴孫、少韓、小謹，餑餑等物分給內外家人等。鶴孫來送洋照布達山豎條壹，甚可好，可懸柱，不俗。午後收拾書案等處，塵土多極，抽屜內竟至有土多厚，雖北方乾燥，尚不至此。晚飯後過洋務局，均到。接那琴軒相國來信，由靖西寄到，前匯去千金已交壽蓉，有收條。京內均安靜，中日約章尚未定。藏事因唐少川進京，深知其難，蓋臣 [四] 言語不清，難望好。敘齋、仲路均好，仲與袁慰帥 [五] 頗相得。晴，午後大風。

廿八日　早無事，看書。到鶴孫屋，因初次糧臺送禮，折算計數目已滿二年，至年底為滿，由明年正月起支，真光陰似箭，至此已二年零數日矣。午後看書，噶倫、佛公等送佛尊賀年，並羊腔、糌粑、酥油等物，照章收之，賞之

而已。此地不似過年，甚覺寂寞，不過漢人、達木貼年對，番子又差一月，彼過年僅此跳繩耍，亦無鬧熱。晚飯後過洋務局，均到，惠臣未來。晴，午後大風。

二十九日　早至鶴孫屋內，接外部電兩件，一因交賠款派商上隨同辦理，一因旺禪張憩伯處請旨免其置議。化臣、海山午後來回公事，金夷情頗代阿蘇父子說話，未免胡塗。令化臣致信以詳細告之，再聽如何。永安寺因昨日送年禮未知，今特補送長壽佛一尊，係古佛，與後藏所送無異，未有五佛冠，甚是也。晚飯後過洋務局，均到，聞少韓云，番經夾噶爾為真，造佛亦為古，此處實為天竺，即如來佛所生之地。藏中乃宗噶佛創立，經已重翻一道，稍有意義，如夾噶爾真經，非熟於內典不明也，前說陀羅經飛入上色拉寺，即由夾噶爾而來。晴風。

三十日　早間無事。午後即放眾人賞耗，約需一百卅餘金，謝賞者有一頭至無頭，男女齊來，學生亦在其內，一人不過一文錢。內賞吉羊、姿住麻、喜洛、蓮芳、娥珠，並代娥珠給吉羊，均照去歲，裁縫作衣者廿文，作木盌套者十文，若論活計，不值一賞也，一笑。化臣、海山來行禮，並回公事、晚飯後過頭炮，恭謁家廟，關帝前九叩禮，藥王前六叩禮，馬王前六叩禮，丹達王署神、井神、瓦合神前六叩禮，文昌帝君前九叩禮，灶神前六叩禮。進內，鶴孫來辭歲，韻姑娘等來辭歲，家人、巡捕、程、王二人而已。郭什哈均來辭歲，白天漢、番文武來者，俱道乏，未見。半陰晴。

【校勘記】

　　［一］稿本原無「雨」字，筆誤。

　　［二］吳注：善。

　　［三］稿本原作「烈」。

　　［四］吳注：溥顧。

　　［五］吳注：世凱。

卷十一

　　光緒三十二年歲次丙午〔一〕正月初一日　辰刻恭謁扎什城萬壽宮行禮，閣帝廟行禮，城隍廟朝行禮，大招萬歲牌如來佛前行禮，丹達廟呂祖前行禮。家廟委員行禮，回署，朝上望祠堂行禮。眾漢、番文武拜年，均見。佛保來，給其紅荷包一枚，裝其藏錢四枚，實無別物，殊可笑。王永福、程銘珍小孩俱來，長壽保、妖尼亦來，每人賞二文，永福小孩多兩個橘子而已。飯後午刻，恭謁布達拉山聖容前行禮，有新塑觀音像在殿西南角，與人身相等，其左臂之上花中鑲一螺殼，似珍珠，色甚難得。其餘珠寶極多，頗莊嚴。至磨盤山閣帝廟行禮，未到前即起大風。走布達拉山前，正遇象赴泉池飲水，驟馬竟見之不驚，或看慣耶？或欺其小耶？不可解。化臣來回公事。晚飯後至鶴孫屋內閒談。晴，午後大風，燈後住。

　　初二日　早看書，至後院一徘徊。午飯後，至各處謝步，拜年均未見，雖鶴孫同院亦躲避，可發一笑。無事將佛桌撣掃，有挪至橘子上，座子擺不開矣。晚飯後到洋務局，彼此一安，惠臣未來，竹君備元宵，每人一盌，因想起四大天王吃元宵，大家大笑。晴，午後大風，燈後住。

　　初三日　早起甚冷，既非陰天，又未起風，令人不解。午後，少韓、鶴孫來，商酌扎噶廈文底，並略談。至園閒踏，楊柳皆含葉苞，且露青意，池冰有薄有厚處，分別向陽背陰，然大毛衣尚未能脫下。無事看書，覺倦甚，略睡，醒後不適，因飲燒酒兩杯，稍好。晚飯後到洋務局，均到，談。晴，午後風旋住。

　　初四日　早間無事，看書，將《地理問答》又看一遍，書尚詳備，不過耶穌教話觸目討厭耳。午亦無事，化臣來回，明日噶勒丹池巴欲來，有面議事件。

晚飯後過洋務局，均到，惠臣未來。晴，微風。

初五日　昨日廓爾喀換班學生巫懷清、黃名揚、差兵劉光榮，並兵丁等稟辭，明日走。早化臣來回公事，伊京妻明日由南路回京，遣娥珠往送之，因老左多病，令其一同回去。午後噶勒池丹來見，因遣賽絅噶布倫彭措汪墊赴印度辦理交初次賠款，欲請派李海山同行。告以種種不便，只有遣科房中通曉漢、番文者同往，渠亦頗以為然，略談並送古觀音佛、哈達各件，將薰煙送給兩箭二包。晚飯後過洋務局，奉到九月廿六日批摺回，並兵部諮送前次損壞報匣一個，文書甚多，接到家信一封。闔第安善，至格照片一片，已會走，話均會說，且能學賣東西聲音。有餘曜庭老哥代求資州觀音簽一紙，觀音簽第九十一簽：愁眉展去笑容開，前程管取喜事來。一條路徑如天闊，萬般事物順胸懷。條條大路，可向前行。失物等件，儘管去尋。解曰：此卦前程頗達之象，凡事亨通也。又許方伯知照發款文三件，約鶴孫面交之。微陰，晴。

初六日　早無事。午後布魯克巴幔格拉國具稟將壬寅癸卯甲辰庚賀新春，派洛冷送年禮，綠布包小銅盌三個，每個裝白米一撮，銅錢六個，布匹三包，內黃布綠布似冷，布尤薄，如口袋麻布兩三塊，白米十二包。在二堂傳見，賞給褂料、佩刀、銀牌、哈達、小娃子哈達、藏錢。拿送對象藏錢，遂將白米送少韓、竹君、小謹各二包，送鶴孫銅盌一，銅錢六個，布匹一包，作玩意兒可也，實無用處。賞振動、王順銅錢各二枚。將覆聯健候〔二〕再啟底草出。晚飯後過洋務局，均到。半陰晴，陣風。

初七日　早，化臣來，送家眷由關上回，聞路中頗有搶案，蓋交界處哲孟雄、布魯克巴、廓爾喀，番子究竟屬何處人，查不出也，亦如內地交界處，中土通病也。午後給幫辦聯健候寫回信，鶴孫過屋一談。晚飯後到洋務局，竹君、惠臣未到。將至格小像拿去，少韓、鶴孫謂其必有脾氣，一笑。半陰晴。

初八日　早無事。午後至園一踏，閒時看書，惠臣處借來《各省名勝楹聯》一本，蜀西雲水散人選輯，不知為何如人。其中古今人皆有，輓聯亦有，章法不齊，然聯語實有佳者，長聯頗多，板片太壞，諒價值必廣也。晚飯後過洋務局，少韓未到。晴，微陰。

初九日　早化臣來回公事，派赴印度隨番官辦理賠款等事。譯字房教習馬永安、經書馬正明來稟辭，十一日可以啟程。午後至南門外橋上一望，河水皆乾，每年須二月間纔長水。見壩上有燒香者兩公公頭尚揉糌粑，烏鴉竟貼近候餤之。內地萬不敢也。晚飯後至洋務局，惠臣、竹君未到，聞趙季和以六路進

兵香城桑披寺，因各處剌麻皆服，惟此處不服，恐以力服人者，非心服也。並聞大營官已經逃，二營官則拘禁之，不知因何故也，俟再訪之。晴，微陰。

初十日　午後化臣來，將西院所存賬房拿來，放在樓上，渠因聯大人到來，為早搬出，以便糧臺收拾。晚飯後，由外院轉東院登臺一望，至洋務局，惠臣未到，眾人談及川省候補通判以至佐雜，竟有無告餓死者，亦可憐矣。晴，微陰，四山連日見雪。

十一日　早安羅藏娃來敬辭，擬十三日準可南去，隨噶倫辦理交款事件，囑其諸事小心謹慎。化臣來回公事，有湘梅來信，班禪佛不日可以回後藏，並湘梅來稟敘此事。已啟身往江孜，下站往接，已見班佛有遞余信字，不知何說，交房譯再說。金夷情來稟所派之案，略有頭緒，可望了結。納無書應三差香還，藉口將巴雅爾三項叛入。午後噶倫策丹汪曲來敬辭，囑其一切須聽張大人示諭。不可為洋人所愚，是為緊要。晚飯後過洋務局，竹君、惠臣未到，惠臣請假三日聞係著涼，計泉亦病，亦云著涼，皆內熱重外感風寒所致，聞外邊時令頗不正也。半陰晴。

十二日　立春。早化臣來回公事，並班禪來文，已到帕克里，不日到後藏，俟到後將詳細情形再行知照。午後，王永福接江達外委牟占成來信，送到熊膽二枚，的係真的，價值未開，告以覆信令將價值開呈，並聞有野黃連、麝香，亦可找來，價須開明，不然不要。海山代畫佛像，令蠻裁縫裱去，共兩軸。伊云，凡佛像不能按畫裱，蓋畫上長下短，佛像上短下長，此又多一聞知也。晚飯後過洋務局，惠臣請假未到。連日見月當頭，人影不見，據云春日均如此，夏秋不此。晴，午後大風數陣，微陰。

十三日　早化臣回公事。午後蓮芳拿珊瑚一小串十四枚，乃人託賣者，索價六十文，其大者比朝珠子大，不過有裂紋處，可收拾，係舊非新也。程巡捕送佛手片、天門冬糖製者一盤，佛手片尚見過，天門東向未見入糖食也。據云廣東所製，由印販來。晚飯後至洋務局，均到，大家說鬼，姑妄聽之而已。半陰晴。

十四日　天覺乾燥，內熱外涼，人不適者多，真正養氣少，洋人之論竟不差。午後至園一看。化臣來回公事。鶴孫早來，佛保亦抱來，大有趣，人若說話，竟知睛之，並愛看亮。晚飯後過洋務局，惠臣見好銷假，少韓未到。昨日，鶴孫談及其業師徐子休孝廉，名烱，未中之前一年，因訪友至川省城隍廟側甫至柵瀾，見一小兒以為友人學生某，因呼之，問其「先生在館否」？不答，躲

入柵，後見其淘氣，撫其頭問之，亦不答，因揪其耳，待轉其面看之，乃一白圓小臉嘴上兩撇黑鬚，遂應手而滅，方知非人，然亦無他異，惟揪耳之手，通臂皆涼，旋亦好。晴。

十五日　辰刻，恭謁磨盤山關帝前行禮。昨夜胸間忽作痛，由積熱所致，至一句鐘後方睡著，早起亦不覺如何。鶴孫過屋一談。午後無事，少韓處借來《三國志》看完，裴松之注甚多，是以看至三四月纔完。少韓處送到元宵兩色，餡子甚好，晚飯即食之尚有餘，明早炸食可也。飯後至洋務局，惠臣未到。晴，晚間月甚朗。

十六日　午飯時化臣來，剌麻噶倫接達賴，本大病而去，到哈拉烏蘇不能前進，於前路告假折回，離此兩站，已在某招不起，現欲來藏，請示可否用轎抬回？告以因病不妨，非如尋常擅自乘轎也。天偶陰，忽涼忽熱，不知如何方可無病，令人莫測。晚飯後過洋務局，均到。半陰晴。

十七日　借少韓《鏡花緣》復看之，古人謂開卷有益，其中藥方頗為有用，因另錄之。早為起晚，覺氣下墜，總是食水之滯，冷暖皆不得宜也。午後無事，看書。晚飯後洋務局一談，少韓未到。<small>蓮芳拿來洋瓷小筒，藍色，兩個，十四文錢，留之。</small>陰多，晴少。

十八日　巳初刻，化臣送來「禧」字，鞭炮齊鳴，番樂齊奏，例賞之。千把等道喜，達木亦來道喜，言為漢邊事必要周旋，以別於番人也。遂登房一看，兵丁排隊，「禧」字用亭子抬之，各官處皆送，詢之，除「禧」字、鞭炮本錢，一兵可分卅餘文，亦生財之道也，一笑。午後鶴孫過談，因在伊處看大珊瑚珠，可作佛頭，特送來，撿之得三副，每副合廿一兩六錢，皆係舊物，尚不難看，惟不甚勻，須改作。晚飯後過洋務局一談，鶴孫未到，竹君云，此處珊瑚須一兩五換。少韓云，此係極次者，如好的亦須八換，並不十分賤，然新者出，舊者頗覺便宜，非內地可比。半陰晴，四山雪冷。

十九日　辰刻升堂，開印大吉。午後過鶴孫屋內一談，佛保竟能張大嘴笑，頗有趣。至園一踏，池水午後即開化。北、西兩池有氣味，總因年久積污泥所致，南池竟不然。廚房驅[三]鴨子往浴，渾身盡泥，以後諒可乾淨矣。晚飯後由外院轉東院登臺一望，馬圈中羊支產一小羊，頗有玩意，腿子甚高，出生羊皆如此。到洋務局，惠臣、少韓未到。晴，微風。

二十日　早起，連日咳嗽，乃積熱所致，今日較涼似冬天，然亦不敢亂加衣服。王永福拿來兩軸佛像，均裱得，經李海山手畫得甚細，兩軸相同，俱係

如來佛上座。又買來銅絲漏勺四把，係印度造，比前田德買來者細，價一文錢一把，田德所買一文錢三把。鶴孫過屋略談，即送其一把，似玩意。晚飯後洋務局閒談，惠臣未到。陰多，晴少。

　　二十一日　早至鶴孫屋內閒談，少韓亦來商公事，在彼痛論藏事，目下無礙，以後實難設想。午後無事，看書。晚飯後過洋務局一談，均到。小瑾云，家鄉作小魚，剖後用料酒、醬油泡半日，油炸之後以糖醋一烹，即北方所謂酥魚做法也。少韓云，松壽泉 [四] 在此給屬員下札子，有「本大臣氣壯山河」等語，至今傳為笑話。晴。

　　二十二日　早鶴孫來商公事，惠臣來約廿五日在糧署晚飯，化臣來回公務。午後，惠臣、鶴孫、化臣、海山來，因衙隊兵丁在外打番人，且搶人對象，實屬可惡。令其會同惠臣嚴責之，枷號示眾，此種事不一而足，乃欺負番人非止一次，敢怒而不敢言，然怨毒於心，有不可問者。余謂祖宗深仁厚澤，庶民感恩戴德，毫無假借，惟中間官吏、弁兵冊梟鷙其行，射虎其性，萬不可改，不知自強從何而起，哀哉！踏至園內一看，晚飯後過洋務局，均到。半陰，略晴。

　　廿三日　早無事，借少韓《三國志》看完，《鏡花緣》亦看完，均送回。其中所敘藥方令本存錄，筆墨雖未見奇特，然可稱淵博，不無可勵後學，兼示去勸懲。午後，化臣、海山來，拉魯佛公請見，遂在內便衣見之，因昨日兵丁鬧事，總由該處所起，務祈從寬免革，恐其凍餓而斃，奉伊母命再三叩求，因許之從寬辦理。走後聞其母教之，不管番邊有理無理，不應同漢人口角，責其小娃子五百鞭子，已不能動。並令伊子佛公來此謝恩兼叩求，如求準自無說，不然不必回家矣，因此怕極。晚飯後過洋務局，均到。午後接仲路來信一封，並記。半陰晴。

　　二十四日　早過鶴孫處一談，午後供奉恩賞「福」字、大小荷包、銀錢、銀錁、果品、食物等件，聯健候來函。將荷包、銀錢錁、果品、食物已經按單恭領，以前均係到任後方領，與到任同謝恩，今則別開生面矣。文書隨來者甚多，有湯清弼 [五] 為瞻對文書信件，擬即函霞。買來梨子，尚甜，似棠梨，皮作黑黃色，比橘子價昂，非北京乃相反也。鶴孫送鴨子，係廣東由南路來者，似板鴨，曾淹過，甚肥，神似團扇一柄，殊奇。晚飯後，東院登臺一看，轉洋務局，均到。半陰晴，有風，晚更陰。

　　二十五日　早晤鶴孫送大荷包一對，銀錢二個，找化臣來，面送小荷包一

對,並望代交少韓小荷包一對,以承天恩賜福之意,且均有老親,誼所當然耳。化臣拿來班禪照像一張,不著僧衣,換坎肩,戴小帽且戴眼鏡,係在大鏡前面,後面小帽垂一小辮,甚可笑。然彼之深意有在也。午後,鶴孫、少韓來商公事。未初前,同鶴孫、小瑾便衣至街市一踏,兩面係貨物攤,無可用,僅一文藏錢買大錫匙一把,殊可笑。至鄭脊子小洋貨鋪,拿來手鐲、裱、糖、煙鍋、日晷等件,尚未定價。由二圍杆、大圍杆轉至糧臺。惠臣約晚飯,座中少韓、鶴孫、小瑾、化臣、海山,主客七人,竹君未到。找科房跳弦子,無賞耗,戌初步踏回署。燈下改扎噶廈文底一件,為瞻對事,錫制軍 [六] 信底一件,馬軍門 [七] 信底一件,同上。半陰晴,風。

二十六日　早起兩眼皆紅,鼻內流血。昨日所飲係鹿票洋酒,味甚苦,以為敗火之物,不意為生火之物,幸連日食萬應錠,不然火更盛矣。午後無事,恭奉十月廿二日批摺回,並家信一封,由鶴孫交來。振動信內又一小封家信,知昌侄已得子矣,然信竟失落。晚飯後過洋務局,均到,惠臣亦來。晴風,四山見雪,晚涼。

二十七日　早化臣來,回明已搬至大圍杆公館內,即從先恭勤兄因修理衙署所住之房。西院業清出,派人看守。午後,色拉寺來驗降魔杵,賞之。其所纏江卡撕下數條給佛保掛之,云小孩掛此,可止啼哭。是否,無可考據,一笑。令王永福送還鄭脊子鐲子、裱,買來洋煙嘴、糖,煙鍋係銅的,可帶入京城。有一煙嘴可灌水唏之,如水煙袋,想北京必有此物矣。洋定南針一木盒,北方曾見過。大小花洋鐵碟,合錢大者一文四個,小者一文六個,不貴也。晚至洋務局,均到。聞聯健侯將奏調委員某,縣丞周和榮。因沿途招搖,將其交爐廳看管,甚奇。半陰晴,四山均雪。

廿八日　化臣、海山來,因瞻對久未稟覆,未審該噶廈是何打算,不得不申飭之。今請初六日前後稟上,亦只得暫候。鶴孫來商公事。少韓來,因噶倫稟稱,在江孜為洋人所阻,即擬信致張懇伯 [八],去函可問印督此策丹汪曲乃接外部令交賠款之員,似不應洋官攔阻也。翠那送來橘子三匣,極小極酸,送給委員各一盤,聞香而已,例送之,例賞之。晚飯後過洋務局一談,均到,鶴孫未去。昨夜極大風,半陰晴,大風。

二十九日　早鶴孫來,有公務,待簽押。少韓留署內,早用飯。巳初二刻,布達拉山請看步棧,便衣戴帽著靴。乘轎往,在大殿東樓廊下設地座,頗得曬。先演兵隊放火槍,據云即是古時洋隊,頗逗趣,婦孺皆笑之。於地下鋪一假虎

皮，上以洋布另畫一人，作帶腳鐐刑在南，又一方褥在北，先有一大頭和尚，始參見，繼對樓而坐，旁侍兩小孩作女妝。有二鬼，又有二枯髏鬼皆旁侍，其中有各山神，或龍頭虎頭，或牛頭鹿頭十數位先跳。白鬼四人鬢邊有紙扇，面似女鬼，出時用白土灑人，眾皆笑之，亦跳之。遂有似降神服者廿餘人稱為天神。打頭者，身有真珠纓絡，此人甚勞，俟山神一齊復出，跳之最久，打頭者將各種法器、各鈴杵、劍木，皆向畫人施之，每念一斷施一次法器，眾人並山神皆隨跳。北邊則有掌鼓號等剌麻在內念經，鼓號急徐，跳者隨之，俟念完，獨有一小鹿頭，在畫人或左右前後跳之，有時或坐以劍指之，其狀甚樂。在正東燒一三腿油鍋，油皆著成火，打頭者用酒一盌潑之，火焰過房，將畫人入鍋焚化，復跳之，不審其究竟，遂回。到署，申初二刻。晚飯後過鶴孫屋內閒談，幸天氣尚好，未起風，樓上看藏內房屋，均在眼底，田內有放牛者，似羊大也，甚可觀。半陰晴。

【校勘記】

[一] 吳注：是年六十一歲。

[二] 吳注：豫。

[三] 稿本原作「趨」。

[四] 吳注：湛。

[五] 吳注：良。

[六] 吳注：良。

[七] 吳注：羅騏。

[八] 吳注：蔭棠。

二月初一日　辰刻恭謁大招萬歲牌前行禮，回署。巳正，拉達克其公事內謂之拉達克桂森地方。纏頭謁見，其禮節與廓爾喀相同，名薩朗。用手朝嘴搊之，所來頭人大領衣服，帽子似紅黑，帽子上尖，高有兩頂，由中間折於右，滿留髮，或云內有小辮，靴子似踢死牛樣。詢之其至此走多少日？實不過五十餘天，沿路雇夫馬竟至四個多月，所販貨五百多馱，不易行也。聞彼處有王子最信佛，日日燒香，然未到過藏地，向遣其頭人來此。問其離帕米爾多遠？據云一月程到藏，到帕里數則不知也。英人由南路常至彼國，俄人係在帕米爾駐紮，英人《約章》所指噶達克即此，俗謂拉他國亦即此也。拉達克稱其為部長，布魯克巴稱為奔洛，均由大臣回賞，哈達二三，緞子二三。午後至園一踏，水微長，樹木漸有青色，

班禪遣人送年禮，收之，賞之。班禪十五日回後藏，伊等十八日　起身，無何信件，送禮照常事也。隨馮瑜小通事別琫寺剌麻，因辦理布克事傳來賞之。鶴孫過屋商公事。晚飯後到洋務局，竹君未到，因昨日著涼。半陰晴，晚間大霧，稍遠四山皆不見。

初二日　噶勒丹池巴前在惠臣處，託李海山面回，因打卦今年瘟疫過重，擬由今日起半月內禁止屠宰，以禳解之，告以即照辦理。辰刻，謁文昌廟、武侯祠、昭忠祠、龍神祠春祀，回署。飯後巳正赴布達拉山，為番人元旦，跳鉞斧三次，頭次漫小孩持鉞斧，二次漫空手搶，筵後三次急，又添出小孩，皆仰面一個壓一個，並舞時小手抓擾，頗有趣。賞之，回署午正二刻。申初，便衣同少韓、鶴孫、竹君步踏至化臣處，約晚飯。沿途見有跳繩，兩人扯一繩，東西相向，跳者亦東西向，隨跳隨走，未免可怕。跳不利則倒，比戲丫頭，小孩俱多。又有小孩攜手圍一圈，群歌之，歌後數跳，有一大者梳巴珠，手持一皮條，上安鈴，比跳弦子者略大，隨跳步抖之。在化臣樓上亦看之許久，<small>據云非新手無此戲也。</small>乃別開生面，亦有趣。預備跳弦子，在樓下晚入席，前面街上唱搭者歌之，後面弦者歌之。余謂的碻音尊，一笑。後步踏回署，戌正一刻。晴，微陰，風。

初三日　辰刻恭謁文昌廟聖誕祭祀，回時給噶勒丹池巴道年喜，公所給佛公、番官等謝步。回署，過鶴孫屋內，因病未站香班，滿面火氣，外寒內熱而已。早起右腿痛，兩腿皆起小疙瘩，如粟，甚癢，總因水飲過多濕熱所致。午後，山上送來羊頭、羊肉、果子等物，詢之，乃昨日達賴年，今日藏王年，年竟分過，甚奇。晚飯後過洋務局，均到。極大風，不能睜目，滿嘴飛沙。前晤噶爾丹池巴，據云此地宜風，不然莊稼吃虧。晴，微陰，午後起風。

初四日　早起，晚腿仍痛，比昨日略好。午後，鐵棒剌麻等來謁，囑其好好盡心當差，去年辦理極好，仍要照舊。鶴孫來，略談。化臣來，送橘子、番點心，媚柳並送娥珠一小盒，談起街上大圍杆，未起大風前竟至倒下，摔為三截，且砸過路五人，<small>或云三人。</small>皆因躲不及，幸不甚重，均腿腳上。傳云，此物關係達賴，主不祥之兆，未審如何？然以前多行不義，恐難逃天網也。伊兩兄均故，皆曾訛人，以致不能永年，亦可畏矣。四五點鐘極大風，與昨夜相等。晚飯後過鶴孫屋內閒談。讀《古文雅正·董子賢良策三》，有曰：「故王者有改制之名，亡<small>變道之實，夏上忠，殷上敬，周上文者，所繼之救，當用此也。</small>」晴，半陰，極大風，燈後一陣，一陣不大。

初五日　早無事。午後至園一踏，水皆化，南池泉水已動，北池有黃鴨飛來，東池尚有薄冰一塊，不過數分厚。地有冒水處，蒼蠅亦見，天時較暖，屋內火盆皆撤去。午後大風，近山均看不見，滿院黃沙，以為攢招妖精皆來聽經，番子語也，可發一笑。早至東院登臺一看。昨日吉祥得小孩，今日刺麻念經且燒香，詢之，乃其兄某刺麻知此作為，想母親誼當盡也，一笑。晚飯後過洋務局，均到。晴，大風，天地皆暗。

初六日　寫家信一小封。內寫初八日，隨初九日招差走。昌格之子起名廣裕，另給其寫信。蓉裕不必給錢，那中堂、溥六大人來信，前寄千金已交小石橋姨太太，有蓉格收條，除用有餘，可買衣服。大妞妞丫頭可梳頭，甚好。小妞妞可買洋字本帶畫，慢慢教之。洋人云，嘴內有字即可認字，令〔一〕試之。珊瑚朝珠恐買貴，不如留錢置地。溥六大人得四萬，三萬未令當差。京內浮華，恐壞，老年亦打算鄉間住所，要狐皮坎肩、狼皮褲，無人可帶。臘底三年任滿，如回京，一切對象自然均帶回，此地川省皆難久居，不如珍五沙也。等語。此信封入振勳信內。劉化臣來回公事，田德夫婦抱其小兒來，起名長兒。孩子甚為結實，然生得甚醜，易養活也。晚飯後，由前院轉東院登臺一望，問插五色瑪密旗，旗有何取意？永福云，藍色是天，黃色是地，白色是雲，紅色是山，綠色是水，一年至年節一換，敬如神之意耳。轉洋務局均到，惠臣、化臣冠戴而來，攢招查街均安靜。晴，微風。

初七日　又寫家信一封。內寫初八日，隨初九日招差走。紙扎差馬永太、業長清帶箱三隻，未必走的快，須二月底可到。正月初五接家信一封，家內均好，至格照相一張，必主聰明，委員都說大了有脾氣，可笑。余太爺求觀音籤，見余六太太道謝。翠翎管曾於九月初十日寫信已收到，榕格、昌格信俟問明周大人再寄。曾有銀款於冬月交，想已收到。藩臺知照領款文三件，已照收。劉太太已有喜，由南路回京，左廚子亦隨去，因多病。又正月廿六日接家信一封。余生日範、余太太送影戲，余老太爺親到，更不安，並有鄰居臧大老爺、太太亦去，不知行號，諸親友見時，均請安道謝。知前寄一百四十兩已收到，今寄永聚與票兌銀七十兩，均係家人節賞，三月內可交。藏內均好，連日大風，塵土難遇。聯大人在爐廳，有要回去坐大輪船之說，未知能行否？唐大人已經回京當差，現換張大人蔭棠，彼此說得來。又給昌侄寄一信，內初八日託鶴孫代寄。略敘接省家信，如有汝並蓉弟信，因失落復問之。近得信知汝得子，請命名，因名廣裕，以「廣」字派，取其多，「裕」字取裕後富貴之意，給汝夫婦道喜。

此處安好，自汝四伯父過去，公事亦累心，且灰心，今年任滿，看聖恩，如能回京置閒散，於願足矣。以後來信可徑至藏，勿庸到川省，免周折，問闔家好。等語。午後找鶴孫將信交給轉寄。佛保來竟欲說笑，相甚好，頗有玩意。至園一踏，並至西院一看。晚飯後到東院看馬。至洋務局，均到。晴。

初八日　化臣、海山來，有噶廈因瞻對擬得交出來條款，先請一看，令其譯出再說。午後，王永福拿來洋條子，乃絲與羽毛所成，留三板。每板十四元半。田德拿來洋緞，黑色似有羽毛在內，姑留三方，每方十一元。俟到內地比較再說，此地竟有貨此者，想開通風氣之一端也，哈哈。晚飯後，至外院轉東院登臺一看，至洋務局，均到，竹君未來。聞去年九、十月間裏塘營官引營勇至香城，全軍覆沒，是以有打香城之說。晴。

初九日　辰刻，恭謁觀音閣、丹達廟、呂祖殿、瓦合祠行春祭禮，回署。飯後午正，拜發「福」字等恩賞合璧謝摺，並哈薩克斯坦逃藏回民布克等請飭甘肅巡撫收回游牧摺。化臣來面回，營中送牌匾，特來稟知。少韓、鶴孫來商公事，聞番人聰本即商人。來信，因裏、巴塘平後，馬軍門〔二〕、趙觀察〔三〕已飭知番眾，各安本業，不意忽然復行殺起，窮番只得逃往小路，凡聰本所販茶葉均行搶盡。刻下來信即為此節，恐茶葉未克實時到藏，亦阻此地商人著往東路，不知是否的確，然聯健侯不能振策，擬欲乘槎，或為此也。晚飯後，過鶴孫屋內閒談，聞川省人情官不一而足。晴。

初十日　早無事。午後，化臣來擬看番子槍箭，即在拉魯佛公牆外。渠再三託化臣來說，務請至彼早晚飯，因告以早去先在賬房一看，在彼用早飯則可，晚飯千萬莫預備，蓋整日未免攪擾太過。至外院遇鶴孫、竹君立談。晚飯後過洋務局，均到，鶴孫未來。惠臣、化臣因彈壓市面銷差，談及有剌麻與剌麻相鬥，竟持刀將膀臂幾乎砍下，已拿著數人，尚有逃走者，已飭人緝之，聞說不敢教院得知也，只好聽之。晴。

十一日　早鶴孫過談。飯後，噶勒丹池巴洛布藏堅參、玉託噶布倫彭錯汪墊、擦絨噶布倫汪曲結布、商上大中譯等，增曲結錯、珍尼瑪二剌麻，均謁見，將前具擬底交還，復將收瞻利害開誠詳為說之，均應允，過數日再為具稟。噶布倫等帶來臥克納送到照印藏圖兩本，擬信謝之，與化臣前送者相同。晚飯後到洋務局，均到。晴。

十二日　早間接家信一封，公館一切平安，外有清單一件，帶來若多吃食罐子，必至大糟，可發一笑。午後至園一踏，遣馮瑜大招，因噶勒丹池巴今日

攢招散錢，此本地僧家以為極大喜事，送其大哈達二方，小哈達五方，曼達一分，係酥油所作，如手指形，不過五兩蠻銀，不可解。馮瑜回時，帶回大哈達二方，又不可解，並有賞耗，聞其甚以為樂。晚飯後至洋務局，均到，惠臣亦來。半陰晴，午後極大風。

十三日　早鶴孫略談。午後李糧務夢弼在外簽押房見，談及冊報以意為之，且來稟所陳款目，均有不實不盡，遂大申飭嚴罵之，其無恥，匪可言喻，真是不知愛好至於極處。至鶴孫屋內一談，派往江孜回差張天衢、任鵬舉稟到，邊界尚稱安謐，聞打香城因藏前逆刺麻在桑披寺，令其交出，反出言不遜，是以戰辦之。晚飯後到洋務局，均到，惠臣、化臣亦來，將見李夢弼申飭語皆告之惠臣。半陰晴。

十四日　昨夜雪有二寸厚，相傳冬日無雪，每番人燈節多見，過此則無，惟候雨矣。十六日為其燈節，信不誣也。借余鶴孫《古文雅正》讀訖，據《四庫簡明》按語，蔡世遠號聞之，諡文勤。錄漢至元文二百三十六篇，有關學術治道之大旨，出於文章正宗，不費修詞之工。余細推之，係主宋學於性理湛深，文以載道是其命意，有高安朱軾諡文端。序，相山張廷玉諡文和，文端英子。序，漳浦蔡世遠安溪李文貞光地之門生。自序，朱序平湖陸氏有《國策去毒》未見過。又云侯官林西仲選《析義》四集，嗜漆園為千古至人至文，不可解。早午無事。晚飯後過洋務局，均到，化臣、惠臣亦來銷巡查差，聞惠臣云，有漢人搶番子錢，伊責之，失錢者反代求情，言修好，不忍如此，真樸實也。半陰晴。

十五日　辰刻，恭謁磨盤山關帝廟行香。午後至園閒踏，甚有涼風。屋內看書覺不適，痛打涕噴，因上樓曬暖，見廓拉路上人不斷絕。晚飯痛飲燒酒，似略好。至南橋外壩子上一踏，轉洋務局，均到，惠臣亦來。晴，微陰。

十六日　辰刻，恭謁扎什城關帝廟、風雲雷雨神祠、城隍廟，行春祀禮。來去路上，刺麻男婦老幼多極，皆侍立，看執事轎子，蓋四鄉人多有未見過者。午後，鶴孫來持緣簿，乃劉總管、程巡捕所託，擬給城隍神出巡化座轎一乘，以前破爛不堪矣，因寫二百藏錢。簿內有序一斷，不通，可笑之極。園內登臺一望，轉小廓拉者不少，大廓拉不問可知。據云今日燈節，真佛必帶真經而來，如轉廓拉，比尋常功德加數倍，可發一笑。今日請示觀龍燈否？因前兩年已去過，太亂，告以不去。聞散燈甚早。過洋務局，均到，鶴孫未來，化臣、惠臣查燈來銷差。聞刺麻噶倫因病問卜，係有冤鬼纏之，一笑。半陰晴，晚月色甚好。

十七日　早無事。午後，化臣來，聞噶勒丹池巴於十九日欲來謁。至園一踏。晚飯後過洋務局，均到，惠臣亦來，聞竹君云，庚子後康有為曾至湖北，將制藩等署使人埋炸藥，幾乎出大事。湖南北富有貴為票多極，蓋取其富有四海、貴為天子之意，康有為之號長素，已無孔夫子，何有皇上，真正叛逆，可以傳矣。梁啟超聞在日本報館，寓無定蹤。半陰晴。

十八日　午後至園一踏，化臣去回公事。登房看四周樹均有綠意，地下青草已發芽，天時並不見暖，想因四山雪未見化也。晚飯後至園，轉東院至洋務局，均到，惠臣亦來。王永福拿來洋絨，留五十六方，寬一尺九寸，價一元餘，三方合元。晴，午後陰，燈後陰滿。

十九日　辰刻，恭謁磨盤山關帝廟，行春祀禮。飯後，噶勒丹池巴來送禮道謝，因前次回拜年並攢招道喜，聞攢招內外施給及酥油、糌粑、茶葉、燒柴，並三大寺未來者，各項花銷大小招計算，總在六十餘萬金。永安寺札薩克剌麻聞由庫倫回，達賴剌麻仍住庫倫，擬明日來見。晚飯後過洋務局，小瑾、竹君到，餘未到。聞化臣處因搬家掛哈達，今請去看跳弦子，惠臣、化臣查街來銷差。晴，午後風。

二十日　早過鶴孫屋內談。飯後，送達賴佛永安寺札薩克剌麻洛桑協珠由庫倫回，達賴一切均好，因余在藏辦理，合唐古特俱安靜，俟回時面謝，並無別說。且告番邊不准遠迎，俟到哈拉烏蘇再傳之，免擾番民，此種辦法頗是也。十一月初十日折奉批回，接文，聯健侯欲由海道來藏，業奏明。鄉城用兵，亦經清帥奏明。鳳大臣請謚建祠，已恩准。晚飯後至洋務局，均到。晴，風。

廿一日　早至園，午後復至園。令本院烏拉男女將後池等挑挖邊上積土，樹木活者不過一半，因去年雨水過多之意。晚飯後至洋務局，均到，鶴孫未去。半晴陰。

廿二日　早恩糧務、劉統領銷蕭曹廟、三光廟、財神廟祭祀差。鶴孫來，前因噶勒丹池巴攢招，曾賀其二金，今送其江卡一個，給佛保，並給起名羅桑頓柱，蓋派其徒眾名字，已收入門牆矣，有趣。早午至園兩次，看挑挖池子。晚飯後頭門內轉東院，到洋務局，均至，惠臣亦來。晴。

二十三日　早至園看挖池，水甚見長。午後，化臣來回公務，復至園看下棚，在布達拉山前署西北，登臺即可望見東郭爾為帶兵官至大招聽鐵棒剌麻教訓。回時在帳棚內復教訓，其下兵丁等不過弓箭槍馬，必須熟悉等語。然必須大世家，此舉須賠錢，蓋須封於賞耗及醃飯種種，適看其由大招回。晚飯後復

至園，眾人將散。先達木八旗協領騎大馬佩弓箭，並佐領均黃衣，其餘驍騎校杏色衣，馬頭均纏以綢布，五色俱備。後過東郭爾，亦黃衣有花，其跟隨小娃子或藍花衣，或黃衣，亦佩弓箭，馬亦如前，觀者數萬人。後有六個丫頭，名曰倒醣者，應須世家自有，如無，亦有顧者。步行而回。前後跟看鬧熱者成群，然必須貌美者充之。衣服、頭面皆非常之闊，見一拱上頭大小珍珠不計其數，身上金絲緞在內，外罩以五色福兒緞翠朝珠，一身可值萬金，其餘五巴珠均係珊瑚、松石，中處以真珠，帽頂如一圓蓋，每身亦值萬金，不如此，則恥笑之。今日謂之下棚。轉洋務局，均到，化臣、惠臣亦來，因量臺交代，派化臣並添李海山催之。晴，微陰。

　　二十四日　早鶴孫過我閒談，並送來小圓糌粑、佛二尊，如指蓋大。係後藏所得，可作護身，並可治病服之。同鶴孫至東院看臺，少韓亦到，係番人扎什城點兵由署前東轅門南門外特繞此。皆係一對對馬隊，各帶弓箭背鳥槍，手持一鐵槍，以各色綢布纏之，頭上如插翎扇一柄，係孔雀翎作，身穿盔甲，馬頭尾亦以各色綢布纏之，且帶串鈴，有黃衣者前後照應，似隊長之流，略有千人後隨。昨日兩帶兵官，詢之，一為瑪子噶倫之孫，一為公戴本之子，隨從仍係昨日各小娃子。今日謂之扎什城點兵。午後無事，晚飯後至園一踏，因背土墊路，至後門外一望，見種蘿蔔，先堆土岡，復攞之，皆戳小坑，每坑種子二，笨極。轉洋務局，均到，惠臣亦來。晴，風，微陰。

　　廿五日　早無事，午後微雪。極小。至東院看燒草堆，元壩上僧俗男女甚多，因四山已雪，風甚涼，趕緊回來。遂聞槍聲，後聞炮聲，打牛頭山，名曰揚兵打炮。晚飯後，外院轉東院，至洋務局，鶴孫、竹君未到，惠臣、化臣到，兩人均接丁鄉約遞呈，因其兒媳再嫁李金柱，已離，又欲嫁李光宇，出面攔阻，因教門不可嫁漢人，實屬多事，為財也，一笑。陰多，晴少。

　　廿六日　卯正今日、明日均乘轎，便衣、靴帽前往。由署至大招，進旁角門，登三層樓，臨窗設座，先有剌麻吹號往東迎佛，執事甚多。噶勒丹池巴步行擎黃傘罩之，前有仲郭爾用藏香導引，至講經臺前坐馬桌上念經，旁有降神護法，假象、真象俱出，少時，稱勒佛駕到，用輦載之，係有佛冠站像，前後在輦上剌麻五人，拉輦剌麻數十人，沿途掛哈達者甚多。俟駕過，池巴佛亦步行隨後而去，在座前樓下先設白氈一塊，黑石頭子一個，重二百斤上下，隨人抱起，繞氈三匝，為上等。其次或抱起或抱不起，為下等。上等以大哈達，下等以小哈達賞之。然抱之實不易，並無摳手，且極滑，殊可笑。隨時聽琉璃橋炮響，

跑人跑馬者來矣，馬均有鞍無鐙。<small>大半有鐙是仲郭俪。</small>有騎人者，或穿豹皮、鹿皮大褂，甚可笑。不騎人者在內大跑，兩旁剌麻以披草亂嚇之，竟至撞人以為樂，人則赤身赤足，<small>頭上各色花帽，似餓鬼。</small>肩上有各色披肩，腰下圍一布，前後飛跑，人馬須到工部堂，大半人均爬而不起，路有數十里也。白氈前俟抱石後，二赤身人僅有半截褲子貫跤，乃達木八旗人，其協領等官均坐於旁，一對一對貫畢，勝者賞之，尚有蒙古風俗。後有本處番子，赤身滿抹酥油，賊亮非常，太可笑，用一布前後襠遮蓋而已，亦貫跤，多有不分勝負，因滑極，彼此抓不住也。今日為彌勒佛出駕，跑人跑馬，立刻散招。辰正回署，鐵棒剌麻銷差，見之，賞之。午後，化臣、海山來回公事，拉魯佛公太夫人拿哈達來請娥珠，應其明日必往。晚飯後過園一踏，轉東院至洋務局，均到，少韓未來。晴，半陰，微風，甚冷。

二十七日　辰正餘，赴拉魯下番賬房，噶倫見禮後，遞酥茶進果桌畢，按排下馬，每排或廿餘名，或十餘名，以及數名，蓋分其差使大小世家新舊出人，人均盔甲，各色襯衣不等。先打靶，一火槍後射靶一，馬箭、槍箭靶離甚近，槍中者多，箭中者少，每一排完，到大臣、噶倫處領賞，不過每人二條哈達而已，余並格外賞一槓茶，廿兩銀。惟領隊者係兩箭，不打槍，領賞則一也。看至巳正餘，至小佛公處早飯，復在其樓上看之。分左右翼，亦如內地，完時達木十名射馬箭，仲郭爾射馬箭亦領賞，末後噶倫食蠻飯。將肉片之賜與左右，皆摘帽謝之，大有古意。散時申正餘，佛公堅留晚飯，只得擾之，賞其下人廿金。回署，燈後戌初矣。娥珠、媚柳均去，亦早去，燈後回，今日謂之縱校跑馬箭。晴，微風。

二十八日　今日拉魯縱校射遠箭，噶倫等請示是否前往，聞說並無意味，復之不去。早過鶴孫屋內略談。午後，化臣、鶴孫來為公務。晚飯後，出南門外一踏，看柳樹，番人會刻佛像，番子生財之道也。轉在印房後井邊一看，至洋務局，均到。晴。

二十九日　早無事。午後，化臣來商酌公事，程巡捕拿來南路所出石子，大者如鴿卵，小者如雀卵，作墨、白、綠三色，留一大四小，價二文，的確藏內出。晚飯後覺心跳，必是脾熱，萬無心跳之理。過鶴孫處一談。晴，晚陰。

三十日　早無事。午後看書，將《古文觀止》讀訖，究竟才氣文章多，且左國至明文亦可看，文章遞降，風氣之不同。現以《唐詩別裁》消遣，要以沈歸愚先生惟正宗，不過稍有沾滯處。王漁洋先生以禪論詩已差，袁才子論詩主

性情，開不讀書之法門，亦非是也。晚飯後至園一遊，東院轉洋務局，均到。晴。

【校勘記】

　　[一] 稿本原作「另」。

　　[二] 吳注：維騏。

　　[三] 吳注：胡蠻。

　　三月初一日　辰刻，恭謁大招萬歲牌前行禮，見有剌麻多人坐滿廊下、院內。詢之，乃別蚌寺照例諷經，上座係一小剌麻，不過十二三歲，為某寺胡圖克圖，請來此日掌教，殊有趣。午後派署靖西千總張天衢、前藏千總張崇侖，飭其盡心當差，莫盡在錢上惦著，不顧公事，因二人謝劄叩見也。晚飯後至園一踏，轉東院，均登臺一望。至洋務局，均到，與小瑾談，常州府無騾子，禿尾馬竟認為騾子，因來此方認明，可發一笑。半陰晴。

　　初二日　早無事，看書。署江達外委張福太交卸，詢其路上，鹿馬嶺雪甚大，頗不易行，聞嘉玉橋已修妥。午後亦無事，晚飯後化臣來，因前藏交代其本藏歸外銷者略有頭緒。至洋務局，均到。晴。

　　初三日　早鶴孫來，略談。午後，十一月廿七日具奏摺件奉批回，保案單未奉回。折片奉旨：該衙門議奏單經併發，欽此。化臣來，接高玉貴信，聯大人仍領振策，不得乘槎，係二月初七日奉旨。鶴孫復來，略談。晚飯後至洋務局，均到，惠臣亦來。竹君接聯大人紮文信件，是由東路來，閱邸鈔，佪逡齋因差使懶惰，開去副都統。晴。

　　初四日　早無事，鶴孫來，略談。午後看報而已。晚飯後，至園登臺一望，轉東院，院內及東院杏花已開數朵。到洋務局，均到。鶴孫談及四川有出燈謎者，面子本不好，係「弒父」二字，有人猜「宰我」，出謎者大怒，幾乎揮拳，大為可笑。報中有名向日葵，係四川揀選知縣，貴州貴築縣人，號霍忱，名甚奇，亦可笑。昨夜見北斗，二月底見，聞四月又不見。晴，晚陰。

　　初五日　見《成都日報》，翰林院掌院學士孫、代奏編修許鄧起樞《條陳學務摺》，其議論頗有識見，殊可佩服，其名四字頗奇，「許鄧」似非複姓，即查搢紳，的係四字，號仲期，戊戌翰林，湖南湘鄉縣人。早午無事看書，晚飯後至園，轉東院至洋務局，均到。晴。

　　初六日　午後化臣來，交張憩伯 [一] 來函，噶倫始為洋人擋住後，經知照

已赴大吉嶺,且遣稅司韓德森沿途照料一切,並到噶里古達時,可以代找住處,等語。又接南山教讀等來稟,謝年賞錢文,大作四六,殊堪捧腹,有甘棠遺愛,等語。至園一踏,三池泉水甚旺,北池過西池橋下,小孩用泥石搭三小橋,甚可笑。晚飯過洋務局,均到,惠臣亦來,談及糧署供有紅菩薩,如內地之土地神。此人係刺麻,因朱爾默忒造反時,令其隨入,伊以內地強勝不隨,後將其剝皮,迨平定後,眾以神尊之,擬掛一匾,請代酌四字,余以「流芳千古」四字告之。聞修房等事,須刺麻打卦方修,可笑。晴。

初七日　早無事,午後永福拿來天馬皮,細檢之,背多臁少,然價甚廉,四文半一張。鶴孫來會,貂皮一張,據云係蒙古地方所出,比之印藏貂,余買之,不過三文半一張,此索價十六文,未免欺人。晚飯後至後園,聞程巡捕云,有賣蛇角者,真聞所未聞,索價甚昂,據說別蚌子已給百文,恐不可信。轉洋務局,均到。前聯大人有文到藏,定於今日啟行。晴。

初八日　早無事,午後鶴孫過,略談。連日因無事作一花籌帶酒籌,引唐人句得六十二籤,實無聊之極思。晚飯後已園一踏,登臺遠眺,布達拉山前草壩上已青矣,然中毛皮襖、大毛馬甲尚不能脫。轉洋務局,均到,回時起大風。晴,燈後大風。

初九日　早無事。午後,化臣接到湘梅信,有署中鬧鬼之語,太覺可笑。鶴孫送橘子羹,不想邊地竟嘗此味,與其廊下立談,竟覺甚冷。見東北後山皆有大雪,且有風,無怪其涼如此。晚飯後過洋務局,均到,惠臣亦來。晴,冷。

初十日　早無事,花籌酒籌,午後過鶴孫屋內,請其斟酌,大有張文達公自云頑皮不用心之意,可發一笑。晚飯後由外院轉東院登臺一望,東北山雪仍未化,較冷,至洋務局,均到,惠臣亦來。半陰晴。

十一日　早將花酒籌交鶴孫再為斟酌,伊又添出酒籌中若許條款,大為可笑,已定妥,令人謄出,再寫籤子。程巡捕將大招前唐碑搨來三份,皆模糊不清,本碑已經剝落,加以風高,隨搨隨乾,不易施墨故也。晚飯後,至後院閒踏,由東院轉洋務局,與少韓、小瑾談,鶴孫、竹君未到。半陰晴。

十二日　寫家信一封。內寫十四日,係十五日摺差帶走。內略敘二月十二日接家信,知闔家好,糧米賤,窮人可有飯吃,甚可喜。另單《桃花扇》《花月痕》,《儒林外史》不在禁書,想鋪內欲昂價故也,俟飯再帶。並鐵盒食物並振動鐵盒布包,俟到按單收。然高玉貴扎拉匭恐一時不能到,因夫馬不便也。前伊等有信已到爐廳,聯大人意由海路來,曾奏明,現又扎拉里備夫馬,想必奉旨不准,挨罵

矣。雖未見知照，想必如此，人不可不謹慎也。前二月初八日一信，去年臘月廿日馬永太、葉長清因領紙紮帶去信，並箱三隻，給至格玩意，此處算極好的，諒兩信俱收到。至格必會說會笑會耍矣，實惦念。等語。午後至園一踏，因鶴病，令其至後園，看光景未必能活矣。惠臣、化臣、海山來，因丁鄉約與李光宇打官司，現經調處完案，特來面回。晚飯後，轉外院東院登臺一望，至洋務局，均到。半晴，晚陰，半陰晴。

十三日　早至東院登臺看城隍神出巡，由南來，進西轅門，出東院門，前有十二象帶枷，有判官、土地等皆騎馬，院上郭什哈騎兵擺隊，今日乃清明，七月、十月亦然，似內地厲壇。永福來云，鶴已死，命埋於北林之北，飯後往看之。午初，細雪霰，南北近山亦見雪。申初，雪已飄揚，雖不甚大，然節屆清明，余謂清明時節雪紛紛，亦一奇也。晚飯後又至園一踏，看北山雲起山頭，罩雪上，頗得景。襯以青草地，內地雖難見也。轉東院又登臺一望，覺涼風甚重，至洋務局，均到，惠臣亦來。晚回月色清朗，似初遇雨之意。半晴陰，雪。

十四日　昨因鶴故，令王永福南門外刻石者，找青石板一小方，用朱書，亦古人書丹之意。其辭曰：有質為禽，無質為仙。丙午春暮，以紀月年，漢南朔客題瘞鶴冢。即令拿去刻之，不知成何樣範也，一笑。午後，永福來，已刻成，遂豎之，可謂迅速之至。新委拉里糧務孫玉甫兆麟，行二。稟到，係陝西沔縣人，卅一歲，已留鬚，廩貢生，前故糧務李玉輝楷，浙江山陰縣人，後藏調拉里。之子李家耀。昨日稟到，送其父靈柩回川，因助其百金，各委員皆有所助，聞營內亦由化臣代為吹噓，亦有幫分，此係後藏停放多年，幸湘梅一力維持，其子肯在此守之，亦頗可取。尚有伊三個胞兄，將省中領款，早經用去，可惡之至。到園一踏，晚飯後過洋務局，均到，談。半陰晴。

十五日　辰刻，染貂帽、成鼠馬褂、金銀縑袍，早尚涼。恭謁磨盤山關帝廟行香，回時拜玉甫孫糧務。午刻，拜發班禪印度回代奏恭謝天恩，並進哈達、佛經一摺，又班禪赴印度並沿途到印各情形一片。無事看書，覺甚倦。晚飯後至後園一踏，轉洋務局，均到，竹君未到。晴。

十六日　早無事，牙忽作痛，在右邊，上下皆然，浮火也。午後看書而已，早並到鶴孫屋略談，晚飯後至園閒踏且登臺一望，轉洋務局，均到。惠臣亦來，閒談各處鬧鬼，竟非飄渺之事。西署亦頗鬧熱，並有各處迷人之鬼，聞城隍廟秦姓之妹，竟不知去向，此藏內常事也。晴。

十七日　早至鶴孫屋內談，化臣亦來回公事，孫玉甫糧務來，在外簽押房

見。午後無事，程巡捕拿來搨大招前唐碑四套，並國朝滿、漢、番三體碑一套，搨工未能深得法，且天燥，模糊者多。晚飯後至園，又進內，因天早稍歇。至洋務局，均到，聞聽健侯頗好吟詩，告程巡捕將園內所掛之詩即取下，將此處畫換上為是，不然似《鏡花緣》考之不了也，一笑。晴，甚熱。

十八日　早起即熱，換小毛皮襖、珍珠毛坎肩，不冷。至後園一踏，池水又見長。午後無事，連日仍倦，大半天氣稍暖，人多如此。晚飯後，由外院轉東院登臺一望，四周霧氣甚重。到洋務局，均到。微風，晴。

十九日　早無事。午後，化臣來回公事，並接到洋員惠德來信，託找貂皮，鶴孫來，將信交給，同化臣商酌，趕緊代其找妥送往。鶴孫送洋小帶把酒杯一個，並有託碟，花樣似仿中國青花白地，晚飯時即用其喝醋一斤。至後院轉西院，出南門至橋上，看下無水，據云攢小招後方放水，忽起風一陣。至洋務局，均到。半陰晴。

二十日　早無事。午後，鶴孫、化臣來，因惠德託購貂皮，一時恐難覓得，只好便中先函覆之。擬二十五日約孫糧務諸人知單已畫齊，將酒令業上油，作一洋鐵桶，以布糊之，以備裝令簽，笨極。晚飯後過園閒踏，復回。前畫佛交永福膳寫佛名。至洋務局，均到。半陰晴。

二十一日　早無事。午後，李海山送一品鍋、四小盌，詢之，乃前數日聘女，今日請客，特有此舉。與鶴孫商酌，難補之周旋，只好白吃，可也一笑。程巡捕因其約往，告假半日，晚回，將花籌油得送上。晚飯後至園轉東院，到洋務局，均來，談。晴，晚陰。

二十二日　早惠臣、化臣來，為張仲淵吞煙案，現已說合了結，無事。鶴孫來為收發官款事，均無要緊。布魯克巴名扎喜傾卑、拉達克名司鼎足。兩國頭目叩辭回國，在二堂見，賞給哈達、尺頭、小刀、搬指等件，即回文扎其國王，均付訖。鄭脊子處買來鐘錶一個，鑲假松石、小珠口，合錢八十文，似比在上海價廉也。程巡捕又到李海山處，今日請千把等官。聞有營中送匾者，係黑地，竟高懸之，嫁女送匾已奇，喜事送黑匾尤奇。晚飯後至園登臺一望，三池魚甚多，先必在泥內伏藏，此時天暖，是以皆出。轉東院至洋務局，均到。今日鶴孫曾拿珠子兩三枚，係假物，聞藏內丫頭頗有受冤者，係珊珠亦有，俱新來者。半陰晴。

二十三日　早無事。午後將《閒情偶寄》看一通，伊最恨陳眉公，論其人品，似眉公少強，然名士習氣未免太深，皆非正路人，然處於末世，亦有不得

不然之勢也。晚飯後至園一踏，看修樹。轉東院，睄驟馬，均皆臕肥可愛。至洋務局，均到，談射覆。晴，半陰，午間下雹。

二十四日　早看書，午後新派乃心巴洛桑格桑叩見，因前乃心巴不告假，隨便下鄉，令山上換之。至後園一踏，滿池皆浴鴨子，頗有趣。北池來一水鳥，似鶴鶉，嘴極尖極長，不知何名，似在此已伏卵，不飛去矣。有小鳥，不過麻雀大，似喜鵲，黑白分明，又有頭背如之，肚腹紅色，亦不知何名，常往來池邊，或棲於樹上。晚飯後，外院轉東院，登臺一望。至洋務局，均到，惠臣、化臣來，為小招查街，均安靜。晴，午陰，復晴。

二十五日　巳刻，約孫玉甫、恩惠臣、江少韓、余鶴孫、吳小瑾、馬竹君、李海山、劉化臣在後園便飯，因新編酒令花籌，未敢喝燒酒，喝醯，不意大家高興，內中詼諧處多，竟消至卅斤上下，復將花籌行一次，覺肚腹漲滿，大難過。進內登東，令程巡捕招呼一切，旋來，告以諸君皆支持不住，聲明道謝，均已逃去。本託竹君辦理教門菜，晚飯渾飩，並午點心、糌粑，皆分送而食之，可發一大笑。餘則大出虛恭，頭亦覺疼。燈後，鶴孫來談，亦覺腹漲，醯之過也。巳正餘，少飛雪花，南北山頭均雪，較涼，穿灰鼠合式。陰多，晴少。

二十六日　早午，鶴孫來兩次，詢之，亦覺腹漲，皆醯之過，聞李海山亦然，生於此地者亦腹漲，足見此物之性，蓋涼水所成，是以如此。少韓、竹筠係喝曾溫開加糖，晾冷飲之，並無此病，大約熟後涼水變為熱水似差多，然不可熱飲，肚腹雖好，易得頭痛也。晚飯後過洋務局，均到，鶴孫拿《瘞鶴》五古兩紙，作甚佳。半陰晴。

廿七日　早化臣來回公事，署後藏都司馬友龍呈報文書，病故出缺。午後鶴孫來，因有《瘞鶴》五古一章，令其看之，因其亦有《鶴冢》五古詩也。晚飯後過東院登臺一望，四山有雲，霧氣甚重，寒瘴所致，遠近各樹有九成綠葉。廿八日係穀雨，然皮袍尚未去身，早間仍涼也。轉洋務局，均到。半陰晴。

二十八日　早廓爾喀噶必丹來求見，在二堂見之，因其國王令其在建昌買馬，噶廈已發給路票，恐江達以下無票不能前進，務乞恩賞票等語。告以內地之馬，不應外番採買，止有內地在外採買者，此事萬不可行，遂去。剌麻噶布倫洛桑稱勒因病少痊，特來請安，看其光景，尚未大愈，告其仍須善養，惟瞻對之事，尚須極力督催等語。午後，少韓、竹筠、化臣、海山同來，噶布倫二人同來，因拉里金夷情辦理支應之事尚無頭緒，特將噶廈所奉紮飭稟明，請各項仍須彼處支應等語。達竹，即三六村，與彭邊因爭差務，達竹同三十九旗相近。納克土

即打柱，又達竹，豁爾總管，其總千戶係二品花翎，用戳記係蝦子形，謂之最貴重，可笑。有大四寸印，似部頒夥爾魚他百戶洛布汪結鈐記，一邊係番字。鶴孫來，接省信，均屬平安。有鈔來京中《新聞報》一紙，有藏內擬改行省，駐藏職分小，須改將軍、都統。畫到文書不多，惟送來《四川官報》《成都日報》，聯健侯留其一半，然是十日，僅留五日，並未按日檢查，以致彼處五日，此處五日，殊為可笑。晚飯後未過洋務局，聞小瑾云，竹筠今晚請孫玉甫。半陰晴。

二十九日　早覺熱，午後陰，覺涼，換袷褲、袷衣尚不甚冷，然換棉襖、珠毛背心。牙痛牙床腫，唇上亦起泡，皆因乾燥所致。午後登樓，在簷下看燒草堆。至後園北池，所來野水鳥如鶺鴒者，在水內不甚怕人，似稍覺熟矣。晚飯時蓮芳生一小兒，聲音甚大，八字為丙午壬辰丙申丁酉。飯後踏至南門外，看橋南迤西有泉，甚旺，順河流水，橋下水尚未到，俟攢小招後，方可放水。至洋務局，均到，進內，振動來磕頭，詢其小孩，係大下巴，窄腦門，與其夫婦皆不相同，伊父母均長瘦臉也。半陰晴。

三十日　辰初刻，至後園登臺看晾寶，活象笨極，上馱寶瓶，又似如意，頭甚高，竟不能由琉璃橋上走，蓋橋上如屋，兩傍有欄，無如何由橋往西，回頭往北，再歸正路。後之背大鼓剌麻沿路跳走，路有十數里，身負廿餘斤，可謂堅實之至，頭戴五佛冠，身穿花衣，想即天魔之流耶？聞皆曲水剌麻承當，非本藏剌麻。今日一切執事者，無一俗人。過鶴孫屋內略談，振動說小孩業已腦門加寬，不似昨日，蓋昨日才生下，自然不能十分看得出，可發一笑。因賜其大名垣森，小名垣兒。晚飯後，復至園登臺一看，牆下有兒嬉戲，來回奔，甚有趣。轉洋務局，均到，竹筠云，外委郝維珍給布克等送糧食，明日可走，今午已經面辭矣。早晴，午陰。

【校勘記】

［一］吳注：蔭棠。

卷十二

光緒三十二年四月初一日至六月卅日

　　光緒三十二年歲次丙午四月初一日　因今晨散招，大招行禮遣恩糧務，鐵棒剌麻來叩辭，乃攢招均皆安靜，並稟明因照章賞之。午後至園閒踏，牙床腫痛，遣人找化臣尋金銀花，伊即親來並有存菊花，並告以可送來些須，皆敗火物也。晚飯後至轅門柳樹行一看，係裕子維所種，甚齊整，兩邊皆有，看樹者係達木番人。牛頭山西有一斷白沙山，每午前沙往上行，午後沙往下走，誠奇事也。至洋務局，均到。早晴，午陰。

　　初二日　早無事，閒弄筆墨而已。午後閒走至房上一望，各處雲霧遠漫，樓上看，有豹皮為蟲所蝕，前兩日娥珠在帳頂拿數個小蟲，此處不生蟲，不盡然也。惟早甚涼，晚間發燥，亦奇。永福又拿天馬四十張，有三張不堪用，余留之。晚飯後至園一踏，登臺看東菜圃斜水，均係大招流來屎尿，水作黑色，澆菜必肥，然污穢非常。至洋務局，竹筠未到。早晴，午陰。

　　初三日　早化臣來回公事，竹君來叩交諭。寅正二刻，聞竹君處火鞭響，乃孫玉甫請印，本定卯刻，不知何以寅時請印。孫糧務來，未見。鶴孫來，略談。午後，閒弄筆墨，聞襄城有敗仗之說，未知確否？紙扎差已到江卡，夫馬往巴塘，頗不容易。前見公牘，趙觀察_{爾豐}、錢觀察_{錫寶}均往襄去訖，恐彼處信急，路再塞，則聯大人不易行矣。晚飯後至園，轉洋務局，均到。早晴，晚陰。

　　初四日　無事看書。院內與鶴孫談，佛保痰盛極，用陳艾嚼與食之見好，此物溫散可治痰，先未知之，後復以金銀花飲之，亦好。晚飯後化臣來，明日夷情教場應備賞已齊，告以明早七點鐘由署准走，至後園轉東院，均登臺一望。至洋務局，均到。晴，午後微陰。

初五日　卯正三刻，執事用番兵照規也。由署至番教場，棉袍褂、棉襯衣、絨帽絨領、內小裕襖、裕褲、棉套褲、裕襪合式，午稍熱。噶布倫以下皆跪迎跪送，有一轅門進出，皆升炮。有閱武廳教場等，均比漢教場齊整，房間亦較大。先至後廳，噶倫等遞茶、遞點心，即達子餑餑、槽糕、芙蓉糕之類，尚有舊俗，一切吃食，皆告竹筠備辦，端來餛飩一盌，尚可吃。教習、噶布倫、拉魯佛公均給吃，升座，前來謝。辰正升座，番官遞乾果桌，大禮也。漢番各官參堂，先看陣勢，亦有陣圖，不過與漢操大略相仿，所謂土羹塵飯而已，惟布城比漢操齊，此四面，漢僅一面，攻藤牌有技藝，亦難為番子。有叉，有雙錘，未免可笑。攻藤牌一人放槍一人上藤牌，此皆可。其中來一藤牌兵，一人持火槍放之，彼裝死，兩人抬下。陣完時，由南北馬來二人，報番官得勝，敵軍大敗，二人者一番過事，此人李福林妹夫，一定瑋，報完後復跑回，殊可笑。木有九進聯環，甚好。此漢操所未有，然洋操有之。陣完後看馬箭地球甚好，後一槍一箭，在馬上忙亂，雙中者少。馬上完，退後廳吃飯，羊肉煮得甚好，同少韓、鶴孫、竹筠痛吃。飯後，復升堂看步箭，官五兵一，因人數比漢人多，不得不求簡便也。看兩三排後，即委恩惠臣代看，遂起極大風。看箭後接看步槍，剩兩排，又升座，槍完有杆子廿人，對刺劃而已。噶布倫等賞尺頭、銀牌、哈達，其次遞減，兵丁賞哈達及錢，小官亦如之，不過錢多。兵丁中槍箭者二文，不中者一文，哈達皆有，所需三百金上下，對象不在內。番營官噶布倫四員，一員差。戴瑋二員，未放。如瑋四員，現三員。甲瑋八員，定瑋四十名，現箭十八名，槍十八名，例應槍箭各廿名，弓箭鳥槍番兵一千名，各項雜差大隊在內，槍箭精熟者僅三百餘名。回署申正三刻，噶布倫以下各官謝操謝賞，俱親到署，均未見。回署後風頓止，或云藏內有妖，槍炮不免驚動，所以看漢操亦有風且有雨，此未敢盡信。然京操如仰山窪等處，均不得好天氣，兵非吉事，此可信也。夷情亦應有賞尺頭、哈達，由化臣代辦。晚飯後，院內閒踏，未出去。早晚晴，午後大風。

初六日　天微明即蹲馬桶，下若許熱沫，復又略睡，起遲。至後園看湯徭用牛耳大黃擦瓦盆、瓦壺等件，旋以糌粑水熬之，可不漏水。飯後至鶴孫屋，看佛保見好。化臣來兩次回公事。晚飯後復至園，並踏至西院，見馬蘭已有開花者，園內尚未。轉洋務局，均到。晴，風不甚大。

初七日　鶴孫過談，並至其屋內借來《南巡盛典》八本，係石印，字太小，覺兩目發脹，晚飯後趕緊送還。遂至園登臺一看，東邊菜園為藏兵何聯所種，聞其夫婦二人有十一子一女，僅其長子與彼有錢糧二分，若無此園，竟衣食不

繼。見各楊柳皆發齊，有麻柳、垂柳，惟楊柳開花似桑椹，有香味，楊則謂之白楊。轉洋務局，均到，惠臣亦來，詢孫糧務頗買貴物，殊可笑。晴，微風。

初八日　早噶布倫等回明換季，佛保母子並娥珠至大小招拜佛，並至胖剌麻處問平安。據云皆好，未罵，給佛保江卡一個，謂此娃娃甚好，暫病無妨，起名羅桑頓枝。化臣來回公事，鶴孫來兩次，亦為公事，並有徐松林照磨來函，聯大人奏諮各委員在打箭爐皆散，只有劉星馹、張其勤，聞又調陳其昌，不知肯來否？三月十八日已啟程。晚飯後至園，到洋務局，均來。接省寄《桃花扇》《花月痕》兩部書，爐廳先寄。晴。

初九日　早晚至園兩次。少韓、鶴孫商公事。鶴孫、化臣復來商公事。無事看書。化臣將官廳內一小屋收拾，以備營務處座落。晚飯後過洋務局，均到，惠臣亦來。晴。

初十日　無事，將省寄《桃花扇》看訖。化臣來回公事，午後鶴孫來，因公事。晚飯後至園登臺一望，轉洋務局，均到。晴。

十一日　早化臣來略談，至鶴孫屋內看佛保，院內康尼兒男女拔草，賞之。晚飯後出南門往西踏，見耍柳林者人甚多，橋下無水，小孩在洞內耍，大有趣。至洋務局，均到。微風，晴。

十二日　早無事，鶴孫過，略談。午後至園，由新佛公處砍來破葉楊樹條種，此處所呼如此，細看之不知何樹，皮不粗，葉似艾葉，有白霜，不可解。晚飯後復至園轉東院，均登臺一望。至洋務局，均到。微陰，晴。

十三日　無事，看書。李家耀謝恩辭行，在內見。初十日，郝維珍送哈薩克斯坦口糧回，未見。午後在院與鶴孫立，談多時。晚飯後東院看臺一望。至洋務局，均到。晴。

十四日　無事，《花月痕》看訖。事不過咸豐之亂，尚有實跡，所謂倭者即髮逆也，兩相影射，詩學玉谿生豔體，中正格也。晚飯後至後園，轉洋務局，均到，恩惠臣、孫玉甫亦到。微陰，晴。

十五日　辰刻，恭赴磨盤山關帝廟行香，沿途各樹皆綠葉成陰，藥王山下有黃牆一區，朝東有門，用騾子十四頭在內馱水，乃山上所用，內一井，水不如扎什城者。鶴孫過兩次談，佛保可以依枕坐之，大有趣。午後，至園一踏。晚飯後至洋務局，均到。晴，燈後風。

十六日　巳初刻升堂，驗放番缺，拉里把總周克先稟到，見。午後至園一踏，王永福請看悶爐塔成，可發一笑。並至外院看硝沙狐皮，以硝與白米兑水研

之，入其筒泡之，多日晾之，即硝出。色拉寺送白牡丹六枝，花尚好，送鶴孫兩枝。晚飯後至園登臺一望，轉洋務局，少韓因病未到。半陰晴。

十七日　早化臣來回公事。午至外院一踏，看北山有雪，南山霧遮滿，過時化，亦有雪，天較涼。晚飯後至園登臺，乾土上小雨點，霧時所下也。見丫頭多背篼，詢之，大半雪里人，外來者，主人多不背，薛大曼背之，曾見戴珍珠巴竹者亦如此，蓋雪裏不分主樸，且有不背者不能步行也，殊可笑。轉洋務局，均到，惠臣、玉甫俱來。半陰晴。

十八日　早化臣來回公事。午後，丁鄉約等得恤款，叩謝。馬岱樂散恤款銷差。鶴孫過，略談。晚飯後至園，四山俱見雪，轉洋務局，未進屋，下雨雹一陣，旋住，均到。小瑾云，打襄城現暫停，俟運來開花炮再打，未知然否？半陰晴。

十九日　早起覺涼，四山微雪。踏至園，南池遊魚甚多，有趣。至鶴孫屋內，約少韓來同商公事。午正三刻十分，地動，自東北而西南。化臣來回公事，少韓蒸鴨子欲送來，用與鶴孫商酌，至後園同烹，五句鐘到園，鶴孫及余各備菜數樣，算盤子會，大可笑。少韓先走，同鶴孫又談，進內七句二刻，才頭炮。半陰晴，晚風。

二十日　昨接家信，省內均為平安，至格頗能淘氣，甚有趣。早鶴孫來，略談。午後，少韓、鶴孫來商公事，化臣亦來。閱《京報》趙次珊將軍片奏，調奉人員有候選知府徐承熊，似窮獨山人，已出山矣。又有候選知縣徐延芝，是否徐老三？如是，「延」應作「埏」，其湖南試用道張鶴齡，坐選湖北宜昌府知府存厚，似皆舊識。晚飯後至園，轉洋務局，均到。惠臣、玉甫亦來。半陰晴。

二十一日　早王永福送來李海山代畫財神番像一幀，已裱得，價在外四十七文。並前眾佛像二幀，合二百八十文。余家先未有財神像，因三伯父母故後，將佛像送來，內有財神一尊，遂供之，然內地專以求財供養，番家另有財神經，乃教人無財不可亂求，有財則須撙用，是比內地所供道理頗大，是以特繪此像。午後鶴孫過，找一談。至園開踏，乍丫總管達爾罕名阿旺堅參。接管任事，送來長壽佛一尊。晚飯後復至園，登臺一望，轉洋務局，均到。晴，晚陰。

二十二日　早，委代理靖西同知馬委員吉符來談，鶴孫亦來核對，派筆帖式斌泰、戴福，加給津帖各六兩。午後，碩板多署千總王世昌來叩謝。晚飯後至園，轉洋務局，均到。早晚晴，午後陰。

二十三日　夜寅初雨，雖不甚大，有聲。早看院土頗潤，至園池水未長，四山則大雪，各樹綠葉如洗，亦別有風致。午後，鶴孫屋內談，略睡，醒後薤薤頭，肚腹大活動，因涼之過。晚飯後出南門，橋下尚無水。轉洋務局，均到，惠臣、玉甫亦來。玉甫所談，必手之舞之，甚可笑。晴。

二十四日　早至園一踏。園中竟飛蜻蜓，川省呼丁丁蟎，此黃色者多。午後，李福林謝署游擊，劉文通卸任，來見。馬委員吉符、斌筆政泰、戴筆政福，謝札，以上均見。晚飯後復至園，轉洋務局，均到。因小瑾住屋太窄，將西屋擬稍裱糊陳設。接家信，均平安。晴。

二十五日　早化臣、鶴孫來談。見巴塘傳牌，聯健侯改四月初五日由爐廳啟程。聞襄城對刺麻丫，右靠山，左靠水，且有深林處，中惟羊腸小路，到桑披嶺寺尚有五六站，用兵不易也。且聞甲木兄弟隨馬軍門到已塘，為趙季和觀察痛加申飭，已回爐廳，嚮導無人，用兵之忌也。晚飯後並午後兩至園，晚到洋務局，均到。晴。

二十六日　早至外院一踏，化臣新將官廳收拾出，木器、鋪墊甚講究，渠隨進，有媚柳送給娥珠銀茶蓋託，乃不離番意也。午後至園，聞平安時到此吃酸酪奶子，喝涼水，大可笑，以為天地間至樂也，足見番邊人真結實也。晚飯後復至園，轉洋務局，惠臣、玉甫亦來，在西屋作。晴，半陰，晚風。

二十七日　早少韓、鶴孫、化臣來商公事。午後無事。申正下微雨，因海山送來全席，酉初至園，約少韓、鶴孫、小瑾同享，少韓、鶴孫先與小瑾閒踏，遂進內，詢鶴孫，佛保已丟，云甚可惜，像兒極好，平日多喘且痰盛，想係內熱所致。半陰晴。

二十八日　早鶴孫來商公事，昨晚即過來談，痛勸之，然小孩太有玩意，未免一時難解也。午後至園，該班幼兒夜間在柳樹下睡，同圍一單布，不知冷，又有小女兒在柳樹下搭一單布，在上脫得精光玩耍，以為樂。房上因裂處，每打土一天，如在悶雷下，殊難過也。晚飯後至南門外西踏，至紫迭巴北牆外塔子下一看，轉洋務局，少韓未到，海山約鶴孫由彼處回。晴。

二十九日　早無事。午後至園，在花廳站立看微雨，由西來，山峰漫漫往東，看不見雲垂，雨腳甚真，數刻地皮將濕，即住，山頭皆雪矣，此景內地絕無。晚飯後復至園，惠臣找去略談，即去，復下雨，回。田德拿來黃白瑪瑙煙壺一個，將蓋子丟去，彼亦買一個，以此蓋換上，索價卅文，只好如數付之，田德甚急，可發一笑。燈後雷聲，半陰雨。

【校勘記】

［一］吳注：蔭棠。

閏四月初一　辰刻，恭赴大招萬歲牌前行禮。早起見院中桃、杏、松、柳樹上雪壓枝皆倒，昨夜雨雪不斷，現已小滿後，如在內地，必以此為奇矣。現將田禾種上，正盼雨，得以此為樂。化臣來，達隆胡圖克圖名阿旺洛桑稱勒覺彌包巫。即到，在二堂見，送長壽佛等件，令其墊子面東坐，面西各委員坐，伊當面送色榮一個，江卡一個。問其京內如何？據云一切平安，唯八月稍覺不靜，無大礙也。藏內無事，唯瞻對若要之，恐康巴路不靜。旋委員等皆令其送江卡，闔署人均來求其摸頭者，給錢求江卡者，小孩亦都來磕頭。其在外每日人不斷，皆稱活佛，伊係白教與紅教，以術行，非黃教比也。旋辭去，賞其尺頭、茶葉等項。午後至園，四山俱雪，池水略長。鶴孫旋來，接靖西來電，並非秘碼［一］，係張大人給松糧務之電，松之模糊，可發一笑。晚飯後復至園，轉洋務局，均到。半陰晴。

初二日　寫家信一封。信內寫初三日，隨初四日摺差走。略敘接到信三封，至格淘氣有趣，蟲草不能帶，珍珠雞或可帶。鳳太太不收分金，真明白利害。壽昌、壽蓉如去信，趕緊寄來，彩票乃犯財迷之事。大妞妞桂子打得，大喜大喜。齊家巷失火，宜留神火燭，年底親友送禮，應還應不收，酌辦，見時道謝。紙扎差恐巴塘要躭延。至格少給吃為要。若紙扎差到後，趕緊回信。藏中米糧貴，幸四月二十九日雨雪，可望收成。聯大人於四月初五日出關，奉旨不准走海道，委員皆散去，不可解，到須秋天。趙大夫打襄城，運去大炮，為番子所搶，並劫營，死人不少，萬不如馬提臺用兵也。議約張大人有進藏之說。振動得一男孩，其醜萬狀，真結實，竟不如父母好看，哈哈。等語。午飯飲酒，遂睡。晚飯後至園登臺一望，轉洋務局，均到。陰少，晴多。

初三日　早過鶴孫屋內談，化臣亦到商公事。午後過園閒踏，小兒等又在樹下搭布棚。茅廁漏，鳥拉擂土，不安靜整日。孫糧務來，便衣著靴，外簽押房見。晚飯後至東院轉洋務局，均到。晴。

初四日　午刻，拜發噶勒丹池巴代達剌麻攢招事畢一切平安一摺，巴塘難民託言至白馬貢己諮川督飭趙爾豐阻止一片。碩板多千總王世昌叩辭。午晚均至園，珍珠雞將雌者死去，口流涎，不知吃何物如此。到洋務局，均到。晴。

初五日　早化臣來，略談。屋內較涼，至西院看成做城隍大轎，非常華麗，

係眾巡捕辦理，費款五百五十餘金。過鶴孫屋內略談，因接南路電報。晚飯後至園登臺一望，轉洋務局，均到，惠臣、玉甫亦來。晴。

初六日　早化臣來倒鐲頭一支，一兩，送到。午後，少韓、鶴孫、竹筠來，各有公務。《日知錄》看訖，係自帶，鶴孫送來洋板《日知錄集釋》，實老眼昏花，竟不能看矣。晚飯後至園登臺一望，轉洋務局，均到。半陰，雷聲未雨，晴。

初七日　早午鶴孫均來商公事。晚飯後至園登臺一望，大招前水已放下，另開路矣。午較熱，氈襖馬褂至洋務局，均到，惠臣亦來。晴。

初八日　早化臣來，午後噶爾丹池巴、噶布倫汪曲結布同來，因張憩伯到藏，沿途夫馬並藏內公館請示一切。至園閒踏，晚飯後，由外院轉洋務局，均到，惠臣亦來。晴。

初九日　早鶴孫過談。午化臣、竹筠來回公事。晚飯過園看烏拉收拾花廳，牆已剝落，因城大之過，轉洋務局，均到。午頗熱，氈袷襖、袷坎肩，屋內尚可。晴。

初十日　午後，惠臣、海山來，為張大人進藏房間並應用款項，商上應承，已有頭緒。海山復同化臣來，接張大人巡捕、掌家、戈什哈派定，帶來見。早晚皆至園閒踏，晚到洋務局，均至，惠臣、玉甫亦來，天較熱。晴。

十一日　早竹筠來辭行，平安亦來辭行。本定午刻啟程，馬未齊，候至末正方動身。午無事，晚飯後由西院轉南門外，過橋一望，見有拜郭拉者磕大頭，頭前畫一道，兩步邁至道上，又一頭，誠敬非常。至洋務局，均到，惠臣、玉甫亦來。晴。

十二日　午後至園二次，花廳又鋪三合土，砸之，前次大雨已漏，此處工不過如此。晚飯後至轅門外一看，磕長頭者仍不少。轉洋務局，均到，惠臣、玉甫亦來。玉甫云，李二曲先生曾變野雞飛在關中書院旗杆上，未免太不典，不敢問其所以然，可發一笑。彼處好水田可賣五十餘兩，旱田竟五六兩。半陰晴，午後數點雨。

十三日　昨晚忽接定日汛守備李福田插飛羽夾板給馬軍門，殊屬荒唐胡塗，只好批罵之，范湘梅有公事，亦為此件。午後至園，少韓、鶴孫來商公事。晚飯後復至園，轉洋務局，均到，化臣、惠臣、玉甫亦來。半陰晴，午微雨。

十四日　午後至園，少韓、鶴孫商公事，二月初九日奏摺奉批回。鶴孫送來玻璃粉，廚房做涼糕，吃之頗爽。晚飯後，至東院登臺一望，轉洋務局，均

到，惠臣、玉甫亦來。小瑾代買醬瓜扁亮地套紅煙壺一枚，價二十文，尚不新。半陰晴。

十五日　辰刻，恭謁磨盤山關帝廟行香。噶布倫均已昨日告假，今日早即須轉郭拉，並至龍王堂，糧務、統領亦須至彼彈壓。午後由西院至後園，見水已三池見長，西池北岸下有泉眼三，頗旺。晚飯後，由外院轉洋務局，見陣雨，均到，談。半陰晴，晚雨。

十六日　午後均至園，池內生紅閙草，未審仍變綠否？午後，惠臣、海山來放青稞銷差，聞達賴刺麻興哲布尊門巴頗牴牾，皆左右不得其人，達錯居多。化臣將哲照相拿來一看，比達仍年小。晚至洋務局，均到，惠臣、玉甫亦來。半陰晴，晚微雨，山見雪。

十七日　午後至園，轉西院，看城隍神大轎均收拾齊，其華麗無比，不但京內未曾見，即外省亦未之見。化臣來回公事，接廓爾喀國王來稟，應進貢品於六月初一日起程。晚飯後復至園，轉洋務局，均到。半陰晴。

十八日　早起覺涼，至東院一踏，午刻復至。送扎什城轎子，前有傘、有香爐、且有音樂，沿途竟有打問訊、燒香者，真無理取鬧。與少韓登臺望之，實為可笑。至園閒踏，化臣來，噶必丹送到洋喇叭一對，萬不肯領價，乃其弟新帶來者，只好交洋務隊收之。晚飯後復至園，外水已入，幸清不污。轉洋務局，均到，惠臣、玉甫亦來。半陰晴。

十九日　巳刻至園，孫玉甫約，座中恩惠臣、江少韓、余鶴孫、吳小瑾、李海山、劉化臣，飯後進內因酒醮並飲，略睡。晚飯後復至園，轉東院回。半陰晴，燈後微雨。

二十日　早無事，午後周統領送到洋酒等物，賞之，然酒之何性，不知也。馬守備送到香爐、海沫等物，賞之，均在不倫不類之中，可發一大笑。晚飯後至園，轉洋務局，均到，惠臣、玉甫、化臣亦來。多日番家求雨總未下，聞小兒出天花者已有。半陰晴。

二十一日　辰正，策騎至公布堂柳林，化臣約，到時略坐，柳林外設座看洋隊，打牌，回坐報廈，收拾甚好。在外下賬房聽弦子，仍是絳巴、竹馬等，有大書房，進抱廈用早飯，復到賬房，晚飯亦在此擺，痛飲醮已入醉鄉，仍策馬而回，到署已戌初矣。座中少韓、惠臣、鶴孫、玉甫、海山，無外客。微風，晴。

二十二日　早鶴孫來談。午後，少韓、惠臣、化臣、海山先後來回公事。

至園一踏，娥珠近來頗不聽話，因嚷罵一陣。湯徭喜洛等難免搬弄是非，均行逐去，只留張安一人，令乃心巴另換丫頭當差，乃心巴進內叩見，須明日方能找得。晚飯後至洋務局，均到。晴。

二十三日　午後迎廓爾喀差，吳鼎元守備、蕭必達教習帶領兵丁學生來叩見。化臣來，媚柳亦來，送到吃食並雜木雜鴉盌一個，甚好，收之。晚飯後轉東院登臺一望，有風。至洋務局，均到，惠臣亦來。晴，小風。

二十四日　早鶴孫過談，並商酌公事，實時擬底，有應覆者。午後正薙頭，王永福拿來雜木雜鴉一個，留之，價五十文，有眼，昨得者眼不真也，晚飯後出南門一踏，橋下泉水甚旺，　轉洋務局，均到，惠臣、玉甫亦來。半陰晴，風，燈後雨。

二十五日　早，外簽押房會拉里孫玉甫糧務，辭行，於明日走，旋遣人差送後，聞夫馬未必齊，恐不能即行。早午晚過園閒踏，因淋燒酒，酒甚好，聞著過一次，其力量可觀矣。至洋務局，均到，昨夜大雨。今日半陰晴。

二十六日　早定日汛守備周克先來謝禮。午後至園，同鶴孫出後門，順郭拉路踏，至千佛崖，欲上，因路滑未敢，在小橋旁樹下略歇。回時藏河邊歇息，遇釣魚者購魚三尾，作兩尾白魚，與鶴孫分食之，其紅魚給家人食之，大有趣。晚飯後，轉東院登臺，至洋務局，均到，惠臣亦來。昨夜又大雨，今半陰晴。

二十七日　聞昨日孫糧務因夫馬不齊未能行，今日午刻才走。午後兩句鐘，約鶴孫、小瑾至對面柳林看，水甚旺，並釣魚，衛隊得魚賣之，見南山大有雨意而回。約少韓、鶴孫、小瑾、化臣在洋務局食魚，回至園內一踏。半陰晴，數點雨。

廿八日　早化臣來帶馬友龍之子來見，已能鈔謄繕寫，即派入大書房，可以學習。鶴孫來為公事，並略談。午後至園，黃鴨已將其七子帶入北池內游泳，大有趣。晚飯後復至園，小鴨子乃號內小娃子在藏河飲馬捉來，恐大鴨子不來，難於養活也。至洋務局，均到，惠臣亦來，聞趙觀察有敗仗至江卡之說，未知確否？半陰晴，將至日落，有雷小雨。

二十九日　巳刻，約惠臣、少韓、鶴孫、海山、小瑾、化臣在後園吃燒豬、燒鴨，頗為爽快。申初後，同鶴孫步踏至東院菜園，吃菜蔬甚佳，其西屋掛一刻匾，乃「怡性小圃」，為松留守_湘前駐藏時所書，聞每日飯後必到此閒坐也。回時酉初，先風後雨，幸未遇雨，鶴孫晚飯後過淡。半陰晴，晚雨。

三十日　早將所硝皮子拿來，沙狐多，狼皮三張，猴兒皮套褲亦硝得。午

後，鶴孫來談，並送詩來看。晚飯後，至南門外一看，橋下已見水，由藏河通過，見兩小孩，乃達賴侄女，像均有福。轉洋務局，均到，惠臣亦來。一日雨，有微晴時。

【校勘記】

［一］稿本原作「秘碼」。

五月初一日　早王永福半文錢購得《財神經》一部，據云番語中謂「無財不可妄想，有財不可亂用」，甚得理財要義，非內地徒犯財迷而已，一笑。午後覺困，因五鐘餘即起。辰刻，恭赴大招萬歲牌前行禮，故至園閒踏許久，回時馬竹君由靖西送到王瓜一個，南瓜一個，茄子四個，茄子白色，四個不如王瓜一個大，王瓜一個黃色，如近日水煙，二文一個，火紙一刀五文，此兩事告內地人，必不信也，殊可笑。晚飯後至園，轉洋務局，均到，惠臣亦來。惠臣云，早間站班聞李海山說，德隆沙布隆云，大招前大臣下轎處、布達拉山大臣下轎處、雪里正門前共三處，均埋有鎮物，即刨之，果有包袱包經咒，乃咒達賴及闔藏不安，遂焚之。現請多吉扎來念經，因是童身，德隆有妻也，係本月廿五月刨得，又記。晴。

初二日　寫家信一封。內寫初四日，發於初六日，隨摺差。略敘前信想收到，紙扎差未必一時可到。聞趙道臺敗仗，反望藏裏退，不知真假。聯大人截半路不能來，四川所屬道不通，奈何？近日藏內見雨，糧食可減價，與余老爺至藏河賣魚甚好。馬老爺送茄子四個，不如一個王瓜大，水煙比火紙賤，皆可笑。聞京中修馬路、安電燈，竟如上海，真不如鄉下住。等語。晚飯後至園，轉洋務局，均到，惠臣亦來。晴。

初三日　早化臣來拿皮子一塊，可作斗蓬用，亦可怪也。午後正洗腳，有營內送來雞蛋等物，西園送花，有粉竹節花甚好，花盆竟有仿京樣者，均賞之。晚飯後至園略坐，至洋務局，均到，惠臣亦來。半陰晴。

初四日　早放各項賞耗，張安、喜洛家賞各十文，娥珠十文，蓮芳廿文，裁縫廿文。午後有送秦椒者，賞之。東園送花頗好，賞之。晚飯後至園閒踏，步至南門看水，見有拉馬到柳林者，乃番官有聚會，其馬前雙跪、胸繫四品，單者繫五品。轉洋務局，均到，惠臣亦來。晴。

初五日　早具衣冠，望祠堂行禮，家廟委余委員，眾人拜節，皆未見。惟鶴孫、化臣見。小孩叩頭者賞二文，江古學來吃早飯，與鶴孫在上房吃早飯。

飯後因鶴孫、少韓至腔子嶺岡閒坐看水，水稍落，山微青色，叫化子皆來要錢，有男僧掛蓮花祖師，女僧掛觀音，講說一切不過勸人行善之意，賞之，俗呼講聖訓。回時，約惠臣、少韓、鶴孫、小瑾、海山、化臣在洋務局晚飯，眾江古學在內吃飯。飯後，因約廓爾喀噶必丹來，備羊支令其自食之，帶人甚多，兼賀節，伊子並外甥皆小孩，賞其每荷包一封，香珠一串。先聽其洋戲，與京內留聲機器無異，惜曲文不懂，惟箸子改為薄盤，內有一笑者，其笑非常可笑，先唱後笑，竟大聲哭至咳嗽。復拿來樂器有一吹喇叭者，在門限上竟未看見。洋琴，指按鋼弦弦子一個，一似琵琶，把朝下，以為馬尾拉之，兩小鐘兩鼓，一清一濁，一人手拍，（手拍亦指按，想即古人搗鼓耶？）濁者似崑曲，懷鼓唱者一人，有時眾人和之，其聲悲壯，大似長岔曲之調，惜不知其詞，然不易也。後洋燈影，似京內，具體而微，所照即惠臣德前送之照片也。看完進內，已亥初余矣。晴。

初六日　巳刻，拜發萬壽賀摺，並廓爾喀進貢派噶箕並六月初一日由陽布啟程一摺。早過鶴孫屋內閒談，少韓亦來，接張憩伯弁兵任鵬舉等叩辭，隨噶布倫至印度，馬永安回叩見。酉刻雷雨一陣，旋東南出虹一道。晚飯後至洋務局，均到，惠臣亦來。晚雷雨一陣。半陰晴。

初七日　午後至園閒踏，傍晚覺胸間不適，至南門外柳林下，看小兒在橋下洗澡，因印房拆下木樁泡之，皆騎其上玩耍，頗有趣。化臣來回公事，晚飯後至東院登臺一望，轉洋務局，均到，惠臣亦來。剌麻扎眼房，仍求雨。半陰晴。

初八日　四鐘亮，炮即起。蹲馬桶，均熱沫，復又睡。鶴孫早來，公事畢，閒談。午後噶勒丹池巴來拜節，兼回公事。事畢，問其經典，番經有《丹甘經》，即如來所說，百餘卷，並弟子所說千餘卷。此外，如各胡圖克圖所說甚多，如後世文章無盡藏也。僧人者，佛祖所傳某弟子至傳於某師，因此所受經為真得，不然，經典雖可看明，不為心得不算也，大有漢學師承之意。佛祖住係新天佑眾生，行是告門弟子當作各功德，坐乃講經，臥乃圓寂，雖圓寂，如佛尚在也。晚飯小雨兩三陣，至洋務局，均到，惠臣亦來，晚小雨。半陰晴。

初九日　昨夜雨，午後至園一踏。化臣亦來，因娥珠令湯徭給伊母送東西，湯徭不去回，化臣來人嚇之，乃有人其中播弄，殊可惡。晚飯後至洋務局，小瑾、鶴孫談。半陰晴，燈時雷雨。

初十日　巳刻，赴印噶布倫策丹汪曲銷差，在二堂見，詢其，在印交付款項一切平安，且思慮亦頗周密。彼處天時極熱，竟須穿紗，番人未經過也。初

七曰伊己回藏，前噶爾丹池巴來雲，彼輩擇吉羊日不敢來見，昂班如有緊要事，必拘於此，伊己非之，番俗也，殊可笑人。午後至園，復到東院一踏。晚飯後至東院，轉洋務局，均到，化臣、海山亦來。因兵丁、轎夫為賭，用大煙槍打起，會鶴孫問之，狗打架而已，一笑。半陰晴，雷雨淋淋。

十一日　早鶴孫屋內，略談。午後四點餘鐘，踏至仔仲嶺岡，河水大漲，穿刺樹林到堤上略坐，覺山皆對河，甚近，蓋河滿槽之過也。其房內有小招刺麻念經，造牛首金剛，用泥印之一萬尊，散於琉璃橋等處小廟。其看柳林刺麻，似京內打扮，甚精明，詢之乃山上堪布，因達賴查有丫頭，皆逐之。伊告假，達賴面詢問，實對生有兩女，因其不欺，令住此。回時，化臣來送皮斗蓬，晚飯後至洋務局，均到，惠臣亦來。柳林回，雷聲，四山雲起。半陰晴，燈後小雨。

十二日　早王永福云，日將出，雲作五色。化臣來回公事，鶴孫來談。晚飯後至園登臺一望，轉東院至洋務局，惠臣亦來，少韓未到。半陰晴。

十三日　辰刻，恭謁扎什城磨盤山關帝廟委恩糧務代祭。關聖廟行香，營內演戲，因派差人多，每只有斷續演之。午後，同惠臣、化臣萬壽宮小花園一看，狹窄過甚。晚飯後回署已戌初，少韓因病先回，小瑾未去。鶴孫至城隍廟看雞腳神，是女像，亦奇。半陰晴，日落陣雷雨。

十四日　午後，吳鼎元、蕭必達等叩辭，前赴接廓爾喀貢差。化臣來回哈薩克斯坦口糧，趕緊交了丁鄉約備齊，再派人解往。晚飯後，至園登臺一望，北池來紅嘴水鳥一對，或云是鴛鴦，未知是否？轉洋務局，惠臣亦來。南山昨晚見電，據云可出箇子。半陰晴。

十五日　辰刻，恭赴磨盤山關帝廟行香。噶倫均告假，糧務、統領午後均須赴公布塘柳林彈壓，有男女降護法，年例也。晚飯後到南門外眺望，遇惠臣，同至洋務局，均到談。買黃白茶託蓋廿分，合銀十二兩八錢，大合八錢，小合五錢，銅甚佳。半陰晴，落日雷雨。

十六日　早化臣來回公事，鶴孫來商瓦合山神祀。晚至園登臺一望，轉洋務局，均到，惠臣亦來。半陰晴，稍熱。

十七日　同鶴孫至財神廟一看，緣姚石甫《康　紀行》內載，藏地城隍廟神為蔣公作梅，號念亭，鶴孫前至城隍廟亦無記載。因踏至財神廟，有蔣公像，本朝衣冠，外有大牌坊一座，亦謂前德政，然廟內毫無考據。因調卷查其所以，然卷竟有擬《蔣念亭先生徵實事略》一篇，令斌筆政泰書之，刻一木橫懸於財神廟。回時遇小雨，在化臣房內略避。晚飯後至東院到洋務局，均到。亥刻，

接家信一封，均平安，至格頗淘氣。半陰晴，微落雨。

十八日　巳刻約鶴孫，步踏出後門至練家菜園用早飯，帶去酒飯燒鴨子，木園現撥蔥並蘿蔔，實難比內地好，水土使然。飯後在彼閒談許久，由大招前過，恩惠臣署內看紅菩薩，乃此處噶布倫所成，如土地之分際，神道設教。回時燈前大雷雨，一元半錢買得番裝錢包一個，甚好。半陰晴，微熱。

十九日　早鶴孫送到文卷，乾隆五十八年_{會典禮部例}敕封丹達山為昭靈助順山神，_{又丹達王，駐藏大臣所敕折內}。光緒八年敕加瓦合山翊化將軍，_{本有將軍封號}。均由春秋二季地方官致祭。午後，鶴孫來，找到前糧務蔣念亭先生作梅單條一張，[一]擬作匣，存於財神廟。傍晚又雷雨，晚飯後至洋務局，均到，惠臣亦來。半陰晴，晚又雨。

二十日　早在內會善寶澄筆政，_{佑，行一，京鑲黃，滿人}。為卸署靖西同知松介眉世兄，人甚老成，卅餘歲。午後鶴孫來，有公事略談。晚飯後至東院，轉洋務局，均到，惠臣亦來。半陰晴，燈後微雨，雷不小。

二十一日　早王永福又買錢包兩個，並將前買者釘銅扣子，到內地可略見一斑，不過前後六文錢。午後至園，水池皆滿，只得開東溝放之，子午蓮已見花苞矣。晚飯後過洋務局，均到，惠臣亦來。半陰晴。

二十二日　鶴孫來兩次商公事，送到前糧臺蔣念亭明府書條幅照錄一紙，明府為嘉慶年間小人所害，今兵民廟祀之。午後至園閒踏。晚飯後過洋務局，均到，惠臣亦來，回時小雨。半陰晴，燈後小雨。

二十三日　早《中復堂金集》讀訖，共九十八卷，石甫姚廉訪文章作手，然無處不悶氣也。午後至園，在花廳薤頭，子午蓮開放二朵。晚飯後過東院，同小瑾登臺一望，轉洋務局，均到，惠臣亦到。批摺回，係三月十五日拜發。英甫送《縉紳》一部。半陰晴。

二十四日　三點餘鐘起蹲馬桶，天亮復蹲，八點鐘起又登廁，皆下些渣滯。早飯喝粥，覺不適。化臣來回公事，鄉城乃平復，係高玉貴來信。晚至園登臺一望，轉洋務局，小雨一陣，均到，惠臣亦來。半陰晴，小雨。

二十五日　午刻升堂驗放，圈出札薩克頭品臺吉汪青彭錯朗結、廣法寺堪布羅桑吐丹。_{係色拉寺剌麻到班}。晚飯後至園，化臣來，接迎張大臣差弁信。業已沿途備齊夫馬，不致耽延矣。轉洋務局，惠臣、化臣均到。半陰晴。

二十六日　此地聞有人算年月者，番例也，共八人。有年老者夫婦八旬以外，以看命為生，因令其看，只用年，如丙午即為紅馬，必以八字推之亦可。

今日李光宇譯出，存之，以備一格。總講某轉世，如修好轉某，不修好轉某，勸人為善之意也，殊可笑。鶴孫商公事，並來談。晚飯後至南門外閒踏，至洋務局，惠臣均到。晴，微陰。

二十七日　午後化臣來，因張大臣到藏恐房間尚欠，又與噶廈商酌多備數間為是，已有規模矣。晚飯後至藏河邊一看，水頗洶湧，來路雨應不小，過琉璃橋，手下人在柳林射鵠，番弓較內地後手硬且薄，頭沉重〔二〕，與箭不稱。至洋務局，均到，惠臣亦來。晴，微陰。

二十八日　早擬得《蔣念亭先生徵實事略》文一篇，有千數字，交鶴孫謄清再議，皆欲刻木以垂永久。天時甚熱，因三點鐘起蹲馬桶，並天亮三次，覺不適。且昨日吃秦椒炒肉，覺喉嚨皆辣，此地不宜用矣。晚飯後至東院，轉洋務局，惠臣諸人均到，天頗熱。有雲，晴。

二十九日　早化臣來，由噶必丹帶到象皮二塊，裝一箱，問其價值，尚未言明，此物為配鐵扇散而設。午後鶴孫過談，前看命單，又令韻姑娘一看，與李光宇所譯大略相同。晚飯後轉洋務局，惠臣諸人均到。晚覺涼，似在德慶一帶有雨。半陰晴。

【校勘記】

〔一〕吳注：文云：「人生而靜，於惟本性，靜以成學，斯得其正。寡欲則存，思誠則明，艮背止止，寂感相承。學貴適用，見學之工，乾聞坤翕，造物與同。尚有古人，有志不渝，睎顏之人，亦顏之徒。」

〔二〕稿本原作「陳重」。

六月初一日　辰刻，恭赴大招萬歲牌前行禮，刻下番民又求雨，因前數日太陽過熱。午後少韓、鶴孫來商酌附片。接惠德來信，付前寄貂皮價，擬找齊，仍將原價寄還。晚飯後至園，登臺一望，至洋務局，均到，酉刻東南有垂虹在山，甚有趣。晴，微陰。

初二日　巳刻，後園少韓、鶴孫約，座中惠臣、小瑾、化臣、海山，廚子為少韓所使，甚可吃，午後回。李春芳謝恩，化臣來回公事。晚飯後，上樓外閒坐。半陰晴，燈後小雨。

初三日　化臣同鶴孫來，張憩伯公館現已挪出，可無慮，印房收拾房子，先賞其二百金。轎夫、兵丁鬥毆案已了結，不過狗打架而已，一笑。永福將各處所送藏香令番子領去，加料二百文，改造大小枝，以備回內地送人，不然為

廢物矣。晚飯後至園，蚊子甚多，登臺一望，見有尼姑六七十歲一人，侍從甚多。詢之，乃琉璃橋噶布侖之母，伊父亦充過噶布倫，故後，伊母遂薙髮當尼姑，仍在家，夫與子官皆至三品，仍出家，未免可笑。半陰晴。

初四日　惠臣、鶴孫、化臣、海山來回公事，現在錢法大壞，因光板太多之過，商上欲收之，乃徒託空言，殊可惡，皆係各世家所為，貪得無厭之過也。晚飯後，至南門外橋上一觀，魚鷹子甚多，極有趣，踏至柳行東路北新修一小廟，供財神、蓮花、文殊變像，此乃原有者，不知新塑者又何佛也？為商上所為，先作孽後修福，想佛有靈，未必保佑，一笑。轉洋務局，均到。晴，微陰。

初五日　化臣來回公事，天覺熱，據云外邊皆如此，說自來藏內未曾如此。小裌襖、大裌襖、洋布汗褂，如出外不在屋內尚穿不住，小帽雖紗的，亦戴不住，現仍求雨。晚飯後至東院，轉洋務局，惠臣、化臣均到、燈後微雨，不過才濕地皮。半陰晴。

初六日　早看家人晾衣服並皮子，此處所硝多掉毛，大不妥矣。俟到川省須再硝，到北地方可保住。午後，羅通事前因告假至桑鳶寺朝佛來叩見，送小石子一小包，為蓮花祖師打妖之物，又江卡一小包，為坐靜剌麻所挽，又香一碟，不知何物，味甚長。晚飯後至南門外西踏，過橋南轉回，至洋務局，惠臣均到。晴。

初七日　早給王文佩兄寫覆信，交鶴孫寄英甫轉寄，另有稿。昨日馬竹筠送到大筍二枚，以豬肉燉之，尚好，似京內，大片竹筍已成竹箭，自不如冬筍好。晚飯後至園，在平壩上打辮子，見北山微綠，長出作條帶，細草多極，地上生物，或有或無，不可思議。至東院，登臺一望，印房將完工矣。轉洋務局，均到。晴，二炮後微風。

初八日　巳刻至後園，約惠臣、少韓、鶴孫、小瑾、海山、化臣吃燒豬，係自己養兩月，尚好，飯後皆散。同鶴孫步踏出後門，順郭拉路至藥王山下小橋傍，見水甚清，對面小柳林極為清雅，努力爬上山石，轉過，大為可笑，在彼喝茶吃煙甚適。回時順藥王山下行有小道，道外柳樹外即是河，河外有柳林，多水草枯樹，別有意味。沿山上兩三處坐靜剌麻之房，山下石中出泉，謂神泉，洗之可以愈疾，由搖鈴接脈門旁轉出，仍由後門而回，走得滿身大汗。晚飯未用，上房略轉，風起，陣雨，夜間一點鐘大雷雨。半陰晴。

初九日　早噶爾丹池巴來會，因回噶爾丹寺有佛事來告假，須月底、月初回，談及噶布倫等，其鶻突非可言傳，真令人無法教導，殊可笑。晚飯後至園

一踏，馬竹筠送到石榴、蘋果，不易得之物，聞有香蕉同來，半路已壞，旋送鶴孫各二嘗之。至洋務局，均到。半陰晴。

初十日　早至後園，因西園送花，有兩盆一丈紅，內地呼為熱桔花，此地呼為棋盤花，似雙層，移於地下，尚有趣。至鶴孫屋，略談。午後登樓，看東南山雲起，雷聲甚大，未下雨。晚飯後復至園，由東院轉洋務局，惠臣均到，聞酒可以由察臺寄到。半陰晴。

十一日　昨夜大雨，早起覺涼。午飯飲酒，踏至東南柳林藏河邊看，水時覺長，蓋上游有大雨，山青色，白雲繞之，河中波浪甚狂，有四皮船順水而下，因水大，行船如飛。詢之，半日可抵曲水矣。踏回，由正南柳林而出，落日後見細雨。化臣來，略談。晚飯後過洋務局，小瑾、鶴孫在，痛談鬼，亦有趣。半陰晴，細雨。

十二日　寫家信一封。內寫十二日，十三日隨摺差寄。內敘五月十七日　接家信，闔家均好，收成十分可喜。年賞七十兩收到，甚妥。至格淘氣必聰明。前紙差帶玩意，差須五六月可到。王大人絮信已收，長發美履歷存之，辦不到。藏內旱，米貴，現已透雨。張大人七八月可到，聯大人已到巴塘，來藏尚無確信。香城已打開，番子可憐，大道可通，酒由朱升帶來。今由番商寄六十兩，午節賞。收後寫回信，囑家人少出去多事，新政可怕。等語。至樓上兩次，四山看雲起。晚飯後到園，在花廳打辮子，看山有雲，惟午後細雨一陣。聞金八說，上山打柴往往失事，多由春天，蓋石已化凍，身上沉重[一]，踏石不穩所致，登山者似不可不知也。轉洋務局，惠臣均到，鶴孫亦來。半陰晴，細雨，夜月。

十三日　巳刻，拜發奏摺，補札薩克二品臺吉汪青彭錯朗結一摺，附哈薩克斯坦口糧請邊款項下開支一片。鶴孫病，午前後兩次看，滿面火氣，渾身痛，總因內有熱外冒風寒所致。晚飯後至園，轉洋務局，惠臣、小瑾在。惠臣云，外國亦有俗論，如十三人不同席，因耶穌遇害日，是十二弟子同其吃飯，以為必有一人不好；逢禮拜五不出遠門；如談不吉祥事，即至廚房找鹽一撮朝外灑之。如中土媽媽大全，甚可笑。又云，食麵包，英國人用刀切，法國人用手分之，似成不可破之習，均可發一笑。回時，先雷後雨，雨帶腥氣，永福云，將下大雨之兆也。晴，多陰，少晚雷雨。

十四日　昨夜雨斷續未住，午前後看鶴孫兩次，少愈。竹君送來波羅兩個，即分其一個，剝而食之，味甚酸，似不如罐子貨甜也。至園一看，水大長，開

藏河，業平槽。晚飯後至大堂閒踏，大雨遂來，簷溜甚沖，即進內。微晴，晚大雨。

十五日　磨盤山因雨水過不去，委恩糧務恭代。早至鶴孫屋，略坐，已見好，頭痛胸滿未去，或午時茶之過，余服此物向不見妙，遂以甘露茶或可得效。午後至園一踏。晚飯後六鐘一刻十三分，月食初虧，左偏下，八鐘一刻三分食甚，九鐘三刻八分復圓，右偏上。三次行禮，末一次掛手巾佩帶。上手版，山上送酥茶道喜，賞之。漢番各官道喜，穆隆寺八剌麻念經，賞之，照章也。闔藏救護，小兒敲鑼聲喊，大者放槍驅逐，豬犬亂跑亂叫，謂天可聽其聲，不意鶴之後又有聲聞于天者，由初虧至食甚，聲頓止，不知復圓也，大可笑。夜有雲，番家相傳，有一大獸在崑崙山吐毒氣，其臭萬分，是以日月到彼不得過，為其所污，以致光不顯。此與天狗所食何異，殊可笑。半陰晴。

十六日　早看鶴孫，似稍好，氣仍不舒。午後，化臣來，持哈達，代噶必丹請十九日到柳林看洋影，告以必到。恩惠臣僱朱升押解省中寄來黃酒並食物等件，聞省中尚安靜。晚飯後，出後門至西橋經過，轉南門外橋而回，路間鼠窩有稀泥屯之，乃哈馬〔二〕所住，可以叫作鼠蛙同穴矣，一笑。至洋務局，惠臣、少韓、小瑾在，談川省官場排場，有可笑者。微，陰晴。

十七日　早化臣來，送到杏兒等物，皆拉魯佛公送、轉送。杏兒有大酸棗大，核與相等，此物即藏中鮮果品之類也，可發一笑。午後看鶴孫，見好，飲黃酒一大杯，即以杏兒下酒，不易得也。閱《川報》，鳳荔堂星使予謚威愨。聞聯大臣路上頗難行，驛馬皆老弱，兵丁竟有背鞍步行者，狼狽可知矣。晚飯後至柳林一踏，遇番子射鵠者，略坐看之，臨走均請安，送之，殊可笑。回時頭門該班兵為鬼所迷，因生前出差至省欠鬼七百錢，來索，據云身上極熱，恐熱極生風，籍說虧心事也。至洋務局與少韓、小瑾談。晴，有雲。

十八日　早至鶴孫屋內閒談，已見大愈。化臣來，又代噶必丹請之，道有水渠已探之，明日可乘轎去，令宋教習引往。晚飯後落數點雨，有雷聲，到東院登臺一望，轉洋務局，惠臣、少韓、小瑾在。少韓談及有不入八分。輔國公為朱爾默特之弟後人，現在承襲，如前驗放二品札薩克為頗羅鼐後人，藏中稱山南王子為唐文成公主之夫贊普納廓爾喀之女所生子後人，刻下王子非嫡派，係抱養家人之子，故僧俗各官皆不甚齒之。因本朝未受封，不入官場，如見達賴剌麻，則服贊普衣冠，達賴應以優禮看待，不忘此處地主之意，分在各噶布倫之上也。半陰晴，微雨。

十九日　早起，鶴孫過來略談，八鐘餘至番校場南柳林，係凍果爾所住黃房，內院有活水，乃藏河引入，林木尚多，不甚熱，為廓爾哈噶必丹所請，一奇事也。自來駐藏者未經過。將到，遣其弟用哈達半路接，伊在林外親身接。進門排隊吹號，下有數賬房，另有小木房，棚用金絲緞作頂，柱以金絲緞裹之，墊子地毯，緞子氍毹為之，周圍懸佛像，其恭敬華麗至矣，二奇事也。早飯至賬房用，設圓桌椅子用漢席，在木房閒坐，則有留聲機器兩架，纏頭數人唱番曲，廓爾喀人唱其本地曲。午後且至其院外一踏，見田中大麥已出穗，所種麥豆不分壟，草不拔，豌豆已開花，頗具野景。在座者江少韓、吳小瑾、恩惠臣、李海山、劉化臣，皆可不相拘泥，不意在賬房用晚飯，忽來大風大雨，繼以冰雹，賬房欲飛，大樹欲折，頃刻腳下水深數寸或用雨傘，或穿荷衫，自來吃飯無此景況，三奇事也。此外，房主人遞酥茶行禮，其弟並兒女皆來，頗為盡禮，完時如此收場，真可入《儒林外史》。鶴孫因病未去，幸亦來去皆乘轎。道雖滑，緩緩行之尚可，抵署已上燈七鐘餘矣。其弟親送至署，即遣之，是樂是苦，付之一笑而已，並有詩為證：「今朝形景不堪提，風雨冰雹一例齊。油傘荷衫對杯酒，難逃衣濕並靴泥。」半陰晴，晚大風，雨雹。

二十日　早鶴孫過談，將昨日記令看之，因大樂。所著《瓦合山記》已刻成，令其搨之，可與《丹達山》並傳，詳則過之，措辭亦較其得體。余所作《蔣念亭事略》付之刻板。午後至園一踏，向日葵業為雹子打破，聞上房院雹子竟鋪滿地。風大，兩柏樹幾乎被折，無怪昨日彼處比此處尤風雨冰雹更厲矣。晚飯後，上燈前後大雷，小雨南路雲如墨，旋住，昨夜復大雨，睡去未知矣。半陰晴，晚雷雨。

二十一日　午後至園，見有拔草希圖喂牛，其鐮刀乃如半月形，看之甚笨，詢之割禾稼即此物。牟占成給王水福來信，買得野黃連一袋，共八斤，價合一百十一元，此物強於雅連，不易得也，因留之即付其價。晚飯後接到錫督文，欲朝白馬貢番民，已發五千銀撫恤，並為前奏白馬貢事奉電旨一道，交錫良查明辦理。至洋務局，均到，惠臣、化臣亦來。聯大人已有信，將到察臺。半陰晴。

二十二日　午後至園，坐花廳看小雨，頗有趣。鶴孫早來過，不過例行公事。午後又同少韓、化臣、海山來，因昨日接卸任靖西同知松壽來稟，因與馬竹君交代，許多不似人話，殊屬無恥，擬嚴加申飭，並諮川毀之。今來求情，眾人即給其寫信開導，再看如何？姑準之。晚飯後小雨，過洋務局，均到，復

踏雨回。半陰，雨。

二十三日　昨聞鶴孫云，有四川灌縣羅貢生者，以授徒為業，品學一鄉欽仰之，忽來一生，布衣肩行李小捆兒，甚樸野，願就學，以銅錢四百文為贄，羅看其年已二旬餘，告以攻舉於業已遲，難為教。生曰：「先生人品久慕之，願從讀書，非望發跡也。」羅姑納之，令在一小屋居，旁為灶室，授以「四書」，且教其讀，同學皆非，笑。已從三月餘，或窺之，見時睡時讀時默坐，不知將欲何為，更為笑談。一夜，月甚朗，正值中秋前後，門外兩株桂花盛開，羅率諸學舍生共玩之，生亦在座，因談及仙佛事，諸學舍生以為必無，生以為必有。羅曰：「仙佛之事甚微，不得謂其必無，要非常理耳。」羅旋就寢，眾人仍聚談，力辯仙佛之事。忽聽空中如雷鳴，皆以為將雨，然月色皎然，不可解，遂忽忽各趨舍去。待二日　天明，見滿院落葉，細審之，皆一半在桂樹，一半如剪裁飄落，眾大嘩。羅亦趨視，告眾覓生，則不見矣。因傳羅有仙弟子，或云此劍俠近於仙，至今人能道之。早鶴孫來談公事，午後找裁料做棉襯衣，此地衣服頗費，因油土大之過也。晚飯後至園登臺一望，池內哈蟆 [三] 甚少，為鴨子所食，東南旱地上拔草見之甚多，乃鴨子不到處。地長野冬菜，其葉似一丈紅而小，本地窮人以之熬粥，結子搗爛貼瘡，甚妙，其性極涼。到洋務局，惠臣諸人均至。昨通夜雨，雖不大，甚久，聞藏河長水。晴，微陰。

二十四日　早無事，看書寫字，因陰多晴少，時落小雨。晚飯後至洋務局，均到。微風，甚涼。回時收文書看報，見傳牌，聯大人於十三日由察木多動身，計算下月底可以抵藏。報中喬茂軒傳御奏，遵聖祖仁皇帝聖訓，一本朱子殊為探本窮源之論。新政應行，誤國殃民，則須整頓，自來講新政者，久未見此議論矣。陰多，晴少，小雨。

二十五日　早化臣來回公事，聯健候帶隨員三員：陳曉東、齊浙生、張慎安，管帶王卿儒、勇有八十名。午後，鶴孫約，到馬號看馬，伊買一海騮，口尚青，不甚大，走頗穩，惟項少軟，合錢四十六兩。少韓買一騾，黑色粉嘴，眼口亦青，惟外後腿似有病後寒，價九十兩，今歲牲口。聞到藏內有二千頭之多，價值比內地尚多一半，洋人在南路頗肯出價，雖多，比每年仍貴也。至少韓屋內，略坐。晚飯後至園登臺一望，北山雲起甚濃，南山見冰雹滿白非雪，川省呼為雪彈子，蓋川省非冬日不下雹，亦奇。轉洋務局，惠臣均到，少韓未來。陰少，晴多，小雨。

二十六日　卯刻，恭謁扎什城萬壽宮，率同漢番文武各官行禮。昨一夜

雨，四山有見雪者，頗涼，棉襯衣、馬褂、袷袍，至小袷襖、袷褲、棉套褲，雖伏天亦不能脫。青稞一片已穗，上出荒雲，在青山半路及頂上，甚得景。午後，竹君處送到鮮波羅、大竹筍，近於蘇省毛筍。一瓶紅酒為玫瑰作，似南方以花泡之，非北邊白色，其甜無對。一瓶綠酒，係薄荷所作，曾在洋營馬正泰處飲之，力量甚大，振動看其洋票，喝此酒一時後，吃牛肉相宜，其刻消也。晚飯後至園，將草拔去，頗覺暢快。轉東院看馬，至洋務局，惠臣諸人均到。晴少，陰多。

二十七日　早，二堂動工，雖在中宮，且正南，似不可動，然此處無忌，只好聽之。緣前數日左柁忽折，甚可怕，不收拾無會客處，亦不能十分拘泥矣。今日刨土，見上有大石塊，本來是樓房，因北蓋樓，故將此層拆去，土亦太厚重，竟有一尺，過陳，以致柁不能擎。晚飯後至園，轉東院登臺一望，到洋務局，惠臣均到，因有雷聲，未二炮而回。聞鶴孫云，彼曾至峨嵋，有某寺在後山，向有一猿如人長，己白色，如施主欲捨饅首，先告廟內定於何日，或一百、二百，即寫一告條貼於廟外，是日白猿率猴來，用笆籮二，一裝饅頭首，一空。每猴取一饅，並不多取，必一把樹葉擲於空籮內，細撿之，葉內雜以細茶，不知何處得來，皆呼為猴茶，其味極鮮。白猿山中名袁居士，見人輒［四］笑，已得道矣。陰多，晴少，細雨。

二十八日　早至鶴孫屋內，閒談。午後登房一看，見二堂土蓋刨去中間一尺餘，土石刨後，柁反上五寸餘，其從前之陳，亦可概見。由外院轉至西院一看，康尼兒在彼處刷白土牆壁，並樓上裱糊一切，西院房間雖比東院小，院落比東院大，收拾外面，均有可觀。出其頭門，至南門外橋上，水已散漫，且渾而不清，上游雨必大，橋南偏西有一小賬房，上坡下有堅牆，番樣，乃耍柳林者移於此。晚間即拆去，蓋臨河近，以洗澡甚便。晚飯後至園，該班郭什哈無一在花廳者，甚可惡，因責之。轉洋務局，惠臣諸人皆到。陰，細雨時下。

二十九日　早海山找來，交以公事。化臣、鶴孫來談公事。午後，惠臣來亦為公事，惠臣旋送魚一條，紅色者，然甚大。番子送到柁二，一極長，楊木，身多結，如松木，作此短柁，未免可惜。一甚短，可適用，兩者太不相稱，彼亦莫知其所以然。至洋務局，惠臣均到。陰，細雨一日。

三十日　早化臣來，因到別蚌寺燒香，彼處有蠻戲，其亂無比，蓋香會為處，其實化布施而已，剌麻、蒙古、喀爾沁人甚多。午後登房看工程，頗為爽利，明日即可架柁。晚飯後，因連日左腿搐痛，步至藏河邊一看，水甚洶湧，

沙灘均沒矣，上游水亦可觀。回至洋務局，惠臣諸人均到。有雲，晴。

【校勘記】

　　［一］稿本原作「陳重」。

　　［二］即「蛤蟆」。

　　［三］即「蛤蟆」。

　　［四］稿本原作「轍」。

卷十三

　　光緒三十二年歲次丙午秋秋七月初一日　辰刻，恭赴大招萬歲牌前行禮，午後同鶴孫、小瑾步踏至奪羅柳林，<small>即奪羅林岡略坐，</small>由奪羅林岡過協鐵林岡，至老羅們罕柳林又略坐，看藏河水甚旺，轉出到清真寺，<small>初買林卻真老羅們罕林子二名，又過擺來蔥果，出到清真寺。</small>內略坐，至朗賽領張大人公館。同鶴孫、惠臣路遇化臣、海山，會同吃惠臣處炒鴨片、燒鴨子，小瑾已回，少韓約未到。步踏回署，來往有十里路。晴，聞雷，未雨。

　　初二日　早少韓、鶴孫來商公事。午後化臣來，接南路把總毛騰蛟，因丫頭死，現已得瘋病，甚可笑。昨日走柳林，見雨水坑內一種蟲，甚奇。頭如混魚，眼不如其大，通一細黑線到尾，尾又較粗，尾頭有叉，黑線兩旁有深黃毛，似多腳蟲，腰尾之間生一箍，作深淺藍，如翠上又似微白。詢湯徭，名三卜三娘，又名三卜三若，洗澡遇之能咬人。晚飯後至東柳林，看藏河水甚旺。過鶴孫略坐，回將黑，過一水溝，鶴孫一腳入內，蓋其短視目力，於此時水石難分矣。回署換襪之，殊可笑。至洋務局，惠臣亦到，謝之，均在座。談及里數，以營造尺五尺為一弓，三百六十弓為一里；以步算，七百二十步為一里，合兩步為一弓；外國馬力，乃五百斤為一馬力，馬之強弱，可拉五百為合中。<small>己見月牙，回教開齋，以見新月算，高地竟有卅日甚廿九日可見。</small>晴。

　　初三日　早至鶴孫屋內，略談。午後登房一看，柁已上得，椽已安上，碎柴擺後用石子壓之，蓋稀泥而止，內地未見過。晚飯後至園一轉，到西院大壩上，遇化臣看烏拉拔草。二堂柁亦欲墜，乃蟲蛀之過。王永福云，西院同治年間重修，東院乃道光年間所修。出南門橋上一望，柳林中出醉丫頭一群，因昂班在此，不敢過，聚集半路跳鍋莊，係江卡聲調，另有別風。轉洋務局，惠臣

均到，明日噶爾丹池巴來，擬洋務局會。有雲，晴。

初四日　早至洋務局，會噶爾丹池巴，由噶拉丹寺新回，談公事畢，詢其四教原委。黃教宗喀佛傳達賴、班禪為正宗。紅教在黃教先，為蓮花祖師。白教為蓮花弟子等所立，與紅教無異。黑教在如來時即有，專以吃人害生命為事，當時滅之未盡，常以其教戒門弟子，後經紅教覆滅之，仍未盡，如卅九族尚信之，留其若干人為一教，不准多薙度，並令其經典中須宣如來佛號，不准盡念其咒人經典，是以至今留之。俗稱噶爾丹、色拉、別蚌、桑鳶為四大寺，不知桑鳶為紅教，一切公務不得與聞，惟三寺可與參知，故呼為三大寺。進內，少韓、鶴孫約來商公事、化臣來署，千總瘋病甚重。晚間接靖西稟報，千總毛騰蛟已病故。晚飯後過洋務局，每陰雨院中須搭板走人，由二堂房上拆卸土石甚多，令砌石子甬路，道至東小屋科房亦砌一道，惠臣、小瑾二人在。有雲，晴。

初五日　午後至房上看工程，木工安紙槅等項，房上頭待排三合土。晚飯後由園登臺一望，到西院，遇化臣略談。轉東院洋務局，惠臣、小瑾在，鶴孫略坐去，因有公事，接川督電代轉陝督文，因德國遊歷之事，鶴孫來商之。午後鶴孫送一水石茶盌，晚飯飲其四盌紹酒。有雲，晴。

初六日　早，化臣找來，告以公事。自早至晚二堂砸土，西院二堂柁亦朽壞，現已安妥，砸土兩邊歌聲不斷，熱鬧非常。晚飯後登房一看，眾作工有一曲學各處人，頗可笑。又曲學番丫頭穿靴梳頭，亦可笑。至洋務局，惠臣、小瑾在。晚陰，晴。

初七日　早起，兩院土木之聲不絕。午後，化臣來回公事。李海山接差稟辭，有公事，未得見。聞聯健候初二日到拉里，計算十五日前後可以抵藏。晚飯後出南門外橋上一望，水內小魚甚多，鬧草一片，小白花，亦大有趣。至洋務局，惠臣、小瑾、鶴孫談。早陰，小雨，午晴。

初八日　午刻，升堂驗放僧俗番官各缺，旋至洋務局，後藏戴琫策丹朗結已坐墊，當面謝恩。由早晨東院作工即來砸土，西院草草了事而已，因釘二堂棚架現鐵丁看鐵匠用風箱繫羊皮一張，周圍縫妥，下以羊皮作底縫之，在底安一鐵管尺長，馬棰粗細，一頭安於火內，一頭緊紮於皮上，其上如口袋嘴，安兩竹板，板中作小繩套，用兩指套入，開則提上，關則按下，頗適於用。商人來往販貨無宿店，多打野盤，亦用皮風箱，不用兩板，更易攜帶，然非行家不會使也。晚飯飲黃酒斤餘。至房上看作工，但覺胸中春意滿，須知世上苦人多，

各賞其藏錢一文，樂不可支，不過京錢一弔文。未至各處，燈下看書。有雲，晴。

初九日　早起房上砸土，西院復砸土，因前日雨已漏，將糊棚紙皆毀，白費工夫錢，可發一笑。東院歸聶藏娃管理，西院歸雪迭巴管理，聞聶藏娃前日因此處作工人數日短少，噶布倫傳去，大加申飭，亦可笑。午後，化臣來銷假，因拉魯佛公母親病往看，佛公甚孝，頗可取。飯後至房上看工，至洋務局，除少韓未到，惠臣亦來。進內，閏四月初四日拜發摺片奉到朱批文書，內有定邊左副將軍知照達賴有回藏之說，諮沿途多備駝馬等項。半陰晴。

初十日　早至鶴孫屋內，同少韓斟酌報銷奏底，化臣亦在，略站而去，用飯時又來，馮瑜要請其吃飯，並欲送菜，攔之不住，聽之可也。午後至房上看兩次作工，女人子女甚為可憐，令買鍋盔分散之，竟有揣入懷內，捨不得吃，大人則極力作工，相形之下，西院絀矣。將日落，大雨一陣。晚飯後，同化臣至東院門外一望，小兒放風箏者甚多。至洋務局，鶴孫、小瑾在。半陰晴，晚陣雨。

十一日　早化臣來，因馮瑜送菜，約明日大眾食之。少韓、鶴孫來商奏底，晚飯後因二堂工完，賞給聶藏娃三名：扇子、香珠、銀牌、哈達等件，其鐵匠、木匠、石匠、裱糊匠、土工、丫頭等並康尼兒，由八文至二文不等，共享廿金上下，皆甚樂。過洋務局，鶴孫未來，餘皆到。晴。

十二日　夜間兩鐘前後風雨交作，將至亮炮又睡著，起時甚晚。惠臣來商公事，旋至洋務局，因馮瑜備菜，與少韓、鶴孫、惠臣、化臣同享，小瑾己用早飯未入坐，並未見面，一笑。程巡捕來回，有剌麻監工者，賞其八文錢，出署後為其主人取去作為己有，因痛哭流涕，看其襤褸可憐，復又賞其四文。昔者一文錢，傳官民佳話，今者八文錢致主僕失和，錢之為用大矣哉！番子鶻突無知可見一斑，真堪令人噴飯矣！晚飯後雷雨一陣，未至各處。買得火紙不著，徒貴氣力，點油燈一盞備之，因作歇後語，一笑。難著三昧火——紙，點上一殘盞油——燈，若吸吹氣冒——煙，省得粗心浮——氣。半陰晴，晚雷雨。

十三日　早鶴孫來商，致喬英甫信稿。午後，化臣來回公事，隨聯大臣押駄子外委通事兵丁來叩見，詢其非常辛苦，尚稱平安，聯大人約廿日可抵藏。晚飯後至園登臺一望，至洋務局，均到。小瑾請護照、馬牌已照准。昨夜、今天、明天大雨，昨晚八鐘三刻地面動。由北南去。晴。

十四日　早化臣來回公事。午後，至西院一踏，至布達拉山前，藏河邊有

燒香者，其香即山南所來，然後灑糌粑倒醩，男女各持糌粑一撮各向空吣嘛，灑之，禮成。詢之，祭河神也。有一番子係剌麻還俗，現當廚子，揣經向河念之，甚可笑。回時遇皮船載人，入背兒內臥之，小驢乃河南驢，亦習慣矣。晚飯後轉東院登臺，到洋務局，均到。聞聯大人有廿一日到之說。微雨，半陰晴。

十五日　城隍神出巡，轎夫皆抬轎，磨盤山委江委員代關帝廟行香。九點鐘，同鶴孫、少韓東院臺上一望，新作神轎，頗壯觀瞻。午後有接聯大人差稟辭，具未見。化臣來回公事，又送桃子一盒，旋送鶴孫一盤。晚飯後至印房一看，收拾尚堅固，工未完，出南門橋上一望，見男女醉番子由柳林回，見余，黃帽子尚知摘帽吐舌，且歌且行，太可笑。聞王永福云，科房有黃帽子喝醉，臨臥尚在頭前放一醩罐，以備醒時再喝，方為盡興。不宜溺壺亦放頭前，少醒即溺，再醒忘之，遂把而痛飲，覺鹹非常，方悟，大可笑人。進內。半陰晴。

十六日　寫家信一封。內寫十七日，隨摺差十八日走。略敘六月十二日　寄銀信諒收到，紙扎差可到省帶物寫回信。六月十六日察臺李老爺方懇發來黃酒等物，另清單告明，朱升押來。此地無有。聯大人本月廿二日到任，收拾房子，隨收隨漏，因無磚瓦之過，張大人聽說八月可進藏，如藏內規模早定妥，今年臘月任滿，盼早回內地。刻雨見雪，穿氈袷祆、棉馬褂，闔署平安。等語。午後化臣來回，馬朝陽業由京內到靖西，下月可抵藏。晚飯後在外院一徘徊，到鶴孫屋內閒談。雷大，下微雨。半陰晴，微雨。

十七日　化臣來，拿馬朝陽信來看。鶴孫來，因收匯款打到。無事，看書。丹增大有趣，金八謂其為奔婁頭，倭多眼，扁腦杓，四方臉，頗合轍，可笑。晚飯後至印房看工，上有少韓重修老君龕一座，從前本有，後為風雨所毀，每夜燃燈一錢，凡陰雨夜晦，往往平壩迷人，自無此燈，又所不免，重修之功德也。出南門橋南略站，遇醉番男女向余摘帽吐舌、磕頭請安皆有，可笑之至。山南王子見餘下馬請安，頗似漢人，問以漢話，答亦明白，贊普後也。半陰晴，晚雷。

十八日　巳刻，拜發洋人抵藏一切用款諮部核議照銷一摺，在二堂傳見後藏戴琫策丹朗結等。午後，鶴孫來談公事兩次。晚飯後至園登臺一望，南池水苔甚多。至鶴孫屋內，遇少韓，閒談。程巡捕接馬竹君信，張憩伯有月之廿五日由印起程之說。晴。

十九日　早鶴孫來商公事。午後步踏至柳林外看水，已比先見消，沙灘亮出，馬岱樂接差回，聞聯大人身太弱，廿一日恐將能到葉裏，須二十二日到藏

恭謁聖容拜印拜廟，余謂一日未必來得及。少韓、鶴孫來謝贈款，並商公事，化臣亦來。接惠臣信，與馬守備所說相同。晚飯後微雨，未到各處，家人謝賞。半陰晴，微雨。

二十日　早，聯健侯紅諭來，二十二日午刻到任。午後，少韓、鶴孫、化臣來辭，赴葉里接差。海山稟到，接差回，略談，聯大人身體弱係實情，年歲將五十，須過數月，自然可壯實，隨員等亦皆平穩一路。晚飯後出南門一踏，直至四川井而回。有雲，晴。

二十一日　午後，少韓、鶴孫、化臣接差回，略談。鶴孫復來談，聯大人明日巳刻謁布達拉山，自己因單弱頗怃。筆帖式斌泰、戴福、德音、惠綸接差回，並謝。科房李光宇、葉汝舟接差回，謝賞。隨聯大人新班筆帖式穆雅渾、元安、二滿洲人。普光、德康二蒙古人。來見。與鶴孫東院看馬，晚飯後至園登臺一望。微雲，晴。

二十二日　早赴工部塘下賬房，接聯大人豫，即赴布達拉山謁聖容，至署拜印，待拜廟後過東院來拜，委員撥貢知縣陳曉東、啟昌，山東人。捐通判府經歷張慎安、其勤，河南人。縣丞職銜齊浙生、東源，湖南人。巡捕衛隊優廩生從九王久敬陝西人，後詢知其號鄉儒。均來拜，旋赴西院回拜聯健侯。眾委員回時已上燈矣，直亂一時，可發一笑。晴。

二十三日　早吳小瑾來辭行。至鶴孫屋內，略談，因於日用內給其路費銀二百兩，明日即長行矣。午後，化臣、鶴孫俱來。晚飯後至南門外塔子前一轉，四川井水甚旺，且多小魚。回署，燈後鶴孫又來談，西院委員打箭爐散顆，殊為可笑，並聞已上《申報》等語。晴。

二十四日　吳小瑾長行，差帖送之，見面相別，未免難過。午後，過鶴孫屋內略談，化臣來謝營務處交卸，並惠臣繳開導委員關防。聯大人送到袍褂料、箋紙紙等物，道路遙遠，未免慚領。甘奠池巴由西院來過拜，因略談。少韓來送公事，並送川椒、小蒲扇兩把，將箋紙送其二匣，即聯大人所送者，成都勸工局所製。晴。

二十五日　早鶴孫來呈手摺。午後聯健侯過談，拿沿途情形一摺，改派隨員一片，代酌數字，因痛談。過鶴孫屋內略談，海山、化臣回公事。晚飯後至園登臺一望，至少韓屋內略談。晴。

二十六日　早飯飲黃酒，遂赴柳林看水。回時至聯大臣處大談，即在其煙盤旁，其亂非常，伊旋拜到任謝恩摺。晚飯後至東院，到鶴孫屋內閒談。晴。

二十七日　午後，惠臣來痛談。晚飯後，至東院登臺一望，到少韓屋內，鶴孫亦至。晴。

二十八日　早化臣來痛談，並送代洋員惠德買貂皮五十張，連前二百張。令封固致信，將原價退還。午後，鶴孫過聯大臣處，問洋務局是否派員？旋聯大臣過我一談，復至鶴孫屋內。晚飯後小雨。記昨夜奇夢：「輕溺香蓮十五餘，提攜相笑步皆除。趙松自喚人呼小，嬌態應憐白玉蕖蕖。」晴，半陰，小雨。

二十九日　早鶴孫來看致惠德信，並皮子交馮瑜帶往。惠臣找來，近聞其與聯大臣借銀子買氆氌，頗有挑撥是非之處，因痛訓教之。問其「與劉化臣換帖否？」因其有充當家人之說。答曰：「曾換」。「尚有何人？」曰：「孫玉書。」聯大人曾云，劉文通借我要彭子周子周面告，恩禧、劉文通具有使人銀子之事，曾經稟明。四百兩。又云，錫清弼云，我一路有家人勒索兩事，皆須寄信詳問。然渠之一路先帶斗黏公主藏女。之婿周某，伊係從其岳父藏通事。之姓，走至打箭爐，為上州縣雷登閣寶震等。大半所屬以為必感其私恩。稟知清弼，清弼將所稟行知，伊將周姓交爐廳看管，然係奏調之員，既未奏明，又未自請處分。奏調別員，有因至妓館偷物，又云小人譖之。並作詩作不過譏誚之，均辭而去。隨進藏之路上兵丁打人豬，有已革知縣陳啟昌，清弼所參，又有已革知縣謝文藻亦調藏，亦清弼所參，不知其意何居？山東人，與李夢弼同鄉、同年，殊屬可惡，聞給聯大人拉牽李夢弼，交代可從寬。聯大人吸鴉片，已不成樣，不識滿洲字，謝恩摺滿字，呼為這個字我不認得，太可笑。伊曾隨薛福成出洋，能說數句法語，伊乃正白旗內務府漢軍人王姓，「忘本」二字難辭矣。晚飯後至園一踏，在花廳小坐，天上濃雲，四山籠罩，微雨即回。半陰晴，晚雷，燈下小雨。

八月初一日　辰刻，恭謁大招萬歲牌前行禮。午後，海山、惠臣來，由聯豫處代化臣說項。惠臣、海山云，新勇因換錢與人打起，海山賠半錢了之，其混蛋至極矣。鶴孫過談，竹君送來洋酒等件。晚飯後到東院登臺一望，並看馬，午曾至後園，向日葵大開。半陰晴。

初二日　早化臣來拿彭子周信來看，聯大人係冬月報起身，彭係三月到省，可發一笑。午後，鶴孫拿竹君信，張大人進藏夫馬已齊。晚飯後微雨，至東院登臺一看，進內看閒書。聯豫云，人非出洋，不能閱歷，皇太后、皇上、軍機大臣，不知何時出洋，可發一笑。半陰晴，晚微雨，風。

初三日　午後，少韓、鶴孫來，有公事相商，並攜來穆筆政寫滿篆對一聯，甚有趣，京中不常見，駐防尚講滿文也，因託其篆一「福壽平安」橫披。晚飯

後至園登臺一望，牆上黑白花小鳥甚多，詢之為水鳥，惜不知其名。昨夜雨，今半陰晴，有風。

初四日　早化臣來送蕭必達等信來看，曾接其來信，有噶箕照相與洋人裝束一樣，午後，令作窗前一檔，太陽未免太照之過。晚飯後，過東院登臺一望，至少韓屋內談，送穆筆政對聯一付。晴。

初五日　辰刻，恭謁文昌宮，秋祭，與聯大臣同行禮，別廟遣員恭代，委員等均往。午後，鶴孫過談許久。晚飯後，廊下閒踏，燈下看書。晴，晚風。

初六日　午後，少韓來，惠臣亦到，略談公事。聞聯大臣將家人解地，未免刻薄寡恩，然亦不便多管。王永福拿來另造藏香，粗細均用黑色，當面告惠臣作木箱四，三隻裝粗香，一隻裝細香。晚飯後至外院，程巡捕買得一猴，不甚大，合八文錢。轉東院登臺，大風，下臺看馬，旋回，燈下看書。晴，風。

初七日　少韓、鶴孫來商公事。鶴孫復來，送到六月初五日發來家信一封。闔家均屬平安，聞聯健侯逐去委員至省各處，道其行為有八字考語，謂之「刻薄寡恩，見利忘義」，恐為切實不移，一笑。化臣來呈交高玉貴、拉扎遜來稟，藏路不宜走，擬回省航海而來，只好聽之。晚飯後至園，轉少韓屋內閒談，聞其代奏滿語，係答得倭什仁布密，其屋甚熱，旋回看書。晴。

初八日　早給錫清弼、彭子周各寫信一封，另有底。午後，惠臣來略談。晚飯後出南門外西去，到塔子前折回，來去有二里地，柳樹已紛紛落黃葉矣。半陰晴，聞雷聲。

初九日　午後，化臣來拿法華寺和尚信來，蕭王爺由口外回，意欲蒙古開墾等事摺子，係自作自繕，殊為可喜。又俄國有到藏遊歷之說，不知真假。晚飯後至園一踏，葵花有開極大者，轉回至鶴孫屋內，閒談。太陽少西，日下小雨，晴。

初十日　午後，聯建侯過談，雲省中伯衡胡犯熱求為開復，此話恐不盡然，並欲巡閱，又欲鑄錢，皆係財迷之事，聞余不要之山價，遣乃心巴往問山上，山上與其要憑據，只得罷儀，然應收不收，不應收胡想，實屬無謂，至晚飯時繞走。飯後至東院一踏，燈下約鶴孫來，告知一切，鶴孫壓馬到萬壽寺，看十八羅漢畫像，係番子手筆，即余前所見也，並有塑像在殿之東間，伏虎尊者係女身，聞老刺麻云，此即施主，<small>經中有記載</small>。因貌極美，恐人戲侮，故以虎自衛。又一尊係此主小娃，手托螺絲，甚胖，隨十六應真請至家成正果，皆呼為十八羅漢，與前噶勒丹池巴所談大略相同，惟施主係女身，未曾道及，亦新

聞也。半陰晴。

十一日　無事看書，將卅首《烏斯竹枝詞》作完，交戴筆政代謄出，再酌。聞聯健侯至後園甚覺雅趣。晚飯痛飲黃酒，在廊下約鶴孫賞月，有雲極淨，清高無比，從談甚樂也。晴。

十二日　又將《花月痕》略看一遍，詩筆不凡。的確，玉谿生其中有骨，非王次回專講風月，看後無余謂也。袁子才責沈歸愚不選次回詩入《別裁》，二君之心地邪正見矣，現看《唐宋詩醇》。半陰晴。

十三日　寫家信一封。內寫十四日，隨摺差十六日走。略敘八月初七日　接信一封，闔家均好，米貴，由四鄉收成不好，藏內未貴，因洋人多。趙大人辦警察聲望不好，令家人少出去。馬提臺打番子，番子不怨。打襄城為給錢，道臺開復，死去數萬人。聯大人煙氣，又病，聽小人話未免嘔氣，好撒謊，漢番不服。隨員不懂公事，八十兵窮極，大家怕他偷東西作賊，再睄罷。張大人九月可到藏。天時穿氈袷袄、棉馬褂。葉黃，經霜之過。均平安。等語。午後二堂，廓爾喀噶必丹率領伊弟及兵丁等來送羊頭等物，乃初十日係伊新年，特來拜年道喜，旋賞之，即過西院。晚飯後過至外院立，看各樹，秋意到矣。鶴孫過痛談。半陰晴，下二三陣小雨。

十四日　午後，鶴孫過我一談。蔣先生區刻得，拿來一看，刻的甚佳，遂將圖章打去。晚飯前因躺於書桌床上，甚覺不適。飯後至園一遊。晴。

十五日　昨日將賞耗於午前放訖，今日放西院賞耗。早向北朝家祠行禮。少韓諸位來拜，巳刻約少韓、鶴孫後園早飯，回屋略歇。踏至西頭柳林，轉至沙灘，看水極清，柳林少坐，由西橋到郭拉路而回。聯大人以下皆擋駕，道乏。江古學等留其吃早飯，小孩或一文、二文給之，湯徭等各廿文，加以西院賞，竟數十兩費去。晚飯後，鶴孫過談。半陰晴，夜雨。

十六日　巳刻，約聯健侯到東署公同拜發萬萬壽賀摺。兵部議覆保案摺行到，約鶴孫來看，旋化臣來告知之。晚飯後，至東院看臺一望，東山雹子，西山雪，南北兩山亦有雪雹處，覺涼，換棉襖、棉馬褂，至少韓屋內一談。晴。

十七日　辰刻，恭赴扎什城半路小雨，至典禮完住，晴。關帝廟行秋祭禮，磨盤山系聯大臣去，余祀遣糧務。午後，前藏糧務余介臣鍾麟，湖北均州人。來見，看其光景，尚不至十分胡塗，曾在軍營效力。鶴孫來，接其家信，紙扎差已到，所帶各物具未損壞。五月初六日具奏摺件恭奉朱批回。晚飯後，燈下看書。半陰晴，小雨。

十八日　午後李海山來，謝奉紮填游擊一班，伊有副將銜，總未肯戴，告其此時何不換上，未識肯與否也，一笑。少韓來商公事，略談。晚飯後廊下閒步，燈下看書而已。半陰晴。

十九日　早至鶴孫屋內略坐，見有聯大臣《新學抄本》一卷，以後均要照此行而後已，可謂下喬木入幽谷辦法，亦可憐可歎矣。午後，海山、惠臣、少韓分來，具商公事。晚飯後，由外院轉東院而回。半陰晴。

二十日　糧務、統領祭祀銷差，具未見，在西廊與鶴孫立談許久。午後，海山復來，聯大臣令其拿造藏錢各樣子並呈來閱看，聯大臣有詩一首令印房筆政錄之，因記之，特默誦而成。題為《不寐》，詩曰：「燈影半明滅，雨窗滴未休。茫茫今古事，潮湧上心頭。」即此一斑，可窺全豹。聞有詩集，豈不坑死人哉！《蔣念亭先生徵實事略》刻成，折紙三張存之。晚飯後外院一踏，因昨夜大雨，南山雪甚多，覺涼，小毛衣盡可穿矣。半陰晴，風。

廿一日　鶴孫來，又買鐲頭一副。午後，化臣來送到京報，有皇太后、皇上欠安之說，陸鳳墀得賞，想必因醫而起，幸報大安。少韓、鶴孫來商公事，聞聯大人處下人皆吃紅米，因食白米一次大家吃的多，故永食紅米。柴則三天五個，實不符燒，將滿院草皆為湯徭拔去。除大人開水，餘人雖開水皆不可得。西院送菜四背尚欠，小娃子痛哭，蓋菜中無肉，米又不好，多以半菜半米食之，亦可憐矣。聞係管帳委員張其勤所為，然上有好者，下必有甚焉者也。晚飯後至園一踏，到鶴孫屋內略談。晴，有雲，四山皆雪，較涼。

廿二日　午後，惠臣來謝紮。又余介臣來謝紮，在二堂見，將交代事略談，人頗明白。晚飯後至園一踏，葵花已結子，覺天涼，轉至少韓屋內，鶴孫亦在，將余介臣所說告之，皆以為明白。晴。

廿三日　午後，介臣、惠臣便衣來，在外簽押房見之，痛談交代之事，旋到鶴孫屋內談。晚飯後，東院登臺一望，接竹君來稟，張憩伯大為甘波洛所窘，竟不准番子支應夫馬，情殊可惡，已達印督外部，印已回信認不是，外尚無信。晴。

二十四日　午後，少韓、鶴孫來商公事，擬派會盤委員辦理前藏交代事。至園一踏，大有秋意，樹半黃落，在花廳稍坐，北山雲中有雨，亦佳況也。晚飯後在廊下閒步，燈下看詩。晴。

廿五日　早鶴孫來談，前說紅燈教匪，渠在四川邛州，曾將其符咒訊出鈔一底，今拿來留之，亦可作一奇聞。聯大人曾在打箭爐作新詩，有一聯云「家

園尚有瓢兒菜，世路原多瓜子金。」余謂其同自已大開玩笑也。午後，余介臣來，在外簽押房見，因交代事已派筆帖式斌泰、普光_{聯派}會算，進內找海山來，令在商上代糧務少為通挪。晚飯後，至少韓屋內一談，鶴孫在座，西院各委員公事可笑不一而足。惠臣來，因番子去雲南買賣人一案，俟稟到再說。陰，多晴，少風。

　　廿六日　無事看詩改詩，消磨歲月而已。晚飯後鶴孫來，公事底有商酌，談及聯健侯以耳代目，為左右小人所愚弄，真可憐矣。晴。

　　二十七日　早劉化臣拿靖西來信一看，張大臣有廿五六日起身來藏之說。午後鶴孫來，宋筠認一廣東客，有東洋布各色，合十二藏錢一匹，可夠一身，擬留之。晚飯後由外院至東院。晴。

　　二十八日　早鶴孫來商公事，並提圖財害命案三宗，與雲南案辦法略有相同。午後，惠臣來，因交代案至聯大人處照實稟明，只好由他去罷，但求自己不為人所愚，已為萬幸矣。晴。

　　二十九日　早化臣來，談及李夢弼、陳啟昌相約為兩院解和，殊屬放屁，不值一笑，真正小人無疑。明日約娥珠彼處念經，可去一日。鶴孫亦來商酌案子。午後無事，將《竹枝詞》修飾得，交鶴孫處。晚飯後廊下閒步，燈下看蘇詩訖。晴。

　　三十日　早化臣處念經，接娥珠前去。鶴孫、少韓因公事略談。午後至園花廳梳辮子，看北山已變蒼色。雲南劫案派余介臣糧務鍾麟、李海山游擊福林、噶布倫腮均策丹汪曲、擦戎汪曲結布，會同審辦。晚飯後至東院看馬，娥珠在彼，晚飯後方回，鶴孫燈後過談。_{王永福來找番子捏如來十八羅漢泥像。}晴。

　　九月初一日　辰刻，恭赴大招萬歲牌前行禮，余糧務_{鍾麟}、李游擊_{福林}在彼隨同行禮。午後，踏至腔子鈴岡，滿地黃葉，有深秋氣象，在彼麻彌堆旁小院坐，對河樹林青黃相間，頗得山景，河水已露沙灘不少矣。旋令其拿來布遮簷、褥墊、桌子，約少韓、鶴孫吃烤牛羊肉，買去十五斤多，連隨去湯徭皆飽矣，甚可樂。因往西閒遊，見數番子喝大醉，不能動，太可笑。復踏回，已落日，頗作渴。風，半陰晴。

　　初二日　早起覺兩目痛，大約昨日在河邊著風之過。午後至外院看上米，紅白皆有，聞西院炮響，乃聯大人回來拜余糧務之故也。晚飯喝黃酒數杯，至鶴孫屋內閒談，竟論八股試帖，可笑。晴。

初三日　午後李海山來，聯大人看操已止，欲在西院蓋兵房亦止，其亂無比。余介臣、恩惠臣來，因聯大人傳往，同李夢弼令將惠臣餘款即交李夢弼填虧空，公事未管，可謂無理取鬧。晚飯後，至東院登臺一望，至少韓屋，同鶴孫略談，說起聯處為拉屎家人兵丁大打，頭血皆出，其可笑不一而足，無法說矣。晴。

初四日　早編《蓮心苦轉奇》目錄十回，交鶴孫看之，不覺大笑。午後，由後門踏至練永福、練永祺菜園，白菜已入窖，菜菔亦將入窖，大有深秋景象。路上青稞已登場，農具未免太笨，無碾子，驅牛踩之，木叉兩股，頗不適用。回時鶴孫來，《蔣念亭先生事略》已修好，擬初九日未刻倩其往懸之。晚飯後廊下閒步，燈下看《萃錦吟》。晴。

初五日　午後惠臣來，仍為交代事，番奉本任一年已付給。鶴孫來將《蔣先生事略》匾取去，聯大人將查番奉稿已畫，惟「來」字欲不行文，殊可笑。答以「回字萬無不行文之理」，以免無知小人從中撥弄是非，恩賞不容含混，以耳代目，最為藏中所忌等語。晚飯後，鶴孫復來閒談。晴。

初六日　午酒醉後，找聯健侯痛談，伊轉心跳腿軟，大約皆虛所致，告以李夢弼大宜留神，聲氣不好。回時到鶴孫屋內略談，晚飯後步廊後。燈下看書，《萃錦吟》大可集聯之用。晴。

初七日　早與鶴孫在上房院立談良久，昨接外部來文，唐少川侍郎與英欽使薩道義立約，同原英番約，無多更改。午後至園，在花廳梳辮子，看該班人等採取向日葵，有極大者，子粒亦大，亦有小者，因下霜不得不先有採者，霜於背陰處如雪，內地少見。晚飯後，鶴孫過談，聞聯大人昨日傳噶布倫等，惟擦絨未到，因告以十條：練兵一，走隊二，籌餉三，鑄錢四，通商五，立學六，開打箭爐至藏山路七，開墾八，挖礦九，剌麻還俗十。噶布倫等唯唯，推言達賴未在，不敢作主，痛訓之，以回噶勒丹池巴推之，遂去。晴。

初八日　早化臣來，噶布倫探聽聯大人交派各節是否知悉，告以未經商酌。旋鶴孫來略談。午後，至外院看王永福等用藏香沫找一阿尼子印佛像。晚間聞有人偷噶廈隣居，竟傷一拒捕老番子，腋與膀受傷，即給其刀瘡藥。飯後東院登臺一望，到少韓處與鶴孫閒談，天氣較涼，氈棉馬褂、棉襖覺飄。晴。

初九日　早鶴孫過談，因李夢弼交代，給聯大人寫密信一封。午後，聯大人過談許久，似明似暗皆為矇弊所致。鶴孫衣冠來，由財神廟給蔣念亭掛匾回，又談多時。晚飯後至外院一踏。晴。

　　初十日　早起頭痛傷風，其為感冒無疑，且咳嗽，遣人找化臣尋瘟疫第二方，拿到三服，趕煎一服服之。化臣拿來李肖臣一字，係聽陳小東〔一〕說，因傳化臣往謁聯大人等語，同聯健侯昨日所談相同，因作一札，令其往謁健侯，此節敘出，並告以諭化臣，不准管李、恩、余三人交代事，無事不必到署等語。鶴孫來商公事。午後化臣來，由聯大人處回，面諭令其學好，並無別話。晚飯後，到鶴孫屋閒談。半陰晴，風冷。

　　十一日　早起病仍未減，服二煎瘟疫三方，晚間略減，早食白菜素面片，晚喝粥。化臣來看，少韓來看，鶴孫來看，略談。午後，惠臣來看，談及李夢弼雖陳啟昌同鄉、同年，因其聊城人，呼為土豪惡霸，不似做官人，其視錢如父母，視臉如仇敵，真不堪思議矣。晚飯後，廊下閒步。燈後看書，鶴孫過閒談。晴。

　　十二日　昨日，早鶴孫過談，乃心巴引新換湯徭叩見，與鶴孫大樂，如內地和尚引女人來見。今晨化臣、鶴孫來看，午後少韓來看。昨日印房已將老君供在樓上，番子有在影壁前行禮燒香者，真信佛誠實。李海山來看，未見，病少好，惟咳嗽多痰，乃寒熱凝結所致。晚飯後廊下閒踏，燈後鶴孫過談。晴。

　　十三日　早余介臣來，為交代案，頗為難。飯後，化臣特來說，伊始去。化臣云，聞外間傳說，香港大風，傷去人家鋪戶幾千萬家，真成奇災，亦天道也。午後，惠臣由聯大人處來，亦為交代事，似稍明白，然滿漢之意見，仍未鎔化，可不必也。晚飯後，至東院登臺一望。晴。

　　十四日　早至鶴孫屋內略談。午後到園閒踏，老樹已落葉，小樹黃多青少矣。回房，李海山來，聯大人約噶勒丹池巴為前交派十款並瞻對之事。晚飯後，至南門外一踏，至少韓屋，鶴孫亦到談。回時月色極朗，登臺看老君樓，燈光不甚亮，為月光所掩。晴。

　　十五日　早來各官具未見，鶴孫來少談。午後，鶴孫、振勳同至箭頭寺去逛。晚飯後，到鶴孫屋內一談。晴。

　　十六日　午後鶴孫來，將上老君樓篆字對聯、墨搨送二副，寫的甚好，筆政穆雅渾代筆也，將題畫三張拿去。晚飯後，至外院略踏，回時看書。晴。

　　十七日　早劉化臣送來靴鞋、鼻煙等件。鶴孫來略談，並嘗桃、杏脯等，比外省強多矣。午後噶箕等本來傳謁見，因病是以未見。晚飯後，至東院登臺一望。晴。

　　十八日　早將京桃、杏脯泡之，約鶴孫早飯，喝黃酒，吃雞湯白菜麵，甚

適口。午後，因前買之黑羊皮甬，多被蟲打，找皮匠改之，或馬褂背心，整者仍改皮襖，此地若不作穿些日，未有不被蟲打者，只好作之。晚飯後，至東院登臺一望，聞馬朝陽自京回，凡各處均有記載，頗肯留心。晴。

十九日　午後少韓來，送到德生筆政穆雅渾滿篆對一聯，並商公事。李海山來，因聯大人教番官改新政十條，噶勒丹池巴欲來請示一切，答以不便，嫌疑不可不防也。晚飯廊下閒步，燈下看書。晴。

二十日　早少韓、鶴孫來商公事。午後無事看書。晚飯後，至南門外柳行閒步，燈下鶴孫過談。晴。

二十一日　早化臣來送梨一盒，其酸無比，此地果子萬不能吃，亦地勢使然也。少韓、鶴孫來商公事。午後，介臣、海山來，為噶箕賞坐之事，因以禮告之，再行曉諭可也。介臣能相面，據云「壽不可量，且可有兩字。」恐奉承安慰之辭也。並知地理，謂三合為體，三元為用，頗為有識。鶴孫復來商公事，略談。晴。

二十二日　早海山來，為聯大人找噶勒丹池巴商問十條及瞻對事可緩辦，並池巴接江孜信，張大人令噶布倫等往江孜。午後至園閒步踏，少韓、鶴孫來商公事。惠臣將晚來，奉聯大人面告，欲派委員赴江孜探聽一切，或可知彼處情形。當覆告，奉旨並未令駐藏大臣會辦，似不便，且有查辦事件字樣，尤為不便。晚飯後，到鶴孫屋內閒談。晴。

二十三日　午後至園，樹葉已脫，惟垂柳尚有未盡者，且有青葉，俟再冷葉不黃即落，池水偏南已結薄冰，午不化，然尚未大冷。晚飯後，至少韓屋，同鶴孫談，言及德隆胡圖克，其女人係阿尼孜打扮，亦奇。晴。

二十四日　早化臣來，拿謝禹績並小瑾可笑條子來看。午後，余糧務、李統領為噶箕賞坐曉曉瑣瀆，因大申飭之。聯健侯過訪，在二堂痛談，要密碼、電報者，俟找出送往。有雲，晴。

二十五日　早，拜發六月十三日折片奉到朱批，接家信一封，闔宅市面均為平善，並雙鉤皇太后御筆「福壽」字奉到。午後，同余鶴孫步踏至闡宗寺，_{乾隆御筆四體字。}即第穆胡圖克圖廟。正殿牛首金剛，樓上中為客座，在彼吃煙、喝茶，左為降護法處，有一像係肉身所成，手腳具全，左手按劍，右手持一椀，哈達甚多，右為噶倫、_{即噶布倫，官名。}隆拔，_{係生前藏名。}此噶倫係在乾隆年間朱而末特時力勸其不可背叛，因疑其祖護漢人，將其全家皆斬，其頭及皮並手腳俱面東懸於梁間，像並不惡，現為糧臺所供，紅菩薩即此位，蓋漢番皆以死

的屈枉，歿後以佛事之。北梁乃其妻，頭散髮，亦有哈達。像亦不惡，並其二子頭，已枯。及一薛大嫂頭，亦散髮，像模糊，彼夫婦眼珠、牙齒具在。噶倫屍身掛哈達甚多，其受職噶倫，冒死諫朱而未特，以致全家非名，為本朝忠義之臣，可不愧傅、拉二公，番官中偉人也。此殿門上懸一大蛇，有大盌公公粗，已乾，其鱗有半酒杯大，係前廿年在藏河邊所得。一小狗死去，亦懸之，似前第穆所豢，已有道行，所謂狗子亦有佛性。下樓後，正殿西為一殿，供塔三座，前第穆乃銀塔，聞山上不准造，然民不能忘也。同鶴孫步出廟後門，踏至署東南郭拉路旁新修小廟，名曰松貢布。惟一間，中供牛首金剛像，甚惡，作陰陽形，兩旁八尊藥王，左右槅一萬尊泥印牛首金剛，再下左右二尊文殊菩薩，為大皇帝化身；二尊四手觀音，為達賴剌麻化身；二尊卡奪惡像在下一層。為班禪額爾德尼化身，文殊像，夷呼降巴白羊，四手觀音，夷呼皆熱四，「熱」字平聲。卡奪佛無漢名，三尊同供，呼曰松貢布。此廟乃唐古忒新修，為與洋人打仗陣亡諸人功德。出廟，鶴孫赴糧臺找惠臣，余獨步而回。晚飯後廊下閒步。燈下書此，以記半日之遊。晴。

廿六日　早少韓、鶴孫過談，並商公事。午後到西署，找聯健侯交其外部鈔案八本，十六年約一本，鈔電一本，並藏中鈔電一本，圖二幅，拿其詩四卷來看。晚飯後，廊下與鶴孫立談。風，晴。

廿七日　早午無事，看聯大人詩集並送鶴孫去看。噶箕病痊銷假。晚飯後，至外院閒踏，覺涼，立冬已後矣。到鶴孫屋內一談。晴，風。

二十八日　早讀聯健侯詩集，因湊五律二首題贈之，不足以言詩也。飯後午正在二堂，廓爾喀貢使大正。噶箕、沛熱拔八哈都熱更扎多扎且底熱。小副噶箕噶哈新卡扎噶且底熱。並噶必丹率隨使兵丁等稟到，進門三薩朗將表文呈上，遂稟明彼國中均好，即願啟程，不敢耽延，等語。俟其去後，將表文飭科房封過封好。少韓、鶴孫來商公事。晚飯後閒步廊下，燈後看書。晴。

廿九日　早謅詩兩首，寫就送給聯健侯。午後至園一踏，池中均有薄冰，聞健侯昨日亦到園一遊。今日各處賞廓爾喀之物，已備牌示，定於十月初四日午刻。晚飯後至外院閒踏，回時鶴孫屋內談。晴。

【校勘記】

［一］陳小東，即陳曉東。

十月初一日　辰刻，恭赴大招謁萬歲牌前行禮。回署，東西院委員均見。

早、午鶴孫過來數次，因廓爾喀帶來珍珠、珊瑚、象牙等物發賣，索價皆昂，不便買也。最奇賣絲地緯絲蟒袍一件，極短極肥，必是矮胖人所用，甚可笑，番地無用，可帶川省或有人要。晚飯後，由外院轉東院略踏。燈下看書。晴。

初二日　早化臣來送虎骨雄油膏，確係潘陽之物也。午後，鶴孫拿來小珊瑚二個，可做佛嘴。接達木來稟，布克葉已病故，告其與少韓商酌，問營中選員，前往相驗。晚飯後，至外院一踏。早飯後並至橋上一看，看東南山皆有雪，似不小，較涼。半陰晴，過午，院中飄微雪。

初三日　早化臣來拿湘梅信，並上張大臣條陳來看。午後，少韓、鶴孫來商公事。計泉拿來廓爾喀發賣對珠若干分，價值太大，皆未議妥。至後園，登臺一望。晚飯後，由外院轉東院，登臺一望，至少韓屋內閒談。晴。

初四日　早無事。午後，聯健侯過東院來，同升大堂，漢番各文武官參堂，教習代廓爾喀使臣等參堂，遂驗貢，驗訖，將夷情、司員應備各項賣物交之。兩大臣站品級墊上，正、副噶箕及其隨差等望東北向闕行三跪九叩禮。在西帳篷賞座筵宴，開戲，戲乃《開鐵弓》等兩出。復由噶廈備禮，為兩大臣所賞，並給其盤川各一大寶，伊謝之，乃彼國薩朗禮，漢人呼為齊眉禮。復參堂同退，進內，送聯大人回去，在二堂噶箕等呈彼國王書並送各物。另有單。晚飯後至鶴孫屋內閒談。晴。

初五日　早借聯健侯《水滸傳》來看，可謂無聊之極思。午飯後，少韓找寫對子等件，只得現研墨。晚飯後覺涼，到鶴孫屋內閒談。晴。

初六日　早無事，午後給少韓等人寫對子，旋聯健侯過談，並商酌公事。晚飯後步踏至四川井，回署，至鶴孫屋內閒談，聯大人送還前帶交公事。晴。

初七日　早寫對聯，因昨剩有餘墨之故也。午後，在小簽押房便衣會余介臣糧務，談公事。進內會鶴孫，復會少韓，皆為公事而來。將《籌瞻疏稿》《三教同源》送給聯健侯看。晚無事看書。晴。

初八日　早將《烏斯竹枝詞》送給聯大人閱看，並寫對子以作消遣。午後，看書覺頭痛不止。晚飯大喝黃酒，似少好，至外院東院一踏。晴。

初九日　早仍寫對聯等。午後，鶴孫來，有別蚌子轉科房拿來犀角兩架，小者無用，大者似可用，與貢物相比大差，想所驗係水犀色黑而亮，黑中加白紋，不似此角乾如枯木，想係旱犀有不同也。並聞前犀其國王方有，外間不易得。所送象牙，亦係宮中才有如此大。晚飯後至鶴孫屋談。風，晴。

初十日　辰刻恭謁扎什城萬壽宮，同聯大臣率漢番文武各官行禮。覺冷，

乃東風吹臉，回署略好。四點余至西院，聯健侯約晚飯，座中惠臣、少韓、鶴孫，餘者委員另一席，並唱戲，營兵川勇均有，戌正餘即回。晴。

十一日　早惠臣、少韓、鶴孫來，前往關上接張大人差，旋去旋回。午後二堂，余糧務接差回略談，張憩伯身體亦不見好，多喘。四鐘餘，聯健侯到後園，約其晚飯，吃甚多，蓋其廚子不見佳，覺此廚田玉金甚好，看其吸完雅片煙，復談八鐘餘方散。晴。

十二日　巳刻至磨盤山南下賑房，接張憩伯星使略談，伊謁聖容至布達拉山，與聯健侯復入賑房少談，亦回去，時走署西，回時遇琉璃橋走署東。西路道化水甚滑，內地目下必無是理。因無事洗腳，覺腳甚乾，真此時此地與別處不同。晚飯後找鶴孫來痛談。晴。

十三日　早周岐山同知翔鳳來，在小簽押房會，周岐山云，此地離海面高十萬六千餘尺，別處高十萬四千英尺，至矣。午刻會張憩伯，後至鶴孫屋內，少韓來同談，二人去吃余糧務，乃張大人不收之剩菜也。申刻，何巘高兵部寅友藻翔，現在外務部，此次參贊也。聞李預如、增幼亭均為鐵寶臣大司馬參革，存菊莊已故。晚飯後，至東院登臺一望，鶴孫吃飯回來，痛談，果剩菜，一笑。晴。

十四日　早至鶴孫屋內，遇化臣，略談。午刻回拜張憩伯，復到何巘高屋內。回，少韓、鶴孫來商公事。晚飯後，又至鶴孫屋內談。晴。

十五日　眾文武來，皆未見。鶴孫來銷家廟行香差，化臣拿范湘梅信並上張大臣條陳，能說恐不能行也。午後，至園登臺一望，看西池北邊水化處，魚有六寸多長，數十條游泳其間，甚有趣。回內，聞白拉木出駕，同鶴孫至東院登臺望之，燒草堆後而回，未放槍，只有護法帶白毛高帽子。燈後，化臣復來痛談。晴。

十六日　巳刻約張憩伯、聯健侯吃飯，在二堂，見用菜尚好，甚樂。飯後，又在小簽押房痛談，至申正餘方散。旋錄憩伯面交電報，遣程林交健侯處，今日並約何巘高，因臉腫未到。晚飯後，至鶴孫屋內痛談，席間多談諧語，告之見番子九眼四兒一個，甚奇，鶴孫特借來一看，可值三四百金。伊以百餘金得之蒙古剌麻。晴。

十七日　午後，海山、化臣來，因接差，甚不知體面，弁兵大訓一陣，高玉貴、扎拉遜回，亦教訓之。晚飯後，至東轅門外一踏，回至鶴孫屋內閒談。晴。

十八日　早化臣來拿京信看。午後，擬覆電報各款。少韓、鶴孫先後來，

均商公事。晚飯後,至外院轉東院閒踏,燈下看書。晴。

十九日　鶴孫來略談。申刻過聯健侯署,約張憩伯同飯,將擬復樞電藏中為難情形寫就一紙,面交憩伯帶去,飯後又痛談,亥初余方回。晴,風。

二十日　早至鶴孫屋內略談。午後,在小簽押房會余介臣糧務,拿來建昌道札文二件,為交代事派渠算清稟覆,進內。李海山來,因奉張大人札,調充隨員面稟,並奉聯大人諭,令其向商上再借千金,前後已三千金矣。晴。

二十一日　午後海山來,痛談藏中公事,實難一時改入明白道路。聞張憩伯出告示,設立無情櫃,未審告狀者如何?晚飯後至東院一踏,回至鶴孫屋內談。晴。

二十二日　午後至園登臺一望,聯健侯過談許久。晚飯後到少韓屋內,並鶴孫閒談。晴。

二十三日　早起覺傷風頭暈。午後,至南柳林轉醅子嶺岡,一刺麻甚好,請伊佛堂喝茶,樓甚乾淨。旋程林往請回署,張大人處送來電信一紙,本日奉旨:「有泰著來京當差,駐藏辦事大臣著聯豫補授,張蔭棠著賞給副都統銜作為駐藏幫辦大臣。欽此。」外賀二十並轉有、聯兩大臣。少韓、鶴孫同來道喜,找化臣來告知一切。晴。

二十四日　今日仍傷風咳嗽,會一日客,並出署拜客,整忙一天,殊可笑。晴。

二十五日　午後,噶勒丹池巴來道喜,痛談。恩惠臣來見,意欲同回川省,因告以前藏交代,需藏中兩大臣准其回川方能回川,非余所能主持。鶴孫拿來紅花看,留十五斤,上三斤,下十二斤,以備送人;外藏豆蔻二斤,亦可備禮用。晴。

二十六日　鶴孫來,略談。聯健侯送來五律二首,申刻約伊後園便飯,戌正散。王永福買阿魏青果等,振動買洋書等,付給廿餘金。晴。

二十七日　鶴孫來,前兩架犀角買妥,五百多藏元方成,此物偽者多,如貢貨外間無有也。令永福買得藏青果、紅白兒茶,內地皆可送人,不易得之物。晚飯後東院登臺一望,燈下看書,大嗽一陣,覺胸間、嗓下大熱,想連日喝酒之過。晴。

廿八日　登樓看捆皮子、氆子等物,此地蟲子亦復不少,每以無蟲子,乃於各物懶於抖晾之措辭也。回屋寫對子。午後,在二堂會金寶亭夷情_{垣,正紅蒙人,理潘院員外}。由拉里來,人甚老實,已五十二歲矣。鶴孫來商公事。晚飯後

燈下看報，各部院大更動，缺裁極多，凡無任仍照常食俸，窘事也。七月十八日拜發摺奉朱批回。晴。

廿九日　早書匾額一方，交鶴孫給察木多糧員寄往刻就，俟到察敬謹懸掛，緣來時在彼大病，夢恭勤兄穿行裝未戴冠，在文昌帝君右持如意一柄，告余曰：「進藏如意。」此次幸無大罪，諸事均稱順適，蒙恩來京當差，感激涕零，無可再說，因恭書帝恩顯示匾一方，聊表鄙忱。晚飯後東院一踏，到鶴孫屋內閒談。健侯過訪，在小簽押房痛談，言及榮伯衡頗不滿意，榮亦不能辭其責也。伊要管叩安所刻烏斯使者圖章，因我無用，已面許之，並告以蒙古包一架奉送，一小松樹亦奉送。晴。

三十日　早將蒙古包一架、小松樹一盆、圖章一方、金斗筆二支，遣人交給聯健侯。聞伊樂極，然不倫不類，殊可笑人。午後，范湘梅來，在小簽押房會，伊痛哭流涕，求回川。刻下為聯、張大人作主，非可妄參末議。少韓、鶴孫來商公事，鶴孫復來，因西院訪齊浙升，得晤聯大人，痛談，特告知。張憨伯送來禮一份，盡是洋食物，竟有不知名者。晴，微陰。

卷十四

光緒三十二年十一月初一日至三十三年三月三十日

　　光緒三十二年歲次丙午冬十一月初一日　辰刻，恭赴大招萬歲牌前行禮，夷情、章京、奉藏拉里、後藏、靖西卸任各糧務均到，且前後任三大臣均在此，可謂一時之盛。午後，在小簽押房會孫、余二糧務，旋又會齊、張二委員，均痛談。晚飯後，過鶴孫屋略談。半陰晴。

　　初二日　早化臣來給娥珠送衣服，樓上所存各物已收拾裝箱、裏牛皮。午後，在小簽押房會范湘梅，談其欲辭後藏糧務，惟應聯大人處遞稟再說。健侯送到《題竹枝詞》詩四首。王永福手所塑小像十八羅漢送來。晚飯後，過鶴孫屋內談。晴。

　　初三日　寫家信一封。內寫初五日，隨摺差初六日走。接九月廿五日、十月十九日兩封家信，紙扎差已到，各物均妥收，雙鉤「福壽」字收到。張接外電，奉旨著來京當差，並聯大人得辦事兼幫辦，張大人得幫辦，仍查辦。刻辦行裝、料理公事，臘初可動身，明年三月可到川，臨走恐無暇寫信，先告省內不必再發家信。江、余、劉文通可同走，娥珠亦可帶來，恩、范、馬不能同走，吳早回江蘇矣。眾人聞信甚喜，在川略住，即速赴京，等語。張憩伯來，面交電旨一道，扔作為查辦大臣。晚飯後，鶴孫過談，旋聯健侯來談，在小簽押房見。晴。

　　初四日　看裝書籍等箱，忙一日。鶴孫、化臣來商酌到京貢物，聞從前佛尊、氍毹、藏香、紅花四色，只有恭照辦理。鶴孫復來，因察木多文昌廟懸匾給糧務李幼文方懇寫去一函，即交其辦理。晴。

　　初五日　早無事，收拾行裝。午後，海山、化臣來回公事。惠臣來說，求其丫頭帶至察木多，殊可笑。何翽高來，無事閒談。少韓來商公事。晚飯後，

過聯健侯署內閒談。談及陳幼民中丞寶箴,頗愛人才,孜孜不倦。晴。

初六日　今日為丙午庚子巳刻丙寅,餘生八字同庚。午刻,同聯大臣拜發元旦賀摺,謝來京、升缺聯大臣恩摺各一件。舊班筆帖式德音、斌泰、戴福、惠倫例獎折一件,同建侯二堂略談。旋赴張憩伯處道前次送洋食物謝,並謝步遞帖。給何龥高謝步,回署。鶴孫、化臣來商公事。晴。

初七日　早收拾箱支。午後,余糧務來,在小簽房會。鶴孫、化臣前後來數次,均為公事及上路各事。晚間,聯大人頭痛嘔吐,想著熱所致,天過燥也。晴。

初八日　辰刻,赴扎什城同張星使、聯大臣率漢番各官萬壽宮行冬至賀禮。午後,將佛尊撿出,除留帶分給委員、家人等。未刻,便衣過西署,聯建侯約看跳弦子,至齊浙生屋內少坐,張憩伯旋來,同用晚飯,回時戌初矣。晴。

初九日　早、午裝箱。化臣來回公事。湘梅來,因聯大人批稟慰留,可以仍回本任矣。前塑泥佛像,令書房繹出,記於此:丹巴佛、如來。近身右漫噶布、兩侍。近身左厦日布、右一燕納俊、十八羅漢。右二燕潘巴、右三納拉乃、右四對奄、右五奪吉洛夷、右六桑布、右七思密布、右八沃熱奄思、右九降虎,左一扒歸、左二扎堅挣、左三浪哲丹、左四熱昂作思樣、左五浪丹、左六魯夷底、左七邊吉、左八密溪巴、右九哈香,共二十一尊。晴。

初十日　早收拾書籍、紙張。午後,過少韓屋內閒談,聞走後,聯建侯到洋務局並到東花廳找少韓、鶴孫談,齊浙生、張慎安亦同往。鶴孫、化臣、海山同來商酌貢物。晚飯後,過鶴孫屋內談。晴。

十一日　總稅司赫德中呈,亞東稅司韓德森請假回國後,宣昌關二等供事張玉堂〔華人。〕派往接署,申呈大臣有。收拾信件、公事、書籍,一日。午後,聯大人借馬遊山,不知所遊何山,殊可笑。晚飯後,過鶴孫屋內閒談。晴。

十二日　仍收拾箱支,海山、化臣、鶴孫來,為貢物,業已恭辦八成餘。午後,二堂見新授札薩克臺吉汪清彭錯朗吉,今日坐墊子來磕頭,詢年十九歲,囑其好好當差。惠臣來回公事。晚飯後至聯建侯署內閒談,因張憩伯出告示,甚至勸番民換洋服,殊可笑。晴。

十三日　收拾箱只等件,堪合放紅皮匣內,並有請安摺二份。海山、化臣來,進貢紅花已齊,錯鐪亦齊,佛尊尚未到,藏香尚短十數束,齊浙生送《竹枝詞》四六序一篇,外行路茶暖壺一把。晴。

十四日　仍收拾箱支。午後在二堂會噶勒丹池巴,特來送行,除送佛尊、

哈達、氆氇、藏香外，有藥三包，內有一包焚之可止雨雪，未免太奇，痛談，惟以後可以通信，可謂患難之交矣。旋海山、化臣來，應貢佛山上只有六尊，可以趕造。鶴孫來拿套紅煙壺，惜太老，恐難收拾，藍點子壺一個，索價並不昂，倩伊商之。三人均赴余介臣約，面告假。晴。

十五日　早紛紛送禮，又復二堂外搭戲臺，鬧喊非常。聯建侯兼署幫辦恩摺後過談，請內屋，令娥珠出來請安，可發一笑。旋張憩伯在公館約與建侯晚飯，饌甚多，回署戌初餘矣。晴。

十六日　早紛紛送禮，聯建侯並送戲兩日，余謂勞民大傷財，損人不利己，實可笑，惟離任在適，只好聽之而已。午後，至外院數次，余糧務來見，大為牢騷，殊難設法解之。晚飯後，過鶴孫屋內閒談，渠送雜木雜雅鼻煙碟，甚新奇，並買藍點子壺，三金。晴，風。

十七日　午後，約張憩伯、聯建侯，各委員、糧務、筆政諸君在二堂聽戲。晚飯，眾人甚樂，內裏江古學、拉魯佛公夫人即邊覺多吉女。送大招如來佛手印一卷。據知者云，如老去人，以此懸之，可待三日並可催生，藏中最寶重之。鶴孫來商，明日席桌須多備。晴，微風。

十八日　早張憩伯、聯建侯來祝，委員、糧務、番公各官及兵丁等俱來祝。憩伯早飯後回，均吃晚飯後方去，何齜高送禮未來，戲散已亥初矣，各賞並統賞之。晴，風。

十九日　早赴各處謝壽，雖憩伯、建侯皆未見，在署二堂，金實亭垣、松介眉壽、李肖臣夢弼、恩惠臣禧、范湘梅啟榮、孫玉書兆麟、余介臣鍾麟、馬竹君吉符、李海山福林為餞行，約早午飯，音尊同聯建侯在屋內坐，院內略坐，聽《送加迷》[一]，大可笑，散時亥初矣。晴。

二十日　無事，家人等收拾箱支。午後，化臣、鶴孫來，或為公務，或為路中各事。湘梅來，無暇，未見。晚飯，酒用杏仁，因連日黃酒，未免不適。過鶴孫屋內閒談。晴。

二十一日　早湘梅來，為餉項各事，欲求辯理，告以交卸在邇，只有回聯大人，彼已定於廿八日午刻接印。午後，鶴孫、少韓來公商各事，一切官事均有頭緒矣。晚飯後由外院至東院，登臺一望，至少韓屋內閒談。晴。

二十二日　早無事。午後，馬竹君來，痛談靖西沿路事。李海山來，張大人痛飭噶布倫等，欲令刺麻還俗，並不准支應夫馬，恐番邊皆不能應，且恐惹出意外之事，大不妥。鶴孫來，聯大人約其打麻雀牌，並約晚飯。晴。

二十三日　早王永福拿珊瑚枝，可作筆架等用，合卅藏錢一枝，留四枝，送鶴孫一枝。鶴孫拿兩個牛黃，均留下，不過卅藏錢。午後，正薙頭，聯建侯來，在二堂會，送到《隸書四律》，可寶之至，又鈔此「四律」，係齊浙生代筆，因痛談。晚飯後，過鶴孫屋內閒談。晴。

二十四日　午後，化臣來，因唐兒撤其當轎頭，換劉高陸，令其經理馬匹。鶴孫來商公事，聞聯大臣欲留隨員，人人均不願，似無如何也。晚間洋務局新委員餞舊委員並筆政諸人。晴，晚微陰。

二十五日　早惠臣來，問離營赴引用原保大臣咨文否？告以離營即由後任發文，可敘明「赴引」字樣。午後，少韓、鶴孫來回公事，又買珊瑚五枝，合廿五藏錢一枝。噶勒丹池巴、三噶倫來，仍為達賴開復之事，已回聯大臣。晚飯後過聯大臣署閒談，還其詩稿。半陰晴。

二十六日　寫家信一封。內寫廿七日，隨摺差廿八日走。略敘前初六日　發信，諒已收到，刻下收拾行李並貢箱，聯大人廿八日午刻接印，下月初七日準辰刻啟程，諒三月可到，至遲四月。不過，比來時箱只多些，眾人皆帶物送其親友，不能不准。過寧靜山東恐費事，多花腳價而已。生日聯大人送戲，眾糧務送行，唱三日，鬧熱非常，等語。至鶴孫屋內略談。午後，給聯大人送洋煙一瓶，底薰煙一盒。化臣來，頭撥騎馱於明日走，筆政來通事，隨差等均辭行，俱隨頭撥前走。半陰晴。

二十七日　化臣、鶴孫來數次，公私事均有相商，將功牌等項已用齊，俟呈單明賞給。鶴孫拿來九魚套紅煙壺一個，因珊瑚蓋且係金託子，非十八金不賣，留之。晴。

二十八日　午刻，委司員金垣、游擊李福林將欽差大臣關防一顆齎送聯大臣接收，文案、冊籍一併交收，彼即拜折。未刻，恭報交卸藏事十二月初七日起程一摺，敬謹拜發。旋到西署道喜，回署後張憩伯來道喜，二堂會。拉魯佛公同化臣來送行，在內見。鶴孫來，聯大臣邀晚飯，大約又要打牌矣，一笑。晴。

二十九日　早鶴孫來，拿套五彩煙壺等，均係假物，不便定價。午後，捆綁箱只等項。晚飯時，聯大人遣余鐘麟、李福林送文書一角，由張大人知照。本日奉軍機處電開，「奉旨：張蔭棠電奏悉，據陳藏中吏治之污，魚肉藏民，侵蝕餉項，種種弊端，深堪痛恨。劉文通、松壽、李夢弼、恩禧、江潮、余釗、范啟榮等，均著革職，歸案審辦，分別監追。善佑著革職，永不敘用，遞解回

旗，嚴加管束。周占彪、馬全驥，均著勒令休致。李福林著革職留任，戴罪效力，倘仍前玩惕，即行從嚴參辦。有泰庸懦昏憒，貽誤事機，並有浮冒報銷情弊，著先行革職，不准回京，聽候歸案查辦。仍著張蔭棠嚴切澈查，據實覆奏。至噶布倫齊丁溫珠彭錯江墊誤、番官蕩孟浪仔轄攤美誤，均著革職究辦。該衙門知道，欽此。樞有，等因。」聯大臣旋來，在小簽押房會，伊本飭余糧務、李游擊傳各員，回說劉文通已逃，善佑係往靖西，三數日可回。進內，松壽、恩禧、江潮、余釗、范啟榮均來，會伊等，即至聯大人處報到。馬竹君來，痛談。

【校勘記】

［一］即《送加彌》。

十二月初一日　早鶴孫過談。聯大人來謝步，小簽押房會，聞劉文通業已拿獲，鎖押交糧務、統領看管。晚飯後，至鶴孫屋，遇余介臣糧務，略談，復與鶴孫談。晴。

初二日　早鶴孫來痛談，提及曜庭先生，未免落淚，余亦為之落淚，皆余一人之過也。午後，竹筠、少韓來談，鶴孫亦來談，旋去。申刻至後園小花廳，聯建侯約晚飯，菜甚豐盛，外風聲不好，恐番子要鬧，等語。晴。

初三日　早過鶴孫屋內，略談。午後，齊浙生、張慎安來談，有公事商，詢聯大人看操去矣，直至上燈時方回，復又至張大人處。晚飯後，到少韓屋閒談，鶴孫亦至，竹筠因聯大人派查各案，到此略談即去，又復坐多時進內。晴。

初四日　早余介臣來談，張大臣今午傳在案人員。申刻，少韓、鶴孫來，少韓已聞鶴孫傳明日問，問者為何參贊藻翔。張大臣令在案人員帶鎖，渠前謁聖容帶刀，皆可笑，具以意為之也。聞劉文通竟以刑訊，［一］不知所問何詞？外松壽、李夢弼共四人。微風，半陰晴。

初五日　穆宗毅皇帝忌辰。早見微雪，氣覺清涼，鶴孫來略談，申刻鶴孫復來，張大臣傳案，仍係何齏高，聞為報銷事，語尚和平，並無威嚇。聞聯大臣遣李游擊、余糧務安慰鶴孫，恐其到案驚恐，極可感也。聯大人借皇馬至畢拉蟒寺。聞今並有恩禧、范啟榮共三人。夜馬竹筠來，在鶴孫屋內長談。微陰，晴。

初六日　早上房看，四山皆雪，甚涼，與鶴孫在院略談數語，蓋昨余糧務令少韓、鶴孫搬至糧署，防張大人密查。午後，少韓來，約其明日搬西署，即可住慎安屋內。晚鶴孫來，拿余介臣上張大臣書草底，擬藏中行新政，揣摩文

章也。半陰晴。

初七日　早鶴孫來閒談，午飯、晚飯皆同吃，午刻收拾齊，將什物搬至後園花廳，在園閒踏。候至未刻，聯大臣拜儀仗門、拜廟，西署方搬淨，遂至西署，眾官員來賀，皆擋駕，聯大臣彼此持帖賀。至二堂，少韓來屋略談，復至裏院西屋鶴孫略談。此署屋小，於冬日相宜，院落比東院寬闊，看南山皆雪。陰微晴。

初八日　早無事看書，午後鶴孫來談，晚飯後聯大人過談。聞弓長人可皆找其要主意，大為可笑，恐非好意，拉入渾水而已。送建候回，至少韓屋內，遇竹筠云，弓長處人心瓦解，均欲逃之夭夭，惟人可無法，並云，醫權姓以首者，病不可治矣。二堂聯大臣篆一窄聯：願紅黃教日以興，兩藏皆大歡喜。盼億萬民生而智，一時同進文明。半陰晴。

初九日　早無事看書。午後，聯大人遣人送收文閱看，內戶部諮川督前報銷鈔原奏並奉旨日期，其銷冊另行知照。鶴孫來，拿少韓找人鈔來張大臣招告底，漢番革職人員均在內，聞係初二日所帖，至今無一呈，殊可笑。陰多，晴少。

初十日　早少韓、鶴孫來。午後，少韓來拿近聯大人手摺並親供問答，係與鶴孫二人列名，燈後呈去。聞新筆政四人、舊筆政一人，於明日亦欲遞稟申冤，並將招告亦聲明。晚飯後，至少韓屋內，遇竹筠，聞張大人病甚重，何藻翔見事不易辦，寫稟告三次，皆為張不准，始則挑之，繼則辭之，真不值一笑。陰多，晴少。

十一日　早起，院中見雪不及寸，略有清氣。鶴孫來談，亦聞何有去意，且聞報銷為洋務局，非為邊款，尤可笑。事機者乃洋人到江孜而言，幸有奏諮各案可查。田德回，白猿於前日故，殊可惜，可謂物隨運氣衰旺矣。江孜外委馬宗繼稟到，未見。聞解善佑來，不知革不敘用，解旗管束，又有何聞。陰多，晴少。

十二日　夜夢祝川舊寅友，適有事，伊必欲相見，似脫帽行裝來見，不是此君已不妥耶，甚奇。早鶴孫來談。午後，少韓聞弓長病甚重，已不能理公事，云云。人可擬告廿日假，假滿即逃，此亦奇。聯大人更後來拿奏辦藏中新政摺底斟酌。陰多，晴少。

十三日　昨夜，聯大人走後，復約少韓到內略談。早給聯大人作札，為斟酌昨日奏底事。鶴孫過談，午後又過談。晚飯後至西大院閒踏，到少韓屋內談。

陰多，晴少。

十四日　早鶴孫來談，伊連日皆在糧臺宿，少韓在署，聞余糧務茶水均不備，宿者須自帶，未免不盡人情，並聞聯大臣昨日至張處談許久，想為奏底也。陰多，晴少。

十五日　早鶴孫過談。午後，少韓過談，並將科房所存文件請示上存下存，文四件，卷一宗，尚係裕〔鋼〕任交。即包固，送聯大人處。微陰，晴。

十六日　早鶴孫來談，昨大眾在糧臺作對子，李肖臣對句：四委江、余、恩、范。三臺恩、季、范。六鐵鎖范兼委臺。范湘梅出句：五臣惠臣、肖臣、化臣、善佑號保臣，余鐘麟號介臣，雖未在案，怨毒自有在也。兩介介臣、松壽號介眉。二梅花湘梅，介眉乃諧音。可謂聰明，亦見冤枉不平之氣。晚飯前，與鶴孫在院中立談，聞聯大臣電欲不發，欲給錫督寫信，恐緩難濟急。晚飯後，找少韓閒談。晴，戌亥刻月食。

十七日　早鶴孫來談，午後余介臣來，持張大人開來草單，原單存於紅皮匣內。問三款，告以應用公文，俟辦理回覆親供，將此回明張大人知之。晚飯後，聯大人過談，聞張發一千銀種樹至曲水，外國規矩，不知接何貴客？又聞唐大人紹儀有電給張。送聯大人。後至少韓屋內，遇竹筠，唐電乃因款不能繼，是以張有走之說。晴。

十八日　早鶴孫過談。午後，少韓、鶴孫來，為擬商親供底，略為更改。燈後，余介臣糧務來，因草單不成公事，擬請官文，伊詢問委員，係何參贊親筆，張大人多怒，未敢說，只好聽其自然。少韓來，將底謄出，倩竹筠至聯大人處代酌。晴。

十九日　早過鶴孫屋內閒談，並找少韓商酌親供底，定後即繕寫。午刻，聽東署封印大吉，余糧務送隨便菜點，卻之不得。晚飯後，找余糧務來，酉刻面交其親供遞往，並告以凡革員向不准借用印信，此係白紙親供，京內辦法也。至少韓屋內閒談。馬竹筠送到袖珍《時憲書》一本。半陰晴，大霧，午後南遠山不見。

二十日　一日無事看書而已。晚飯後，鶴孫過談。晴。

二十二日　早、午鶴孫來兩次閒談。午後少韓來，將親供擬呈黏連送聯大人處備案。竹筠來，聞張處連日皆有京電，不知此案已電奏否也？晴，風。

二十二日　午後，少韓來，將親供黏連呈內，遣程林送東署面交聯大人備案。鶴孫來擬，今日略好，仍赴糧臺住宿。聞余介臣為營弁兵丁所告，不發餉。

二十三日　今日立春矣，無事集唐句。午後，鶴孫、少韓來，聞竹筠云，前路欲找聯大人轉商罰錢可了此案，不知何所見而云罰，甚奇。晚飯後祀灶神，遣程林巡捕恭代。半陰晴。

二十四日　今年到此正三年矣，無事仍集唐句，亦消遣之一法也。午後，鶴孫來，聞張大人有意開復邊覺多吉，且連日至噶廈公所，不知所議何事，今日找聯大人談之許久。晚飯後，過少韓屋內談，竹筠來，復到少韓屋內談。陰多，晴少。

二十五日　無事仍集唐句，午後鶴孫過談，燈後復來。聞振動云，色拉寺山後，夜有一赤身婦人，似有尾，哭嚷口袋快破了，白日即不見，雖是無稽之語，究屬不祥。聞降護法者，現誦經，須萬遍可解。又云，明正十四五六日恐有大劫。半陰晴。

二十六日　昨聞鶴孫云，張晤聯，聞竹筠說，未談此案，張雲病重，擬欲奔江孜，聯則聳之早走。外面風聲甚不好，恐攢招鬧事，齊浙生亦云如此。聯覆電京，然東路未免遲延。午後，鶴孫來，送到家信一封，省內均好，惟桂子母女、婆媳因紅兒似成癆病，往南邊找其二伯去矣。二點餘鐘，聯建侯過談，至五點鐘方回，亦聞外面風聲不好，殊切杞憂。雲張有正月初五日赴江孜之說，未知已定否？晚飯後，過少韓屋內，同鶴孫三人談，回時拿齊浙生《西藏說》一冊來看。晴，微陰。

二十七日　早鶴孫來，將浙生《西藏說》加一條子，交其寄往，並作《狂風謠》七古交其一看，倩呈聯大人。晴。

二十八日　早鶴孫來略談，送來黴乾菜[二]、點心，甚佳，係少韓廚子作。午後，竹筠、海山均送吃食，卻之不得。晚飯後，過少韓屋內談，外邊風聲不好，戴筆帖式福搬至二堂上。少韓云，弓長為人可所愚，川省有兩句成語：「曹操背時過蔣幹，胡豆背時過稀飯。」蓋食稀飯多用胡豆瓣也，大可笑。穆筆帖式雅渾，晚送吃食，留蓮子一包。晴。

二十九日　早鶴孫過談，聞惠臣、肖臣、湘梅昨晚傳到案，為交代事問至三更餘，肖臣供尚好，餘皆不見清楚，蓋連日聯大人催余介臣放款，故有此舉，乃眾人所恨恨，乃係何問。開燈後，剌麻送祟，大放槍。係山上跳步紮，聯、張均去。晚聯由山上回，因每次傳李光宇辦事，皆推張處應差，在彼氣象萬千，因責二百餘軍棍。晴，晚大風，旋住。

三十日　午後，鶴孫過談。余糧務送禮，未收。開發在署當差諸人賞耗，送鶴孫、少韓菜點。晚飯乃竹筠所備，座中少韓、鶴孫、戴申五筆政福主人共

五人，羊肉菜甚佳。飯後望祠堂行五跪禮，家人等來行禮，媚柳來行禮，大哭，天理昭彰，自有佛天在上，靜候如何而已。晴，大風。

【校勘記】

　　〔一〕吳注：襹衣責之。

　　〔二〕即「梅乾菜」。

　　光緒三十三年歲次丁未春正月初一日　本擬向東院行元旦禮，復思查辦革員非理，俟林下再行禮無礙也。諸君枉顧皆擋駕，惟少韓、鶴孫、竹筠、申五未得攔住，巡捕、戈什哈、家人等亦莫可如何。各江古學、小孩均來，小孩賞之，江古學留吃早晚飯，番禮也。閒時看書寫字，自來元旦，未如此閒樂。陰，申刻後極大風。

　　初二日　早鶴孫過談。午後，聯建侯都護便衣拜年，當面還之，不便往拜，因痛談，四點餘鐘方走。晚飯後，過少韓屋內，遇竹筠、鶴孫，相聚大談。半陰晴，風。

　　初三日　寫家信一封。交鶴孫託慎安由家信寄往，用小信封，內寫初四日寄。略敘十二月廿六日接家信，公館平安，新政辦法，京內亦然，想鄉下略好。紅兒婆媳母女南去甚好，伊伯伯可養活矣。保子事不大好，所借款再說，不要緊。年前本要啟程，因張大人參奏，奉旨均革職。刻下無可查，急得吐血，託聯大人不管，其行為似鳳大人，令剌麻還俗，教番子換洋衣服，人人皆罵，聯大人日夜派人防守，恐鬧事，辦案人著急，在案人為可笑，恐有謠言，萬不可聽。在此身子好，搬西衙門，同余六老爺、保子一院住，案子完待覆奏，奉旨須在正二月，彼時大雪封山不能走，怕至四月冰雪消化，不過多耽數月，信交余六老爺轉託人寄，不必寫回信，等語。午後，陳曉東、張慎安、齊浙生三君便衣拜年，當面還之，痛談，與曉東談及王蓮生閣學諱懿榮云，汝等旗人，國初時不知如何害我們山東人，以至如今報仇，吃錢糧者永難逃碹房，仕宦子弟逃不出山東，先生可以令其永不通，不覺大樂。少韓、鶴孫約竹筠、鍾璞山都司玉聲晚飯，鍾為張之巡捕，人甚豪爽可取。陰霧，微晴。

　　初四日　早至鶴孫屋內略談，將家信當面交給，聞張處人心不一，止有何為其一黨，此外賀、周、顏尚欠兩月薪水，不過混飯吃，且係官飯，某要雞則某要鴨，其亂無比，可笑。午後無事，借程巡捕《隨園詩話》看。晴。

　　初五日　早晚無事。午後，鶴孫過談，並袖《竹枝詞》來，頗細膩，兒戲

筆墨也。聞鍾璞山至少韓處晚飯。半陰晴，風。

初六日　早、午、晚皆無事看書而已。聞鍾巡捕又來找少韓，諸人到印房打牌並還席，竟忘其為原參官當差之人矣，一笑。晴。

初七日　早鶴孫來談，昨給聯大人送壽禮全收，委員送四色收二色。午無事，晚至少韓屋內閒談。半陰晴，風。

初八日　早振勳將維侯前修馬神廟匾對鈔來，此舊友，與其胞弟同寅，戶部。聯大人遣人持帖請聽戲，辭之。今日為正日，午後，鶴孫過談，委員在案者皆未去，看書消遣而已。半陰晴，申刻大風，山雪。

初九日　聞昨日聯大人因病，俟張走後，不到二炮即住戲，今日亦未唱，並覺不高興也。早鶴孫過談，午後無事。晚飯後，本擬過少韓屋內談，因鍾璞山在此打牌，未去。半陰晴，晚大風。

初十日　早無事。午後，聯大人由復門過談，旋借其與七弟聯厚密電本，給那相由厚山轉住北京東安門內南池子。一電。至鶴孫屋內約少韓來商。晚飯後，鶴孫來定妥，託竹筠轉聯處代看。晴，風。

十一日　早少韓、鶴孫來，聯大人將電大加刪改，可感之至。[一]午後作札謝之，並將密電奉還。晚忽然咳嗽，盍陰天驟涼所致。飯後，過少韓屋內，竹筠在彼旋去。電可明早走，四日可到靖西。旋齊浙生來談，鶴孫來，電已備齊，即交竹筠，專丁寄往。陰，微晴。

十二日　早起大傷風，咳嗽，將瘟疫三方第二方煎服，一日未見好，渾身大發燒，早晚飯皆未用。午後，將昨電改洪密，遣王永福星夜至噶里古答電發北京那相處，聞江孜、靖西張俱派有人電局看守。竹筠、少韓、鶴孫同來，竹筠、少韓復又來。陰多，晴少。

十三日　早鶴孫、少韓過談，將電備齊，並備假信至惠德。王永福即走，今日比昨日病似稍減，兩鼻皆血，身作燒，口內如長一層皮。夜間喝茶，一日喝兩盌粥，吃兩橘子，並有時覺暈，腳如踩棉，痰大所致也。燈下，牆上已見蜘蛛，金魚胡同電昨晚即發，電底存。半陰晴。

十四日　今日似略見好，口內如重皮，身作冷，胸間痰非常濃，嗽頗費事。服萬應錠七丸，係大粒者。早喝羊肉粥盌半，晚喝清粥一盌。早鶴孫來談，午後少韓來談，言張處接電，自怕，有請假之說，其亂不可聞。余介臣橙務來，因病未見。陰，大風。

十五日　亮炮前，夢在京興同人相聚，似作詩又似對對，余得一聯云：種

樹須求培蔭廬，買山多為看雲生。」「生」又改擬「來」字，因猶疑，旁有仲路弟云「『生』字好，有生生不已之意」，並無題，不可解。鶴孫早來略談。午後，少韓送湯圓，有芝麻，有梅乾菜的，梅乾菜尚未見過。_{病又稍減，早仍肉粥，晚湯圓，惟濃痰盛。}半陰晴。

十六日　昨燈後，馬竹筠過談，聞張處已代班襌奏請進京，並未知照聯處，為番眾所不服。且有竹筠挑各革員電稟都察院花衣問案等語，均係謠言一片。鶴孫來，聞有後天張自汛之說。午後，少韓來談，與鶴孫所言相同，並送電底存日記內。今日番十五日，街市擺燈，聞東署衙隧號響。_{聞炮聲知聯去查燈，燈後鶴孫來，明日準傳案。}晴，四山雪冷。

十七日　午飯前鶴孫來，飯後少韓來，均到糧臺候傳，聞張大人策馬出去矣，可笑。並聞今午至大招攢公所，乃欽差自來未到之地。旋余介臣、馬竹筠來看病，各談一回而去，聞張至聯處談許久。晚飯後，到西大院一踏，少韓、鶴孫赴糧臺，有晚間傳案之說。二炮後，少韓、鶴孫來，均傳詢。張自問，每人不過四五句，均不重要，自己空議論多，並聞電京找御史參之，尤為可笑。且忽名忽號，忽大臣忽大人，其亂無比。外問劉文通、松壽、恩禧、李夢粥、范啟榮，話亦無多。半陰晴。

十八日　病仍未見大愈，嗽甚，吐痰涎如舊，惟飲食尚未減，火極盛。聯大人遣人來看，亦知其近日病，亦遣人往看。晚飯後，本擬找少韓談，聞慎安、浙生、少韓、鶴孫打牌，未去。陰，風，微晴。

十九日　午刻，東署炮響，開印大吉。少韓、鶴孫來，早間范湘梅等約其到糧臺，亂說一陣，意欲謀人情，實屬無知妄作，聽之可也。各員遣喜，俱未見。余介臣又送食物，不能卻之，與少韓、鶴孫分享。晚飯後，過西大院一踏，少韓屋內談，鶴孫為糧臺約，余介臣大請客，在事諸人聞劉文通花錢，亦奇事也。_{鶴孫回時過談，乃余之開印例菜，極壞，非劉辦也。}半陰晴。

二十日　仍係痰嗽，一味大熱，幸飲食尚未大減，然已露病形，甚見瘦。午後，鶴孫來兩次，少韓來一次，談及公事及聯大人應領公費，給英甫寫信照撥。陰多，晴少。

二十一日　痰嗽似稍減，然熱總不退。午後，少韓、鶴孫來，將公費應分聯大人，倒填月日辦文知照矣。並談張處公務，無事檢點各處信札。_{燈後，鶴孫來云，余糧務明日來。}半陰晴。

二十二日　痰嗽似略輕，又加以喘。午後，余介臣來，奉旨何意，仍令捐

款，余告之恐人疑情虛畏罪，且與張亦不便，人疑顧情面了事，大不妥，才去。聯大人來談，張代班禪奏請進京，奉旨不准。聞班禪與英有密約，據張云云，未知確否？並奉文官員六十歲以前有吸鴉片煙者，限六個月斷癮，建侯頗為難。晚飯後，過鶴孫屋，約少韓與竹筠談。微陰，晴。

二十三日　早鶴孫過談。午後，薙頭，本應十四日薙，因病未能。今日痰似略淡，嗽的回數亦略減。計泉先病，王順又病，均係頭痛、惡寒、傷風等類，總因冬春無雪所致。午後極大風，略住，頭炮又起。半陰晴，大風。

二十四日　因久未洗足，午後無事濯之，濯後覺甚喘，總因痰嗽多日所致。旋余介臣糧務言，前日所談事前不便報效之語，已達於何處，亦以為然。今來代何致意，案結不過有失查處分等語，鬼蜮技倆，不值一笑。鶴孫來，聞介臣云摺子已發，並聞陳曉東至張處辭行，張雲接那相信，案子須平和了，並不准虛張生事，總要謹慎等語。未知真否？張為那相及門，總之小人言語，不可盡信。半陰晴，大風。

二十五日　早王永福由南路回，沿途大雪，其辛苦非常，賞之。少韓來談，聞張為聯大教訓，聯為那相姑舅舅，張為那相及門，殊可笑。午後，過少韓屋內與鶴孫三人談，晚飯後鶴孫來談。午後喝黃酒一大杯，杏仁酒一小杯，似咳痰略好。半陰晴。

二十六日　早咳嗽，痰略減，然煩悶非常，仍係寒熱凝結。午飯用杏仁酒兩杯，午後鶴孫過談。晚飯後過少韓屋內，同鶴孫、竹筠四人談，聞張覆奏昨日發，未知確否？進內，找鶴孫來，將所有鈔錄公事、信件交俱代為清出，以便存留。二鼇一包。半陰晴。

二十七日　痰嗽略減，未能脫然。午飯，喝洋竹葉酒，並熬甘露茶喝，似稍好，惟有時覺暈，火仍未盡。晚飯後鶴孫過談，聞昨日看跑人跑馬，張意渺視聯如無物，噶倫等皆未見，張有欽差尚看不見，我輩又何必見之。俟噶倫走，張方走，蓋耗聯之煙癮也，一笑。晴，風。

二十八日　痰嗽略見輕減，天未明起蹲馬桶，下來熱沫。早晚用杏仁茶，頗可潤肺。張、聯校場看漢操。聞校場內踩死一小兒，扎什城磚落砸死一小兒，甚慘。未刻，大風，陣雪，四山皆迷，驟冷。晚飯後，王永福來，因中火槍，張賞布一匹，煙壺一個，聯未賞。聞筆帖式亦令過堂，張主意。半陰晴，大風，微雪。

廿九日　天將明，痰嗽覺利害，白日似略好。午後鶴孫來少坐，晚飯後至西院一踏，到少韓屋內略談。因午後大風，比冬日冷，似四鄉皆有雪矣。陰多

晴少，大風。

【校勘記】

[一] 吳注：文曰：「北京金魚胡同那中堂鑒、洪密張大臣入藏後，諸事紛更，致使番民僧眾人人卸恨，此事關係甚大。然非泰所感言，至電參各節。泰固不敢辭失察之罪，惟以傳聞入奏，奉旨後始出招告，終無一人告發。各革員已加鎖禁，過兩堂，用刑訊，供證俱無。泰係奉旨聽候歸案查辦之人，責令呈遞親供，一切均不合例，此案既無證據，似難武斷。奈張剛愎自用，迴護前奏，聲言不憑證據，即以查實覆奏，從重擬罪，請旨懲辦，以欲置泰於死地，顯係有心陷害。泰本應靜聽治罪，惟是非不明，死不瞑目，不得不專電瀝陳，祈達慶邸，俾知底蘊，則華生銜感矣，更請告知溥尚書。有泰叩元。」

二月初一日　痰嗽見輕，仍有時覺暈。午後，少韓、鶴孫來談，聞竹筠可南去。張已知聯之打電由東路去，非馬之過也，解鈴繫鈴皆余糧務也。張、聯番教場操，又大風，陰天，比前日似略好，然冷如故。無事將《隨園詩話》看兩遍，今借鶴孫《諧鐸》來看。陰多晴少，大風。

初二日　痰嗽見輕，惟眼內流淚作癢，浮火之過也。午前後鶴孫均來談，聞張覆奏的係廿六日。馬竹君來辭行，今日啟程赴南路，張甚恨之，不可解。聞周岐山找少韓等來談，亦怪事也。後知非岐山。晴，晚陰。

初三日　眼目流淚作癢，痰嗽已好，食量午飯加增，聯建侯送來韭菜包子，聞張送聯洋吃食甚多，亦以包子報之，殊可笑。甚好，分贈少韓、鶴孫。晚飯後，本擬找少韓閒談，聞鍾璞山在彼而回。晴，晚風，旋住。

初四日　早無事。午後鶴孫過談，到西院一踏，青草、螞蟻已出，冷如冬日。晚飯後，至少韓屋內閒談。半陰晴。

初五日　無事。午後極大風，滿院塵土，四山見雪，冷。半陰晴，極大風。

初六日　無事，眼中仍流黏淚。午後，鶴孫過談，聞張連日傳公所，不知何事。又大風滿院灰塵，媚柳來，早晚飯給送橘子、落花生、糖。半陰晴，極大風。

初七日　少韓、鶴孫來數次，聞張已接電旨行聯處，現派人查抄各糧臺抄糧臺，後知傳言。及劉文通處。接建侯函，奉旨改為發往軍臺效力贖罪，眾家人安慰。半陰晴，風，晚大晴，月朗。

初八日　午前後，鶴孫來兩次，至外院一踏。旋聯大人移諮，光緒卅三年

二月初七日，准查辦西藏事件大臣張諮，初六日承准軍機處電開：「奉旨：『張蔭棠電奏悉，據稱查明各員虧空情形各節，黃紹勳、郭鏡清、胡用霖、楊兆龍等，均著交四川總督照數監追。李夢弼、恩禧、范啟榮、松壽等，均著押解回川，分別追繳。劉文通著解往四川，永遠監禁，並將原籍寄居財產查抄充公。有泰身為大臣，未能潔己率屬，實屬辜恩，所請議罰，不足蔽辜，著改為發往軍臺效力贖罪。嗣後駐藏大臣應如何籌給津貼之處，著張蔭棠妥擬俱奏，並嚴禁浮冒婪索，倘再當前項情弊，定行從重治罪。另電奏整頓前藏糧臺各條，及靖西同知等缺辦法，著岑春煊妥核奏明辦理。該部知道，欽此。』樞。江。等因。」少韓、鶴孫即來，旨內並未敘及二人，不可解。晚飯後，至少韓屋內閒談，四山見雪，冷。晚飯用竹葉酒，少暖，眼晴又不好，可笑。致仲路信，後欽恭閱兩奉諭旨，原奏與覆奏似兩案，不知兩奏如何說法，令人莫測。籌給津貼一斷，張對聯云，此非我原奏所有，我不管，又不知如何說。覆奏奉旨添出四人，漏下二人，番官究辦亦未見如何。晴。

初九日　午後，鶴孫過談，又起極大風，無事看書。燈後，聯建侯由前門過談，聞抄劉文通什物，內有官帽一頂，其頂戴翎只與余鐘麟糧臺同，因係金頂託，余將自己帽子摘下，趕將此帽換上，聯並云，此真喪氣，大約要仿之。不覺笑倒。聯建侯謂其無恥小人，至此極矣。送客後，到少韓屋內，同鶴孫三人略談，斟酌夫馬事。半陰晴，極大風。

初十日　早至鶴孫屋內略談。午後鶴孫來，將廿六日交公事信件清出二匣一包，均交收。聯大人又送攢餡包子，甚好。少韓、鶴孫來談。風，晴。

十一日　午鶴孫來談。晚飯後，過聯大人署痛談，將夫馬事開單面交，捐款事尚未說妥。回至少韓屋內談，聞抄劉文通寓有金鐲數付，由余送張，恐未必，係送何矣，聯大人說。半陰晴，風。

十二日　早鶴孫來談，將昨日與聯大人所談告之。午後，鶴孫偕李海山游擊來，海山見余，拜倒大哭，余與鶴孫亦為之落淚。將夫馬事速為預備，渠已應去。晚飯後，踏至西院，風較涼，因去冬天暖春冷，番人謂之翻冬。二堂上筆政二位，約少韓、浙生、慎安、鶴孫吃飯。鶴孫燈後又來談。晴，微陰，風。

十三日　早過鶴孫屋內談。午後，余介臣糧務來痛談，意欲拜門，大攔之，殊可笑。少韓來談，聞余為張憩伯因詐贓已入彈章之語，又找鶴孫略談。晚飯後至西院一踏，燈後鶴孫復過談，藏內真不可一日居。晴，風，陰。

十四日　午後鶴孫過談，聯大人拜發摺子，遣程林回明夫馬，未能過談。

晚飯後，至少韓屋內談。晴，微陰，大風。

十五日　早過鶴孫屋內略談，遣程林赴糧臺餘處勘酌款項。午後，鶴孫、少韓來，聞鍾璞山云，兩人此次覆奏均落下，殊為可笑。現須辦文札知，甚難措辭。並聞余糧務詐贓要電奏本。擬晚飯後過聯大人署有話說，張在彼，半日未去。至西院一踏，到少韓屋內談，鶴孫復來談。晴，午後大風。

十六日　早午鶴孫過談。晚飯後，到鶴孫屋內談，旋至聯大人署痛談，二炮後方回。至少韓屋內告之一切，聞余糧務至彼，凶詐贓事痛哭，可樂之極。晴，午後大風。

十七日　早鶴孫過談，將昨晚晤聯大人語告之。少韓來，將聯諮部查報銷各節諮覆底辦妥。午後，約楊聚賢來酌款項事。晚飯後，至西院一踏，遇鶴孫，遂至其屋內，將晤楊語告之。晴，午後大風。

十八日　早鶴孫過談，聞張處欲給無事札文，頗費 [一] 躊躇，緣電奏漏敘二人之過也。少韓來，將覆聯大人部查報銷文繕齊，即遣程林面交計泉。由楊聚賢處取來賬單一紙。晴，午後大風。

十九日　晚飯後至西院一踏，到少韓屋內與申五三人談，聞張大人明日公事可下，始知連壞無處不累贅也。《隨園詩話補遺》卷四，香亭以余年衰，勸勿遠出遊山。余書六言絕句與之云：「看書多頡一部，進山多走幾步。倘非見廣博聞，總覺光陰虛度。」老筆勤學勞力，於此可見一斑。晴，微風。

二十日　早午鶴孫過兩次，少韓過一次，皆為張處紮文。晚飯後，至西院一踏，柳樹均發芽，青草、馬藍皆出，尚須中毛重皮。到少韓屋內，聞鍾璞山來，札文於明日可有，告鶴孫勿庸著急矣。晴，微風。

二十一日　早鶴孫過談。午後，少韓來，聞張處札文須明日來，大有搪帳之意，可笑。歲派箕腳娃五品業爾倉米賽來見。箕腳娃，箕米賽後改甲琫，策惡頓柱聞箕米賽與後藏戴琫策丹朗結為守舊黨，同當事者鑿枘甚。去年十一月初六日與聯大人會銜並自折，均奉朱批到藏。聯建侯約後園花廳晚飯，池水已開，現在補種柳樹。回時約鶴孫、少韓來談，告以張大人改為咨文行聯大人處，聯以咨文不足為馮，須有奏案，恐其中大有變局。晴，微風。

二十二日　張慎安所著《爐藏道里最新考》一篇，內有建侯附記，識數語還之。藏地成書無多，即有著作，於關外道里，僅記遠近，且各說不同，甚有未經其境揣摩為之，更不足取信後人。今慎安別駕著《爐藏道里最新考》，皆親身所歷，隨時筆記。其續圖開方計里尤為前人所無。又加以建侯都護附記，出以見示，拜讀之餘，若理舊書，欣樂奚似。至天

時人事，於斯亦可概見矣。其有裨後學，又豈能以道里計哉！謹識數語，以昭心折。愚弟拜復。

鶴孫早午均到談，少韓、鶴孫復來，已奉聯大人札知，據張大人諮，革職應勿庸議，然未奏明也。晚飯後，到西院一踏，少韓屋稍坐，齊浙生來，因與有話，遂回。鶴孫旋來，聞齊浙生云，聯大人擬留少韓在此，鶴孫可同回川，如此辦理，實為萬幸。晴。

二十三日　早起四山大雪，院內雪不甚大，至西院略有清氣，遇崔太和教新募兵步伐。午後李海山游擊辭行，派赴豁爾辦案，余走時不得送，臨別落淚。少韓、鶴孫由聯大人處謝札回，痛談，鶴孫在必走之列，少韓似亦可回。晚飯後登房看雪，聞振勳云云，紅兒已於去冬南京病故。風，晴。

二十四日　少韓、鶴孫來，俱略談，旋即上街辦理帳目，自案出，將百日矣。午後，接聯星橋中丞洪密電，為招回哈薩克斯坦譯出。晚飯後，至少韓屋內略談，鶴孫因慎安約去，將電二紙譯出一紙，並洪密本託其交聯大人。晴，早微雪。

二十五日　早至鶴孫屋內談。午後，少韓、鶴孫過談，並持竹筠信來看，聯大人留少韓心勝，而又自己不肯直說，慎安、浙生頗為難，殊可笑。晚飯後，至西院一踏，鶴孫在二堂，約慎安、浙生、璞山等晚飯。晚間，媚柳來痛哭拜，亦有人心，可愧無良者。晴。

二十六日　聯大人寄布包一件，前家信一件，木匣一件，共三件，又氌氌大包一個，共四件，又給趙署督信一件，共五件。午後，少韓、鶴孫均到，各有各事。聞張處又傳劉文通與李文清廣東生意人。對質，為詐臟事，並無所以然。晚飯後至西院一踏。燈後，無處過談，為少韓留此，送後，至少韓屋內。晴，較熱。

二十七日　卯刻，娥珠、連芳等啟程，今日住德慶，王永福送至藏河邊，大家騎馬，笨極，程林送至德慶，李世忠、王順、田德皆同去。午後，鶴孫來兩次。晴，日落風。

二十八日　早至鶴孫屋內談。午後，至少韓屋內談。楊聚賢來，將帳目結清，送來清帳一紙，備存。鶴孫、少韓復來談。聞劉文通已將詐臟事供明，內有余鐘麟過付給何藻翔金子一百零二兩，此事大不得了。因聯建侯來字，晚飯後到東署與痛談，少韓留藏，鶴孫回川，均可大定局矣。半陰晴。

二十九日　午後，少韓來，到聯大人署回。在後園見大種樹挖池，晚飯後過鶴孫屋內談。今日收拾零碎物裝匣，聯大人送趙制軍包一個拿來。外有信，未送來。半陰晴。

三十日　午後，鶴孫來，上街買得小瓶洋酒並五色洋絲線，皆好，又收拾包裹、匣子。晚飯後，到少韓屋內一談，聞余糧務業經參出，未審果否？劉文通有在聯處遞呈，並未花錢。余所作與張處親供兩歧，可笑。半陰晴，頗熱。

【校勘記】

［一］稿本原作「廢」。

三月初一日　早少韓來，必欲執弟子禮，其志甚堅，然自科不可再為人患，渠以現經革職，毫無所求，不過素承教訓，且不得回川省，如現在當事，必無此舉，不免太增厚頗矣。午後大落雪彈子，似電非電，係雪所成，余以為雨遇冷則成電，雪遇熱則成此物，彈子係湯孫所呼，未知確名。如黃豆大，遍地皆白，旋大開雷聲，並隨風。振勳云，上月廿九日已聞雷聲，甚小，未曾理會。鶴孫來，竹筠借二千金，公然無利，已立券。餘糧臺詐臟，詐臟聞劉文通供金子一百零二兩，范啟榮供銀子二千五百兩，余鐘麟不應只交出兩千兩作罰項，張大怒，因其交臟尚欲賺錢，可發一笑。聞聯大人說，張已奏參矣。晚飯後，至西院轉後園，聯將花廳打通，池水漸旺。燈後鶴孫來，略談。半陰晴，雪彈子。

初二日　午後，乍丫副倉巴名阿旺策珍。來叩見，送佛、哈達、皮張、皆脫毛。茶，茶乃極不好者。蓋感恩也，囑其夫馬早備，米麵如有備之，必按價與之，賞其銀牌、哈達、荷包、香珠，通事賞銀牌，小娃子賞錢。聯建侯送到致趙季和署督信一封。鶴孫、少韓來，由張憩伯處回，傳見並許以開復，殊可笑。少韓在二堂請客，笑聲大作，有趣。半陰晴，未正餘又下雪，彈子如粟。

初三日　早過鶴孫屋內談，少韓亦去。少韓約早飯，在東屋，座中鶴孫、中五主客四人，痛談。午後何翽高來會，面謝面辭，言明不便各處辭行，到川到京亦然，略談不過飲食起居而已。晚飯後，聯建侯來痛談，遣計泉告以劉文通謹慎。半陰晴，午後似微雪。

初四日　早至鶴孫屋內，略談。鶴孫來談。午後，齊浙生來，與少韓前舉無異，實難辭卻，只好痛談，乃文字交也。晚至後園，聯建侯約飯，痛談。並送來活腰二支，自蒸酒一小壇。聞張處已電參余鐘麟，恐有性命之憂，未知確否？晴。

初五日　早鶴孫過談。妖尼子等三小孩送毛襪子一雙，賞之，可笑。午後賞各項番男女賞錢，回差前已各賞卅文，范湘梅、松介眉、恩惠臣三人來會，談之許久，言明不辭行。張憩伯來會，談之許久，亦言明不辭行，彼來叩送，因當面叩辭。周歧山太守來，與上項同晚飯。燈後，張憩伯送到魚四盒，水果

兩桶，蘋果兩盒，糖食兩瓶，似瓦楞子綠色兩瓶，可謂賢者多情。李糧務來，未見。晴。

初六日　第一站。卯刻，由西署啟程，至工部塘，聯星使、諾們罕賬房送行，藏河邊噶倫、佛公等賬房送行。卅里至菜里，齊浙生等尖站送行。又卅里至德慶，靠南山獨立，上有營官寨。夷情等到彼宿站送行。余鐘麟糧務先回，因被案不便耽延，少韓、鶴孫、戴穆兩筆政均過談。晴，晚風旋住。

初七日　第二站。卯刻，即發德慶。本擬邏走，因夫馬已齊，夷情、筆政皆未得送。沿山行，有刻佛像處，河水不大，見塔子甚多，有四塔，右路平列，離不遠有似塔，倒插於地。據云唐公主遺跡。在左路平列，不可解。行卅里占堆，餘糧臺備點心尖站，自煮麵。雲四起，大雪，雲有自地起者。已春耕，牛頭皆綁白色並染紅雞毛，以為耕牛，有別於他牛，且取吉羊之意。又卅里拉木，據少韓云，拉木之名，因上路有大廟，名原，各佛轉世，即憑此寺護法亂云，後方掣瓶。宿站在民房，甚潔淨，旁有柳林，內纓絡柏一棵，青翠可愛，隨穿破牆。過少韓公館略談。雪在路上稍住，抵公館後聞雷聲，又微雪。少韓復來談。陰，微晴，雷，大雪。

初八日　第三站。卯刻，發拉木。名噠歡拉穆寺。沿路右山左水，過高山崖數道。卅里甲馬，自下賬房早尖。本擬無此舉，因轎夫餓。又卅里，實廿里。至墨竹工宿站。過一山腳，一剌麻寺甚得景，宿站在番官柳林，蓋一公館，此處分馬門外，竟有賣藏內什物者，皆擺地攤，珊珠、松石均係假貨，價甚昂。晚約少韓、鶴孫、申五至公館吃薄餅，均走後，至街中一踏，比藏內窄且穢。燈後，少韓復面送，明日不有此舉，免彼此難過也。晴。

初九日　第四站。早發墨竹工。卯刻，係在拉穆。聞此處有竹子甚奇，沿途山上、水旁多剌兒樹，不知名，一日皆然。行廿五里吉桑，自下賬房早尖，係蠻莊，前柴水小賬房即其預備，賞之。尖後，路左有蠻房一所，河外山下圍以剌樹，形似船屋，亦奇。又行卅五里，仁進里公館宿站，對面有剌麻寺，到彼一遊，賞之。鶴孫、申五飯後過談。與鶴孫、申五同踏至公館後，看有小屋二間，一間老夫婦係番子同住，一間係水磨磨糌粑，雖看著笨，在邊外已算巧矣。半陰晴，至公館後微雪。

初十日　第五站。今日公館本係營官寨，三層，上倒塌一層，下堵一層，現住公館中層，屋院均空，亦奇事，未有也。卯刻，發仁進里公館。甚覺涼，至山溝，日照方見暖，有石山一斷，來路看似欲墜，高山皆雪，澗水見冰，烏斯江水淙淙。廿二里，大石包茶尖，尖後，行路一斷覺喘，沿路平壩多，有山坡，剌樹仍不少，間剌松惜

不過一尺，蓋未容長，已砍做柴。石塊多圓，作白色，似漢白玉，兩邊山非童山，中路地非磽地，棄之殊可惜也。又行廿三里，烏斯江宿站。飯後，找鶴孫、申五一談，同踏至烏斯江邊一看。報啟程夾板，奉旨留中，欽此。鶴孫給少韓寫信，告明回建帥，知之。陰多晴少。

十一日　第六站。卯刻，發烏斯江。平壩路尚多，路右沿江而行，不過澗水，不遠即須過之，天早均結冰凌，將至尖站，在有熱水塘一區，乃溫泉，程林至彼找天生礦，公然有，送余四五塊，雖非上等，比內地假貨強多。行卅里，弱如陀橋尖站，自下賬房。飯後看如陀橋，一半在平地，一半在山岸，頗古氣，下即烏斯江，水甚清，微作綠色，因過橋登山甚喘，乘輿在江左行。又四十里，前記卅里，不止。至堆達塘關帝廟左廂宿站，此處僅塘書塘兵住房，人戶未有也。往南即達賴所朝之南海子，望之一片雪山，此站左山上亦有一海子，不甚大，多有財神罐子，銀、銅、瓦皆備。晚飯前，鶴孫過談。晚間，轎夫老楊在此病故，伊子長壽保來謝賞，磕頭痛哭，問年七歲，幸伊母亦同來。沿達各塘，均有漢人墳，尚便。半陰晴，風。

十二日　第七站。早卯初。發堆達塘，行廿里播倫朵，自下賬房，早尖。甚冷，不過遠山有雪，山溝中行，道不難走。又行五十里，自下賬房大茶尖、茶尖。除平壩山溝內實屬難行，兩邊山中路河皆亂石擋腳，直頭無路。過鹿馬嶺時，遇聯大人所調盡先游擊張鴻升，號雁寶，行二，安徽潁州府人，下輿在雪中立談數語。來時雪，回時又雪，幸皆未遇風，實感天恩。又二十里，至鹿馬嶺塘宿站，到時過一危木橋，來時所住公館已壞，現住番房。此沿途多松樹，茶花已放葉。半陰晴，多雪。

十三日　第八站。卯刻，發鹿馬嶺塘。行六十里，大河壩早尖，外委、番官接見，番官帶兩隻花翎如貂尾，然無不笑之。路上僅稍停輿，六十里不差，沿途水聲如雷，隔岸山松樹極多，且有開墾處，見有小人兒在山半平壩雲霧處，似仙境。在三巴塘山上有數人家處，忽大風雪。尖後所行之路，左松山，右樺木山，迤邐至宿站，不過道多石，且澗水不少，過數橋皆新搭者。四十里，過鸚哥嘴，至順達塘宿站，房乃新收拾者，甚好。早接聯大人信，為洪電本，因覆之。二月廿四日曾倩鶴孫同星橋中丞電一併交之，伊隨手放於簽押房中間抽屜內，諒不致失。晚飯約鶴孫、申五，因孫糧務送菜。飯後至門外同一踏。陰，風雪。

十四日　第九站。卯刻，發順達塘。冒大雪而行，來時係走河北，因中路刺麻寺橋沖去，故走河南高山路一大斷，亂石路多處，太難行，且危險。四十

五里強，至仲尖站，「仲」字，一字為地名，甚奇。細問，乃「卓夢」二字切音。自下賬房喝茶，用點心，煮來雞蛋食之。房子有人字形者，非如藏內平房，細審之，乃平房，另作木人字蓋之。又廿五里，至江達，陳鄉約房內作公館，四面皆有樓。孫玉書糧務來，痛談。拉里把總李春芳來見，為夫馬事囑其趕緊催之，山上遣傳號乃心巴賞之，令其回去。陰，大雪。

十五日　早寫家信一封。略敘案革職軍臺，余、江革職，江留辦文案，余隨來。初六日啟程，十四日到江達，等夫馬就行，山上派人送，已遣回，現隨箕腳娃甚好，娥珠已臨月身子，雖騎馬，頗結實，跟隨丫頭甚多，派王順跟走照應一切。此託余老爺寄，不必寫回信，等語。午後，孫玉書無事來閒談。半陰晴。

十六日　昨夜三點鐘後大冰雹，屋上、木棚皆震，加以雷聲隆隆，早起山頭屋上尚有雪。午飯後，至西南關帝廟瞻謁前殿財神，後殿觀音聖帝前敬掣一簽，係第廿九，因娥珠分娩，有「丑日亥月」語。王永福掣得一簽：「有心不誠，罰油錢半元」，大可笑。到娥珠住房一看，遂至鶴孫住處痛談。回時至一紅教蓮花佛廟一看，新修橋一看，尚未落成。有前糧務王仙九德政坊並碑記，木刻。半陰晴。

十七日　午後，孫玉書過來談，走後濯足。鶴孫過談，將致喬英甫信送看，玉書送到豆花飯，甚佳，並有酥油餅。食後至橋及河邊一踏。陰多晴少。

十八日　過午薙頭後，鶴孫來談。晚飯後有兩小孩念書，詢之，乃算盤本，早乃用木版蒙以鍋煙，復以砂袋鋪之，打粉線，用竹作筆，蘸水學書。陰多晴少。

十九日　午後，娥珠要眼鏡盒而去。無事至糧署玉書一談，伊後園有桃樹一棵，極大，開花甚盛，惜不結實。回時見桌上放一花，如核桃大，花瓣紅色，託一黃薄瓣，葉深綠如夾竹桃，葉陰白色如回絨，名茶花。計泉得來，即沿路山澗所長，非真茶花。晴。

二十日　昨夜夢與王姬人同坐二套車，似欲赴張家口。路遇恩達泉策白馬前行，在一家大門道有大板凳兩條，立談，渠議論時事頗得要領，奇哉！見有番婦招蛤螞菜一簍，用米換之，熱水抄後拌食，傳雲如來佛曾食此物，並不難吃也。午後看大橋已搭齊，至鶴孫處一談。因張憩伯送物有杏子一玻璃瓶，食盡，將瓶洗淨，在糧署尋得桃花數枝，插之，殊有別趣，一笑。晴，風。

二十一日　早鶴孫、玉書過談，因接李把總春芳信，夫馬尚未齊，只好定

準起身日期，告其先發傳牌，定廿五日。午後，鶴孫復來，旋娥珠來。將晚，玉書帶同伊弟武生孫又書兆琪，行三來見，因痛談，擬令又書先去催夫馬，妙極。晚飯前，王永壽至河捉魚兩尾，即作食之，甚好，留明早再用。賞花，飲酒，食魚，雅事也，一笑。晴，風。

二十二日　午後，鶴孫、申五來，因應差番人共四處，有一處逃跑，廿五日　不能前進，須寬限兩日方妥。先是番官求王永福代回，未允，今復由糧務說之，不便力駁，只好如此，廿七日可成行矣。王永祿、王永壽又捉魚大、小四尾送來。聞孫君頗吝，伊弟每勸之於倉中收糧，大有壟斷之意。余此次帶面，亦由倉中買出，一笑。晴，風，微雨。

二十三日　相傳前日晚間藏內番邊有調各處番兵，防內亂也，調兵是實，究竟防何內亂，又不得而知。午飯後，至東河繞至西北土坡一望，看西河河外山茶盛開，夾於松樹內頗有趣。到鶴孫處，伊屋門即對此山，且有桃花一株在眼底。晴，風。

二十四日　午後，鶴孫、申五過談，鶴孫似痢疾，尋金銀花、菊花而去，到此病者甚多。近日，河中有雪水化下，與人不利也。娥珠來，送到黃豆芽甚佳，可作湯吃。晚飯後至橋上一望，回至蓮花佛廟一看。晴，風。

二十五日　午後鶴孫來，聞孫玉書云，得藏內信，張憩伯將所帶戴琫某革去，不知何故？此與噶爾丹池巴係有親，噶倫等現與為仇，其中究竟雖不得知，前有調兵之說，恐不為無因，將有內鬨，漢官難免吃虧，然不在其位，亦無法也。鶴孫走後，步至東西河一看，河水大漲，上流雪水不小。數日熬茶，茶盌有白霜一層，水不潔之過。西河靠山，松樹中山茶盛極，紅粉相間，不似邊外氣象，見對河三番人驅馬四十餘匹過渡，各色俱備，大為有趣。半陰晴，風。

二十六日　午飯後，孫玉書大令來，談之許久，問其豆花飯做法，頗省事，然清淡可吃，養人之物也。外委霍維芬亦來叩送，令其明日勿庸遠送。鶴孫來倩其，對孫玉書說，與下站致信，均不得遠迎送，公事為重，旋持其信來看，頗明晰妥當，騎馬、馱馬均分齊，將一切應差漢番官役領賞之銀物賞之，均欣然而去。娥珠及眾丫頭今日早晨走，不過差一站，房間可勻開，免致擁擠，且相離不遠，照應亦易，仍派李世忠、王順隨去，田德留隨後撥。早落數點雨，晴，風。

廿七日　第十站。昨聞李鴻太接藏內信，有洋兵到江孜一千餘名，丹達、

蕭曹、眼光三廟，居人均已逐去，大約要改學堂之故。老單與馬福與均病故，余轎夫老李亦故。卯刻發江達塘，過新修大橋後，轉山腳路左，孫玉書糧務設賑房相送，下輿，略談數語而行。外委霍維芬、江達箕腳娃兵丁均跪送。右山左水，高路、平路、石路、窄路皆有，一日均如之，兩面山松柏甚旺，間以粉紅、大紅山茶，頗得景。奈澗水多次，有有橋者，有直涉水者，行卅里王壩沖尖站。所行路雖有平壩，然臨河其聲如吼，雪水已消，石更露出。將至宿站，有剌麻寺，遠望之，其雄壯，遂上山坡，松樹多而且大，近看此廟，亦覺無甚趣味。又行四十里，凝多塘宿站。晚飯因孫玉書備辦，約鶴孫、申五來吃，飯後各處一踏。因來時曾在房後山根看剌麻熬茶，在雙松一石下，今左右皆成青稞田，不能座落，遂至房右一松一石，坐著飲茶吸煙，聞煙亦別有風味也。連日林上有拉布寨，漢語天棚。以各色緞成長方形，用各色綢走水，中鑲色拉寺所印《陀羅經》兩方，中線沖內外及各色印花布印佛像，布作圍子，活佛體制，恭敬之意也。微雪，雹，半晴陰，風。

　　廿八日　第十一站。早發凝多塘，先行草壩，後沿河山腰路、河邊路及穿樹林而過，與昨日相同。行卅里洞古壩早尖，即下大雪，然已廿五日立夏，在內地應以為奇矣。其山上剌麻寺，山非獨立，乃與群山相連，中間似斷未斷。尖後多行石路，加以澗水，有有橋，有無橋，實在難走。風景石包松樹，並各色樹甚多，且山上有大小石洞，離宿站十數里，山上有石蠟處，蠟紅色，拓以石色，大石比蠟略大，甚奇。對石蠟牛場一塊，王永福云，有石蛋二，各重二百斤上下，有過往番人馱之而去，離三四站擲之而過，數日即不見，於原處尋之已回，然不定在左在右。因停輿飲茶吸煙，公然尋著一枚，與夫楊麻子竟抱不起，蓋形圓無扣手故也。其一形稍扁，未尋著。又卅里常多塘宿站，歸番民管，鋪墊圍子均草，草外有河水繞之，天甚冷，重裘不敵也。塘書有小孩十三歲，像兒極佳，名李文志，乳名源森，詢之有志請書，無人教，殊可笑。鶴孫來略談。陰，數次雪。

　　廿九日　第十二站。卯刻發常多塘。天明皆無雞聲，蓋荒野十數人家竟無能養者，出公館即上瓦子山路，均係大石塊，實在難行，此後俱石水路，高矮不等。廿里山根子早尖，尖後即上山，牛拉牽始則大石包，如無路，且有水，三山後下陡極，雪路坡用人抬杆尚不能站腳，復上碎石山亦如之，真正難行，比冬天來大相懸殊。下山三里餘即公館，又行五十里山灣塘宿站，未到站前，巡捕李世忠、家人王順等迎轎道喜，乃娥姬生一子，係寅正刻，母子均結實，係

在公館對河蠻房子內，擬派名壽鴻，乳名山格，不忘所生山灣之地也。眾差官跟役轎夫等均來道喜，賞之。鶴孫、申五亦來道喜，以後再請，此處肉菜俱無，殊可樂人。昨晚飯後至鶴孫、申五屋內一談。晴少陰多，時常飄雪，燈後雷雪。

卷十五

夏四月初一日　查時憲書壽鴻八字為丁未乙巳庚申戊寅，生於山灣塘，並其名五行俱備矣，一笑。早鶴孫過談，此處奶子甚佳，水不好，飲之作喘，因雷雪交作，竟如深冬，重裘尚不覺暖，詢之惟六月略好，七月即見雪。給聯建侯致信一封，告以山灣塘_{番名郭列瓦子山，名郭達拉。}蠻姬產一子，乳名山格，交鶴孫實時發。復到鶴孫、申五屋內一談。晚飯後門外一踏，生壽鴻處為對河蠻三家，_{坐西向東。}公館係漢三家，_{坐東向西。}可謂三家村矣。蠻家山後因水道作雙魚並頭形，對面山在公館後作蝙蝠形，中為一帶河，_{此河出於瓦子山，以上山中無名河流入阿咱海子。}圍向蠻家，其漢家乃成背弓水，以蠻家論，水向左行，正北而去。陰，晴，雷雪。

初二日　午後，同鶴孫過河，番房在南間，看壽鴻，面作黑紅色，眼、鼻、口無一不大，且哭聲甚大，不似三朝小兒。據云眼光極足，昨日睜目即看燈，不避也，想是神足，可放心。伊母亟欲上路，似少遲為妥。房主人為三六村民，頗盡情理，賞其茶葉，四子並其母俱賞銀錢。回時看土壩上小土窟甚多，乃鳥、鼠同穴所居。_{鳥如麻雀，黃白脖，黃白藍脯。均有鼠，未見。}公館牆院，鳥時飛之。今晨將灰麵賞給明糧、牽夫等，看其作疙瘩湯，穢不可解，並有作土巴者，與麵糊無異也。到鶴孫、申五屋內談。陰，晴，雷雪。

初三日　_{第十三站。}卯刻，發山灣塘，大雪，路多石包。行卅五里，柴登壩下賬房早尖，天甚冷，又行土石包，路甚難，沿倭咱海子，路少平，海子冰已有化者，水作藍色，積雪風吹至海邊，_{海子對面有一石澗，作長方形，如門，彼岸平}底，聞離海子甚寬，風景極佳，可惜無人戶。浙省西湖作鴨蛋色，此海廿里作藍色，恐西湖不

得專美矣，一笑。兩岸均有黑賬房放牛者。又行半山路，四十五里倭咱塘宿站，公館在半山，有剌麻寺，起風亦冷，買牛腿一隻，遣塘上小娃送山灣塘蠻姬食用，殊可笑。晚飯後至剌麻寺，殿二層。止上一層，腿作痛，係黃教，同甘莫寺近。半陰晴，雪風。

初四日　第十四站。卯刻，發倭咱塘。始入偏坡山溝，繼過大山，尚易行，又翻雪山，將至山頂，牛馱、馬匹擋道，因停輿。雪地始見太陽，仍冷無比，在輿飲茶吸煙而已。等至許久，牛馬過盡，方迤邐上頂，到時又停輿，一面鋪毛毯，一面整冰，眾人抬杆，或扶牽於冰雪，直坡以下，其險不可思議。平壩又行雪路，方入山溝，有路徑行四十里，俗呼大茶尖，早尖，若以時而論，說七十里不止，把總李春芳、通譯等再此迎接。又行亂石路、偏沙坡路，廿里抵拉里宿站。房間極大，即公署，把總、外委、吳玉恩、通譯等及孫又書均來見，並道得子之喜。馬朝陽奉張、聯大人派差，昨日宿站，今早亦幫轎，甚出力，牛則滾山六七隻，人則跌跤數十個。其困乏非常，閒時略睡，醒後找鶴孫、申五談。臨到宿站前，平壩上三六村番頭目跪接。晴，風。

初五日　寫家信一封，內略敘山灣塘娥珠產一子，乳名山格，大名壽鴻，母子均好。余同余六老爺往看，無一不大，眼光第二日即不避燈，現在拉里，候過七天即來，番人不論滿月，託余老爺寄此函道喜，不必寫回信，等語。午後，鶴孫過談，王永壽來，娥珠等在彼不願久住，只得寫信令其到此。箕腳娃帶領前次將牛隻馱面落水，頭人及其趕牛人拿來盧比賠價，僅留五文以示罰，以後警其留心，余有十數文擲還，頗感激。得來道喜，豬羊並買牛肉賞給兵役。晴。

初六日　早至行館外一踏，館東有關帝廟，晉謁行禮，以報平安。後觀音殿及南房尚未修齊，此處房間較大，作平房，微砌，住戶數十家，柴米貴，出產艱難。午後找鶴孫、申五一談。晴。

初七日　早在公館約孫又書、戴申五、余鶴孫便飯，本擬豬羊牛肉，因有翅子等菜用，反未吃肉，可發一笑。由程林、王永福陪把總、外委、什家戶、箕腳娃等，均為道喜之故也。微陰，晴。

初八日　午前，娥姬帶同山格到拉里，聞翻拉里山無風，且當路雪多融化，前日過倭咱海子亦無風，實蒙天恩庇佑。飯後，同鶴孫往其蠻房一看，母子均好，山格雖瘦，眼如點漆，想必結實。聞王順說，聽番語後問之，山格生時，有皮一層包之，剝開始見哭聲，論月份，看髮際際甚長，計算已在十一月外矣。復同至河邊一踏，

水大長，諒上游雪化之故也。異兵接藏內來信，不知為誰所發，乃俚歌一紙，大罵張憩伯，鈔存以作笑話觀可也。後又接藏友信，此歌偏處皆有，張又奉旨不准離藏，當如之何？晴，微陰。

初九日　午後到河邊一望，水與昨日同，有微風。至鶴孫、申五處，正值其早飯，痛談。聞藏內來信，張有初十日往江孜之說，並奉電旨，有不得意之處，不知何事？聯為駮只有責楊聚賢四十之說。回時眾丫頭遞哈達敬醩道喜，番禮也。聞王永福云，山格包皮落生實有此事，藏內凡遇此以為吉祥，須供糌粑一盤，以箭破之，因彼時無此物，用手撕之，故不敢說，恐以為不好，生氣。京內包生亦有，未聞以箭破之，所慮不值一笑。陰多晴少，微風。

初十日　早大雪，四山皆白，幸不甚冷，隨太陽全化，惟山頭尚積亦薄。飯後去看山格，精神極足，眼光四射，諒辛苦無礙也。回時，鶴孫、申五在行館相候，因痛談，巡捕等接馬朝陽來信。魯工山前半路尚易行，後半路雪甚深，有三四尺。宜早走。到河邊一看，山有金礦，河內有試金石，且石多黑質白章，想必有形象者。公館堂屋懸「壽山」二字一大區，乃河南人馮石緣會所書，聞此君由甲榜知縣赴川，全家均歿於江內，因出家，後有勸其復登仕版，重整之，已得二子，丁卯在此充糧務。晴。

十一日　第十五站。卯刻，發拉里。把總等不令其遠送，即在塘外叩送。路尚平，過浮橋數道將至尖站，氣死，坡上亂石路、偏路均有。行卅里自賑房早尖，尖後大雪，石包路，又過浮橋後大亂石路一斷，下坡後右邊有紅石一片，據云溫泉。程林、振勳去找天生礦回，雲冷水堂兒至山半找之，果一溫泉，所得者如紅土泥，均為可笑。壽鴻同在公館住。三間破房而已，余乃牛毛賑房。余房家人、丫頭住。雪後皆化，至河邊一踏。遍地鳥鼠同穴，鼠聲如鳥音，大者色淺黃，小者色黑，穴似通。尖後行四十里，擦竹卡行館宿站，娥姬覺不適，天涼且辛苦，只有聽命而已。半陰晴，晚大雪。

十二日　第十六站。早卯刻，發擦竹卡。極大雪，四山皆白，天地一色，雖欲不發不可得，此地水草俱無，道中石包潤水甚多，實屬難行。四十里乾海子尖站，尖後即翻魯工拉山，幸有馱牛先走，有路，然偏坡險路不可問。相傳此山多經傷人，且有惡風，若受之，性命不保。今過之，僅在下坡有微風，下山後，不知名處，在輿內吸煙喝茶，復行石包及極險土路，然終日未離雪。又五十里多潤塘宿站，公館三間，壽鴻亦在此，余乃仍牛毛賑房。鶴孫同住，過來略談，到時太晚，已燈初，蒙天佛保佑，均平安。陰雪，微晴，小風。

十三日　早鶴孫、申五來見，行李已發，趕至甲貢相等，此處水草費事，房間亦少，壽鴻並各丫頭俱令其前去。余因昨日過山，雪中見太陽即熱，轎夫、隨差、牽夫多有兩目為雪光所照，不能睜開，不得已少延一日，無如之何也。今日又一日雪，四句鐘後略見太陽，地下隨生熱氣，忽似雷聲，乃山中雪坍下，詢之塘書，雖六月，先下雨後即變雪，僅熱天種菜，不過四五寸，青稞不能生也。大雨一日，略晴，微風。

十四日　第十七站。卯刻，發多潤塘，令轎夫抬空轎而行，自乘馬一日。始行山坡路，繼入山溝，過河涉水數次，右邊半山崖開一活沙石路，寬不盈尺，臨河數丈，馬不能行，幸有牽馬。拉里汛通事楊福基前涉水，於水中扶持，此刻將余背下，人甚樸誠結實，到宿站賞之，彼時惜無照像留此醜態也，一笑。行卅里仁多壩，自下賬房尖站，尖後順河在左高山路上下，兩腿酸痛，竟後路不能使勁，殊危險。尖前下馬行一次，尖後歇兩次，中有牛廠一平壩，前後萬松大山圍繞，景甚佳。折得剌樹一枝，粉紅花，如扁豆花，不知何名。昨日又見有黃色者，形亦如之。四十里甲貢塘宿站，看壽鴻母子俱好，鶴孫、申五旋過談。過魯工拉山失去帳目匣一隻，旋由通役由雪內找回，賞之。陰微晴，宿站小雨。

十五日　第十八站。寅刻，發甲貢塘。先有平壩一斷，過橋迤邐行山腰路，有極高處，不過一尺，路下臨深潤，旁有松柏，大可合抱。行四十里阿蘭卡早尖，又名破寨子，中有一石山，尚存石砌破牆多堵，近臨河岸，隔河瀑布一道，相傳為岳威信公屯兵處，風景殊佳。尖後沿河復上山，仍順山腰路穿松、渡石、渡水。行至鸚哥嘴，三倒拐數處，均下輿並歇息兩處，藏內一路之險，應無出其右者。又行五十里阿蘭多宿站，蠻房仍係前五年所佔，主人以雞子、蠻酒來獻出，其前次接肉吃，女兒像頗佳，前懷抱小兒，女已十五歲，兒則五歲。過鶴孫屋內略談，並看山格，不意出房下階倒下，昨日騎馬腿疲之過。今日沿河聲如雷吼，瀑布數處，野花粉紅，山茶小綠葉，小粉紅花如剌梅，小黃花如鈕大，不知名。野芍藥，白花單瓣，草本茶花如春海棠，酒杯大名悶頭花，未敢留。半陰晴。

十六日　第十九站。卯刻，發阿蘭多。昨過兩木橋，今過兩木橋，均極堅固，比來時橋樑道路尤好，聯建侯來時，橋大活動，亦可危矣。行活沙路、偏坡路甚多，間有平壩。廿五里大同茶尖，此處松樹極多，有蠻房、田地亦不少，對河兩大土坡，松樹、石塊、平地，均有極好山景可入畫。尖後上極高山腰路，下看田疇交錯，甚有趣。下山即順田行，因天旱，有播種，有未播種者，尚求

雨。過一左手山下以河繞，上蓋剌麻廟。又行卅五里弱，大窩塘宿站，前以河繞，四圍皆山。看山格兩次，至鶴孫、申五處一談，因夫馬未齊，且人都乏，明日擬休息一日。晴，晚間月色極清。

十七日　昨夜院中閒坐，看山月上升，覺清朗無比，蓋無塵埃之故也。今午飯時，鶴孫過談，默寫《東歸》七律一首，甚佳，余遂和之。覺兩腿見好，精神亦健。早晚看山格兩次。夜雨不大，半陰晴。

十八日　第二十站。卯刻，發大窩塘。先走平壩，遂上山，詢之名乾海子山。山內田地甚多，已種青稞，不遠即有一二家房屋，天時較熱，太陽出覺烤人，有山花粉紅色開遍，可供盆玩，真邊外樂土也。行廿五里噶於自賬房茶尖，尖後山邊路多，甚吃力，有極高山翻數架。又行廿五里浪跡蹤宿站，大平壩上公館尚寬敞，此處以打獵為生，種田其次，有獐鹿，時聞槍聲，土獇子遍山皆是。飯後至鶴孫、申五處閒談，在蠻房樓上，晚飯後到平壩散步。半陰晴，至宿站時飛小雪。

十九日　第二十一站。寅刻，發浪吉宗。天微明，下土坡過橋，即入山溝上懸崖，水聲如雷鳴，十分聒耳，山洞內冰積如屋大，小者如柱，出山溝即亂石水路。行四十里擦拉松尖站，飛小雪，尖後上山，下山河邊亂石路，雪即大，到丹達山根，雪住，遂上山，有積雪，用牛車拉纖，牛又不走，大費事，鐵門限抬杆，眾縴夫頗用力，賞之。山根子茶尖，尖後即上閻王扁，有積雪，頗難行，然比來時勝萬萬矣。以上二十里，從此較易行，大半下坡土路，惟偏坡土路亦可壓。又行六十里丹達塘宿站，未到公館，先赴丹達神廟叩謁，尚有從前鞍佩靴子遺跡。晚飯後，鶴孫、申五來略談，隨踏過橋，<small>此水系山內出</small>。蠻房內看山格，一日登頓甚覺乏，且頭暈。半陰晴，雪，晚有小雨。

二十日　第二十二站。卯刻，發丹達塘。過山根橋，順左山路行，有雲上有剌麻廟，甚大，沿窄沙路不盈尺而行，幸不高，過橋，沿右山路而行，雖土道，上大山偏坡路，下臨深潤數十丈，覺危險，過此則平壩，亦有山腰路，下有種田。行廿里拉土房內早尖，<small>有湯約將鑿子鹵澄於灶內，實時逃去，可笑</small>。尖後平壩多，間有亂石及潤水，路高偏坡，過高潤大橋，至山右，<small>名二道橋</small>。又行四十里邊壩塘宿站，鶴孫過談，山格同住。<small>聞金八云，今日過蠻村，有十數家，行路者須穿村而走，離此一里多路，滿道行人，聽有小孩聲喊，乃所放之羊，為豹子下山叼一隻，連日山中野獸極多，三數人不敢冒然行路也</small>。半陰晴，早微雨，午小雹。

二十一日　因夫馬乏者多，路上竟有背鞍子者，在此歇一日，令王永福找

番官說之。午後過鶴孫、申五處談，送給鶴孫步韻詩。申五由此處剌麻廟回，廟宇洪闊，其胡圖土乃紅教，穿漢人衣，滿留頭，甚奇。王順前謁，求其挽江卡兩個給山格，伊送石塊三，給山格一塊，云可辟邪。王順到彼叩頭，伊竟令坐，聞其最重漢人，且漢人過路有謁之者，多先知之。晴，微陰。

二十二日　第二十三站。卯刻，發邊壩塘。先走平壩，入山溝，順山右崖路而行，如翻丹達山，先入山溝，路相仿，更多亂石，出山溝走平壩。廿五里大石包尖站，尖後即上拉子山，實難行，亂石礙橋，其來路如在砂石處開一路，下山過河，不過費一浮橋，可省亂石路七成，下山不難，先平壩復亂石。又行平壩而斷，即宿站。行卅里拉孜塘，宿公館，緊面山澗，水聲活活，山極高處有屋一間，為剌麻坐靜之所，似無路可登，甚怪。鶴孫來，送到馬竹筠信函，並換帖子，與少韓、浙生相等。然革戍之人有何效法，令多慚懦而已。外有洋火腿、洋杏仁酒，收之，賞其來差四金，酒、腿可備端節之用，一笑。半陰晴。

二十三日　第二十四站。寅刻，發拉孜塘。即入山溝，幸路寬，兩山壁立，有甕聲，中夾一河，傍河而行，一日如此，其柏樹之多，不止萬萬株，皆作柴燒。將到尖站，淡紅、深紅。紫色沙石山甚多，迤邐至宿站，其上深綠松柏、淺綠草壩，實在別開生面。行四十里索馬拉山根子早尖，忽大風覺冷。尖後即過朔馬拉山，甚長，翻九山頭，方算下山，中間山頂雪積頗深，殊難行，此道走錯，至山頂，望見麻密堆，即左轉，有新開路甚平整，走至雙麻密堆，即歸正路，九山頭均越過。略比正路遠十數里。鶴孫、申五俱由此路而來，餘則為塘兵、轎所誤，可發一笑。又行五十里八里郎宿站，公館樓上憑欄，便望對山，亦有趣。鶴孫來談，山格同住。晴，大風。

二十四日　第二十五站。寅刻，發八里郎。過門外當面小橋，旋上山，皆松柏亂石路，又行平路，沿山邊極長，過山頭偏坡路，復入松柏路，其中棟樑之材不可枚舉。行山溝內，見開墾之地甚多，大半以松木作欄圍之，左手一山滿有刺樹，均開黃花，如扁豆花形，亦有趣。地名追溝，其實「中衣轉」音。房間兩處，不多，南通波密，內住即其人。行五十里，波密剌麻廟早尖，四山松柏極多。時北山雷聲大作，幸未雨，即在廟後山外。計泉看馬雞一隻，白色，比尋常者大，竟不避人。尖後又過一山頭，俱係下坡路，松柏尤多，將至宿站，田內大道，用樹枝擋之，另開山辦活沙路，僅容一腳，傘夫引之，殊可惡。詢之，係剌麻所鍾，其跋扈可知，眾人之畏懼亦可知，令其行田內，傘夫責其四十馬棒。又行四十里，碩般多宿站，四轉房，中為三層樓，作公館，東山西向，北為營官住。房間

寬瀾，在樓上係公館，令營官居之，後為剌麻廟，係黃教。山格同住。有謂由藏啟程，先過富八站，再過窮八站，又過不富不窮八站，俟由察木多啟程，下為賊八站。蓋乍丫一路，無處不偷東西，可發一笑。半陰晴，風。

二十五日　起時已辰初，覺乏，亦漸熱。午前後即聞雷聲，旋大雨，晚有細雨，此處正求請，想可下慰農望矣。晚飯後過鶴孫處談詩、談鬼，大有趣。聞張大人有初十日啟程赴江孜，行李已發，初九日奉廷寄不准走，又將行李追回，可發一笑。然藏事率而陳奏，恐前後有所不符矣。陰，大雨。

二十六日　午後，申五來略談，鶴孫來，伊即去。與鶴孫復談，拿去五排詩一首。陰，時有細雨。

二十七日　昨夜雨，早或雨或雹，山上松根皆有雪。接聯建侯信並《柳園記》，少韓、浙生同信。另有少韓信，浙生、慎安、穆筆政道喜貼，多因山格之喜，兼敘別事也。每日看山格兩三次，三層樓上有紅嘴鴉一窩，每見大鴉銜食來，銜糞去，亦頗愛其子，況人乎，鶴孫接少韓信，有不平之語，本係莫須有，無怪也，且看後日如何耳。晚飯後放賞，夫馬已換齊，並踏至門外一看。早雨雹，晚晴。

二十八日　第二十六站。卯刻，發碩板多。出塘，即順山溝水半山路而行，地係平土，尚易行。沿路白花似木香，有有刺，有無刺者，又紫花，似丁香，朵葉皆非，詢之，無名。將至尖站，路左名傳心鎖，上有土房及樓。梨樹數株，挨路右其下平疇青稞苗才二寸餘，房左右綠樹繞之，洵樂土也。行卅里穿心店，自賬房茶尖，從此平壩多矣，且河兩岸均種麥田，山多土，松樹亦多。又行卅里弱，廿餘里。至紫陀剌麻寺宿站，此寺及田地均為第穆胡圖克圖有，自達賴抄其廟後，據為己有，一年出息不少。早飯後踏至鶴孫、申五處一談，伊住公館外，亦寺內房，三層樓上，下微雨一陣。半陰晴，微雨。

二十九日　第二十七站。卯刻，發紫陀寺。先平路，潤水甚多，大似川北，俗呼七十二道腳不乾。昨尖後今通日均如此，轎夫大難過，上山坡即入雲霧中，似飛細雨，乃濕雲所致，咫尺人馬不辯。行廿五里，至鐵瓦塘茶尖，即在破屋中，未下賬房。塘兵送韭菜、蔥蒜等，賞之，不易得也。遂登鐵瓦山，可惜群峰麥田，迷不得見，將至山頂，忽日光露出，回望眼底，古謂「雲海」不誣也。又卅里下山，在山根子早尖，乃賬房。沿途尚有蠻房田地，不枯寂也。見有五色沙堆山，又有一山土成，上生豎石十數塊，均奇。又廿五里，與前廿里均不到，通日不過七十里。洛隆宗宿站，公館尚寬敞，對山有剌麻寺極大，左為營官

寨，亦不小。昨夜雨，早濃雲未雨，旋晴。

三十日　早起蹲馬桶，覺後重不適，涼熱不勻所致。午飯後，蠻房找鶴孫、申五一談，牛馱已發，馬亦換齊。晴，有雲，微風。

五月初一日　第二十八站。寅正三發洛隆宗，均走溝路，有平路，有亂石路，偏沙路極多。路間遇鶴孫，在路左下坡歇息，詢之，有石洞，見有前駐藏大臣保泰鑴崖詩，鈔之，係山下水邊路，極難走處。面山臨河，因題壁某年月某到此，想邊外僅見。行四十里，峽龍溝尖站，尖後即乘馬上畢奔山，先順水山崖石路，此為新開者，來時舊路肩輿由此而行，比新路近數里。復行山半，容一馬一人而已，二十里。不過十五里。山頂松樹下等輿到，乘之而行，路難下，仍是山腰，其窄非常，且多亂石攔路，待下山時其陡更難言喻。二十里有廿五里，說有卅里。嘉玉橋宿站。相傳嘉玉橋臭蟲甚多，鶴孫忘卻，待醒醒，覺滿身起泡，後變紅點，以為誤食何物，迨鋪蓋方知竟有十數枚，既作癢且疼，雖背兜亦有。聞居民每夏日躲於橋上，刻下橋上皆有，真無處可躲也，一笑。在山上行，俯視嘉玉橋，下水系濁流，塘書云，冬十月則變清，春夏秋濁。出山上游與入山下游，中低兩邊高，似下游可高至丈餘，倒流，由西往東沿波密，波密外即野人，西江達東洛隆宗，皆聯境，甚奇。問塘書，番名甲馬溫，確無漢名。沿路野花盛開，有野丁香，味亦相同，花葉俱小；又有粉紅、白色者，似丁香花五出。有木本葉如藿香，均不知名，藥味沿山甚重，其濃香恐瘴氣不可聞。鶴孫過談，聯大人奉部文派王永福為押解官，有絜，山格同住。晴，風。

初二日　第二十九站。寅正，發嘉玉橋。橋修甚堅固，向有番官在此抽攢招經賣，每朝佛人出入哈達一根，藏錢一文，可成鉅款。橋上有木房，晚即鎖上，除公文來往可開，防偷漏也。過橋後順河行，北岸小野花甚多，遂上山，頗費力，牛拉牽，在右山泉一道，極旺，平地亦有出泉處。上麻密山，如一大石屏，盤旋鑿道而行，甚險阻，極高。過山順窄道活沙路而下，亦險。行四十里麻密寨早尖，在賬房遇鶴孫等分馬，略談，伊先走。此處紅沙山最多。尖後遂上馬達山，雖陡險，比早差強，活沙路如故，此山松柏樹極多，有大者。行四十里過瓦合寨，即來時住處。鶴孫諸人住此，瓦合塘房無多。順河而行，復翻疙瘩山，松柏亦有。行二十里瓦合塘宿站，即在翊化將軍廟，本朝衣冠區對甚多。先行禮，在東房住，山格亦在此。鶴孫有木刻記一橫額已懸掛，民戶才有十七人。晴，甚熱，晚小雨，略爽。

　　初三日　第三十站。寅初二即發瓦合塘，天微明行二刻，天大明翻瓦合山，無雪無風，神佛庇佑。過山數架，統名瓦合，無別名，路左山上有石如賑房，三角形中空，甚奇，似此者不少，亦有圓扁形亦中空，皆可作石室用，惜近處數十里無人煙，四山望之，均有積雪，大道則無，惟過一小河，冰尚厚，有雪可踏而過。行六十里牛糞溝早尖，尖後即上山，沿路五色子孫石，黑色白粗細紋石，如大理成花者甚多，均可作盆玩，且有石作朱砂色者，惜無人能載之者。下山復上山，名錫瑪拉，紅石多，四山五色斑斕，然多不生草木，下此山甚陡，多活沙，頗險。一日之間活沙、偏坡路極長，人有戒心，入山溝有積冰雪處。行四十里恩達塘茶尖，兵與燒水者，賞之。出山溝，行大平壩，兩邊山均有松柏，山茶花甚多，夾於其內，溝中亦然，臨河沙偏坡路，直至恩達寨宿站。到蠻房看山格，類巫齊刺麻送如來二尊，財神一尊，賞之，餘皮張退還。游擊送羊退還，收面，賞其兵丁。外委送青菜，收之。舊日之戈什哈胡永吉，番漢俱見。晴，微風，午後熱。

　　初四日　起甚晚，連日程途不近，上下人口皆乏，休息一日，算至察木多在端節後二日免許多酬應，主客皆便。午後，鶴孫過談，在瓦合山澗水內撿得石子數枚，大有趣，余留其二枚，落日前帶徐聯陞、田得〔一〕赴右邊坡下，河旁亦撿石十數枚。晚飯後發賞，類巫齊頭人戴頂，不知為貴賤，穿黃褂，可笑。今日始換小袷襖、袷褲、棉套褲，昨日過瓦合山，尚重裘不暖，明日宿站方換大棉襖。晴。

　　初五日　第三十一站。卯刻，發恩達寨。下坡過橋走山邊路，旋上山走山腰路，亂石甚多，松柏野花各樹皆礙路，有白花五瓣似梅，有綠葉少差，草本黃花似草決明。下山平壩，耕種山田者甚多，山作紅色。行卅里，娑羅壩子蠻房內早尖，換夫馬頗為馴順，俟換齊即行。路左半山有刺麻寺，房不少，乃類巫齊所修。又行平壩，過一大木橋，順山左而行，名渠薩巴，乃「新橋」二字。橋於去路有門，修甚堅固，沿路田地甚多，蠻莊有挨大路，有不挨大路者亦不少。行廿里弱，納貢公館宿站，差弁、家人、輿夫來叩節喜。晚飯後，鶴孫、申五來拜節，聲明不能前往，祈恕之。頭作痛，係受熱所致，服萬應錠。甚熱，晴。

　　初六日　第三十二站。寅刻，發納貢。先行平壩，望郭角山石作淡灰色，加以淡黃土色，凡山絡處均長松樹，直且高，真一幅著色極好山景。遂上之，路多亂石，坡亦直，牛拉纖費力，下山偏窄路多，覺陡險。三十五里，或云四十。各央又名煙東卻。茶尖，自下賑房，因輿夫向係自備粥、餅食之，不得不暫停。對面松山有雀聲，甚大，細看，松根下有數隻鵓鴿，大毛如鵪鶉，名松雞，可

食，內地未見也。復行偏窄路十五里，或云廿。郭角塘尖站，在屋內記來時即尖此，喝奶子。尖後路有寬者，有近田處麥苗比上路略長，山花亦遍開，是以天熱。又行廿里浪蕩溝宿站，一日之中過木橋多座，尚結實。公館乃新蓋，仍舊地舊樣，窗可支，故窗有隔扇，自由藏啟程，此為第一處。山格同住。因李幼文糧務方愨送席一桌，約鶴孫、申五同享。申五先走，鶴孫又談。晴，午後風。

初七日　第三十三站。寅刻，發浪蕩溝。或順山邊、河邊、田邊，大半窄路而行，且有澆麥水溝溢出山水多處，天旱之過也。翻小石山數道，頗難行。四十里臥洛橋早尖，橋甚堅固，似嘉玉橋，略小，下乃濁水，大半邊外清水平，濁水狂。自下賬房，一夥番男女看吃飯，殊可笑。山格亦在此，眾皆看之。尖後仍行窄路，亦有平壩，順河有紅石小山，名通噶頂，甚不好走，路左石上爬一刺麻，詢之，乃阿角娃，乍丫人，因朝佛而回，竟故於此。記來時走瓦合路死一阿尼子，因風咽此，於察木多路死一刺麻，番人之信佛，真性命不顧也。又十里小恩達副倉儲巴下賬房跪迎，下轎茶尖，與來時備辦一樣，略坐，賬房甚熱，遂又行。廿里察木多宿站，仍在公館。糧員李方愨、游擊陳大順皆有差而去。千把來見，山上送禮物、馬料、乾牛羊肉，收之，俟重賞之。糧員送菜，卻之，均自備。山格同住。公館懸對聯一，其文：「喜鶯舌嫩隨他罵，愛柳腰柔聽而狂。」話似鄭板橋，字則非也。晴，覺熱。

初八日　早起覺涼，巳刻即熱，山格頭上皆見汗，換袷衣者多。午後鶴孫、申五來略談。找得薄棉袷單衣，俟啟程，只有早走，過午恐無益。晚飯後在院坐，見月被雲朦，或可雨，屋內熱氣似北方。晴。

初九日　早鶴孫過談，將回差、輿夫等各賞銀二兩，家人老黃、添財等亦二兩。午初二刻余，敬赴文昌宮，因來時夢先兄，在帝君旁行裝未冠，示以如意一柄，到藏均為平安，洋人竟未毀廟宇人戶，是以敬懸匾一方，文曰「帝恩顯示」，匾甚大，木匠等賞之。山格亦於午刻薙胎頭，薙後方知頂後、項上有紅記兩塊，先為髮蓋看不出，並其十指甚長。未刻後細雨一陣，熱稍減，出西門至蠻樓找鶴孫一談，所居可看山兼看雲南河，比公館強多。半陰，細雨。

初十日　午後鶴孫來，適假寐而去，連日甚燥。晚飯後至觀音閣瞻仰，見有三處燈杆，土城內外豎之。為倉儲巴所立，不可解。回時下雨。陰，雨。

十一日　昨夜微雨，將明大雨。午後鶴孫來談，拉來青馬一匹，甚好，勸其留用，不過卅九金。晚飯後出門一踏，回時大雨。晴，微陰雨。

十二日　早起天較熱。午後找鶴孫小樓一談，交給致聯大人信一封。寫初

十日，有底。[二] 給少韓、浙生同信一封，寫初九日，有底，[三] 籤寫少韓一人，給浙生、慎安復貼一封，德生、穆筆政覆帖一封，均交少韓。在彼坐時下小雨一陣，晚飯後至四川河岸一踏，撿綠小石子數塊。半陰晴，小雨。

十三日　關帝廟唱戲。昨日千總孫光遠等具手本來請，因回差戲在此曾經領教過，萬難再聽，未去。聞係扎拉蓀、李文升鬧起，無人去聽也，可發一笑。午間鶴孫過談，晚飯後出西門至雲南橋岸上一踏，撿石子，得一綠地白菊花帶流水小石，頗好，太極圖絳色小石一，略似。半陰晴，落數點雨。

十四日　天微明，蹲馬桶。寫一日信底，頗熱，詢之，此地向不如此熱，皆因少雨之過。晚飯後找鶴孫一談，將菊花石請其看，以為甚奇。晚看月光如一層黃暈，內淡外濃，外有霧光甚大，東南一星極亮有芒，不可解。半陰晴，落數點雨。

十五日　早千把等道望日喜，未見。前藏糧務喬少林大令遷彩，甘肅人，由川赴任，便衣會之，人頗明白。談川省街市更改，服洋服者已有三成，想京城亦必大改。天甚熱，寫信底，覺眼昏。晚飯後鶴孫來談，即便衣回拜喬少林。晴，熱。

十六日　寫信一日。午少熱，晚覺少涼，雲滿起尚薄，落數點雨。晚飯前鶴孫來談，伊至山上廟內一看，有釋迦佛心、佛牙，心有千手觀音一尊，不知係某世所留，無可考。半陰晴。

十七日　發家信一封。略敘四月初五日寄信想收到。今已到察木多，十八日 起身東去，已走卅三站。山格係皮包生，馬上抱慣，結實，哭聲大。託余六老爺帶此信，不必寫回信，等語。又給仲路六弟寫正信，再啟、密啟各一封，有存底，俱交鶴孫。家信封入其府報，仲路信交喬英甫寄京。[四] 晚飯後分駄只，分馬，分名糧，燈後發賞耗。早晚涼，午熱，晴，風不大。

十八日　第三十四站。卯初刻，發察木多，喬少林送上轎。回走過大木橋，順走閻王　八里，副倉儲巴在當臟痛賬房茶尖叩送。又行廿二里，柳林子蠻房樓上茶尖，來時在此。係千總備，遂用牛馬纖翻猛卜又作普。山，上則盤道多，下則陡坡活沙，甚險。山中野花頗多，不知名，未翻山，青稞已有穗，翻山後無穗。天時冷暖可知，昨兩袷尚熱，用扇，今日兩袷兩棉。又卅里，猛普塘宿站。食午飯後步訪鶴孫，痛談，伊在東南蠻樓上住，公館正西，離其有二里餘。山格同住。半陰晴。

十九日　第卅五站。卯正二刻，發猛普塘。昨夜大雨，起身時大霧，對面山不遠，皆看不出，行十里余方見山，田地、房間俱有，又一風景也。翻數山皆

謂之土坡，半路覺涼，又添緊身三棉兩袷一單。遍路野花，有似梅花，綠葉紅豆，黃白花相間，大似金銀花；有淺藕色花，似藤蘿而小，亦有黃的，似藿香，木本無花者甚多；又有如丁香，紫紅色極小，草木中有攢生十數莖，頭上一花如紅繡球，俱不知名。行卅里日，木統茶尖，有金八認識丫頭送奶茶，賞之，可發一笑。此日多行山內右河左山腰路，路乃石沙都有，將到宿站，上極陡土山，亦謂之坡。又卅里，包墩塘宿站。午飯後，至蠻房看山格，回公館，鶴孫、申五過談。連日右山多大小路，係通雲南省路途。早陰，霧，晚晴。

二十日　第卅六站。寅正，發包墩。順麥田而行不遠，山路雖亂石多，幸路寬，土山在右多。遍山野花有如十姊妹，長枝結紅豆，惟一色白，一山皆滿，大有趣。對面山石乃黑白相間，水溝則亂石，紫色似端硯，黑白石似大理。先看灰色山轉大沙坡，平陡，左下相連，即窟窿山，有松柏者，有各色花，黃藍野菊，加以紅色，極豔；如牽牛花，隨地黃，木本花如鈴鐺，均不知名。窟窿山為天下未有之奇，余謂道之險，無過阿蘭多，至甲貢，景致奇無過巴貢。至包墩行卅里，窟窿山根子茶尖，細看石包上一層綠苔，上長無數各色小花，五出者多，似洋玻璃內燒成者，亦一奇。塘兵備，賞之。天極冷，兩袷兩棉一珍珠毛不暖，可謂五月披裘，不知嚴瀨如何，一笑。石山過乃土山，多松樹，翻過又謂之坡。廿五里大河溝早尖，當下雨一陣，翻巴貢山，道尚平寬，流沙多，下山陡，幸不遠順河邊山腰路。又廿五里，巴貢塘宿站，新公館無窗，開天窗，山格同住。鶴孫過談，又小雨，至河邊拾石子數小塊，無成形者。半陰晴，雨。

二十一日　第三十七站。卯刻，發巴工塘。昨夜雨，天將明尤大，起身後路中細雨，沿山半田邊而行，或上或下，多窄路，並兩石夾路，田中而行，此邊外即呼為平路，石腳少也。行十五里，塘下賑房歸巴貢。茶尖，輿夫應有粥、餅，不意塘兵抱去，可發一笑。此地名章巴寺，過大橋右岸行。又廿里，過大橋右岸行。又廿里，過大橋左岸行吉利寺，歸王卡塘，塘兵備，自下賑房茶尖。聞回差云，安仁山成至吉利寺橋，轎甫過橋，為山水打去，竟喪人不少。尖後上土坡。又十五里，先過上王卡，至王卡塘宿站，沿途無風景可記。到站，乍丫倉儲巴遣頭人送觀音佛一尊，餘皮張、馬料等退回，伊長跪不起，總以保住黃教感恩為詞，萬不容辭，只得重賞之，此物定均。紅頂金漆帽，已六十一歲矣。買雪猴子四十對，洋二文。雪茶三桶洋三文。可送禮，不值一笑。半陰晴，細雨。

二十二日　第卅八站。卯刻，發王卡。行田中亂石路，過橋又亂石路，上半山行廿里弱，至老龍溝茶尖。翻王卡山，仍行來時舊路，下山活沙路，極陡。

見縛夫尋大黃食之，余亦略嘗，其酸無比，食後滿口作大黃氣味，殊可笑。又行卅里強，至噶噶蠻樓上早尖，等分夫馬。又行十五里，山邊、水邊、田邊皆在窄路，至昂地宿站，來時蠻佛樓住。似山勢迤邐低矣。過鶴孫處蠻樓上。談，伊撿一石，作葫蘆形，白色條圍中上有圓白。微雨，山格同住。今日鶴孫所來驛馬，乃夾壩之物，上山下山，皆不順正路，由旁飛奔，遇山溝即想入去，將手勒紫，痛苦非常。伊謂騎夾壩馬，上獨木梯，可以做賊矣，可發一笑。半陰，微雨。

　　二十三日　第三十九站。寅刻，發昂地。沿山半平壩行，甚涼，澗水尚有冰積雪者。行廿里弱，至大水溝茶尖，塘兵備，賞之。遂翻昂地山，道上石路少，土路沙路多，上山下山，路皆不短。笨剌麻金川人，諸事不了了，可笑。採得雪蓮一把，葵色，甚豔。又卅里強，雨散，自下賑房尖站，分夫馬，行田邊、山邊、河內乾石、中石，乃各色俱有。又廿里弱，乍丫宿站，在守備署。李柱臣玉亭係前任，舒榮廷殿元係現任，皆往迎接。鶴孫、申五過談。山格同住此。晚飯後，約舒榮廷來，痛談。陰，有雨不大。

　　二十四日　第四十站。寅刻，發乍丫。順田中石路而行，過橋上山，半路下山，山腳右臨河，窄路走，昨日水甚佳。詢之，昂地山泉，今日水亦好。行卅里，大橋茶尖，旁有柳林，來路山半人家飛來柳絮入轎，內地三月楊花，此處竟至五月底。過大橋，順山邊、田邊或河灘內，今年雨水，河未長水，不然一片汪洋。又行卅里，洛加宗宿站，換夫馬。早飯後帶徐聯陞［五］至下坡河套撿石子，無細的，粗者多。鶴孫來，痛談。山格同住此。半陰晴。

　　二十五日　第四十一站。卯刻，發洛加宗。在河套田邊尚易行，翻貢角山，土道不高險。行卅里夾壩溝，自下賑房早尖，甚涼，三棉不暖，換珍珠毛馬褂，飲燒酒少暖。遂翻肯達山，亦係土路，不高險，下山即過肯達河，水到馬膝，如過小河。聞此河藏內有名者，夏日水極狂，延大臣茂、安大臣成皆用牛堵上游，肩輿方過，水尚及胸間，馬立足不住，竟有人馬同打去者，危險如此。今夏日實蒙天佛顯佑，敬感實深，過河前行多土壩。又行卅，里塘備茶尖，名頭道坪，過二道坪。又十里，至阿足汛公館宿站。至蠻房看山格，鶴孫過談。今日路甚平，放炮三次，古語「失事反在坦途」，不虛也，一笑。半陰晴。

　　二十六日　第四十二站。寅刻，發阿足汛塘。大平壩行，入山溝，翻兩山，對立中有凹澗一大斷，右山半土堆上刻番字石，乃乍丫、江卡分界處，在邊外僅見。路多石，尚寬，亦不高，見有黑牛毛賑房，羊以千計，牛馬數百計，乃乍丫娃頭戴紅箍者，逐水草牧放，各樣奶皆擠可作酥油，以此為生。行四十里，

驢驢坪尖站，復行石腳路多，一日如此。又行廿里弱，似十五里不到。石板溝宿站，對山臨河公館，為裕子維都護所修，山格同住。過蠻樓，鶴孫、申五談，上獨木梯。沿路野花甚多，有深藕色鈴鐺花，不知名。明日又見葵色者，前記粉紅草本如粉球者，今見有黃色者。有粉色、紅色相似，均草本，有木本作小鈴鐺花，黃花似水桂，半山青苔，刺麻鏟出番經字，亦有趣。陰，小雨，山風。

二十七日　第四十三站。卯刻，發石板溝。走昨日來路一里余，入山溝窄路，上下行，過馬鞍山，甚小，復行山上平壩一大斷，翻湯那山、熱長山，似相連，中有草壩皆不算難行，即有丫頭送醋，糌粑、酸奶子，乃施捨大眾修好之意，輿夫以漢語問之，番字以藏語聞之，彼皆不知，彼所知者，麻蓋語也。由打箭爐至藏，六、七種蠻語，惟麻蓋大差，然沿途番民多通藏語，似官話然。行卅五里，至納耳塘，有小賬房，詢李永勝，據云紅刺麻求雨過，不遠，後面知之乃此處番民所備，意在討賞，又無頭人告明，因下輿步行，至小賬房略坐，賞之，殊可笑。又行十五里，高澗槽早尖，住戶不少，男女老幼皆來看吃飯。翻由拉山，道多土，河套有石，難行。又卅里，梨樹塘宿站，公館已歪，在上坡蠻房三層樓上住，開窗封山，甚得景。將到宿站七八里，遇雨一陣。山格同住。主人送核桃、乾杏等，擬重酬之。昨夜大雨，公館房大漏，今日又打雷下雨，麥田數日內有出穗有未出者，穗種有早晚之故，然皆早。半陰晴，雨。

二十八日　第三十四站。卯刻，發梨樹塘。沿田邊行，翻梨樹山，連剪子灣，雖走山腰路，尚寬，僅多石，似可作硯材。行五十五里，大壩子早尖，天極涼，皮衣仍冷，此處竟有尖站行臺，屋已沉下 [六]，極矮，蓋年久無人修理也。又十五里蠻卡子，自下賬房茶尖，左山外即三崖野番，每年夏日防其出巢，多在此地。尖後多行平壩，數處水草頗美，牧放牛羊黑賬房不少，山上松樹下可耕田，惜近三崖住戶無多。又卅里弱，江卡宿站，形勢甚佳，公館外人戶不少，山上有小刺麻寺。一日極大風且冷，宿站更著名多風，蓋平壩四圍皆山之過，今日小暑比冬日尚強。山格同住。晚飯後過鶴孫處，略談。半陰晴，風。

二十九日　因天氣冷暖不時，道路平險無定，人困馬乏，擬在此休息兩日。午後，鶴孫過談，駐防江卡馬洪喬守戎紹麟，爐城人，自書自撰一聯，貼於抱廈前柱，云：「寵辱不驚，始見丈夫度量；進退有節，方成豪傑胸襟。」意在相贈，未免對之愧。然生長邊地，且膺武弁，能如此蓋不多睹，係在提標下為馬介堂軍門識拔，與軍門同歷西域教，年已六旬，字雖不高，尚不俗，如書房中學人所書，亦奇，或壽徵耶。早至昭忠祠一看，內供德政牌、兵丁牌，且有先兄靈牌，

尤可笑。旁為武聖宮，敬謁行禮，後大楊樹。晴，風。

【校勘記】

[一] 即「田德」。

[二] 吳注：建侯都護仁仲大人閣下：四月廿七日行抵碩板多，敬奉手書，謹悉一是。近維道履納祜，並承吉語，頻加感慰之餘，以欣以謝。大著《柳園記》，迴環誦之再回，此近今作手蓋不多睹矣。古謂大家之文，多以理勝、以氣勝，又謂一文之中，必有數語鎮得紙住，古作者姑勿具論，如國朝方望溪姚姬傳諸先生之桐城派，大雲山房等集之陽湖派，皆清真雅正，不失為作家細玩之，不外理與氣，即辭之健而已，極平乃極奇。近今之文，骨格已差，以致炫其新字，並面目皆失，金匱華若溪罵之為上海派，可為痛心。曾記尊集以新字戲成七律，始覺魏攸輕薄，未免恨之太過，繼思愛才如命者，未有不嫉惡如仇，詩文之道非二也，安之柳園一題平淡極矣，若不開空提起，殊泛泛，若務求奇偉，恐奇偉未來，怪誕先到，終落小家子氣而後已。今先敘明應振起之原委，繼以天下之物，莫不有主一節為題，正面用古而不泥古，此即鎮得紙住，復平敘後。忽有園之興發，其事小，數語以「柳園」二字作收煞，如蜻蜓點水，氣整理足，醒清非常，句法均極精練，無可再看，且敬兄弟竟作吾弟之文料矣。呵呵，述前人者，正所以敬後人，古文中原有此例，然私心自幸，可附驥以傳矣。拜謝。拜謝。仰承下問，兄何敢少存客氣，且懸如汲黯，不事貢諛，現將原底寶存行篋，請君勿疑。俟有拓本，務祈飭寄數份，以先睹之為快也。

現於五月初七日已到察木多，均託福庇，一路順平，來時一味奔馳，終日空著急聽謠言，竟不記路之所以。今則事退心閒，覺松柏栽途，花木滿道，未嘗不可娛人，且此次歸路，比進路大相徑庭，番民極力要好。曾談有活動橋二，今過之如履平途，均以新木加之綁之，實以沙土窄路新斫松枝幫之，甚有半山新鑿石塊以開路，不但可取，甚為可感，因倍賞之。然有人力所不能施，雖將五丁邀來，亦必望而生畏，且風雪不常，又非人力所能料。歸時下坡路長，更為危險，猛睹之，殊令人心悸，較比蜀道難，真成蜀道易矣。從此東去，則數座有名大山已過，將入坦途，或可心境少寬耶。想榮升內地，又不得不為之先計，總以不涉此險為妙。

近日貴體如何，實深惦念，公餘之暇，若與同仁相聚於柳園，似亦衛生之一法。聞曾文正公在戎馬倥傯之極，每晚必聚幕中諸友大為談笑，固可心思

活潑，方足以應庶務，則又不僅為養生計也。手復，即請勳安，諸希盡照不備。鄉愚兄有泰頓首。

姬人率山兒隨叩五月十日，再聞藏中又設一施醫館，實為欣羨，想必中外法則俱備。路中有兩事令人凜凜，一為瘴氣，碩板多以上時哜葉吱，不足為奇，有時如蘭花茉莉，香甚濃，其為瘴氣無疑。一為雪照眼，經魯工拉山大雪，忽出日，同行者竟有登時不見物，亦有隔一二日不見物，蠻家以燒酒噴之，究以為太猛，亦救，後之行路者一苦境也，曷改之配以丹散，以濟行人，特此奉聞，又拜。

[三] 吳注：少韓、浙生仁弟大人左右，四月二十七日行抵碩板多，得奉手函，近悉公私順遂，地方照常為慰，並承藻飾逾格，使我感而忘慚，遙謝，遙謝。兄就道以來，方晤前次入藏，一味奔馳於沿途，安危付之茫然，此次事退心閒，覺道路橋樑，雖番民極其要好，終有人力所難施。然經喬松野卉處，自有佳境，亦能頓忘其苦。現於五月初七日行至察木多，計算玉門，竟而過半，擬小住數日，將袷單衣找出，便可成行。天時康與衛大相懸殊，且值亢旱，午後則熱氣較重，只有早行為得也。窮聞兩弟相得甚歡，且互為交勉，所謂識性者可同居，邪正不容少假借，能不為之深佩並默祝始終乎。建帥來函，以公務餘閒與同仁聚於柳園，頗為適意，此老作用正自不凡，若鄙人處此時，又當急氣攻心矣。材與不材，難可相提並論，想燈迷應作如此猜，兩弟必為之粲然。鶴孫沿途精神愈旺，飯量愈加，在藏五年未見其如此，心境使然，不在甘苦也。手復，即頌升安，諸維雅照不盡。愚兄頓首。

姬人率山兒隨叩，五月初九日。

[四] 吳注：仲路六弟大人閣下，未晤已六七年矣，近維政祺納祉，履祉增祥為頌。刻下度支部挹彼注茲，諒必更覺為難，中土財用不足，真無處不搜尋罄盡，尚可放手亂用乎。恭閱邸鈔，知岑雲階尚書亦來此地，其人任事勇往，盡人皆知，應以相識多年，必當和氣以濟其事，公務之幸也。兄在藏五年，自慚尸位，今蒙聖恩嚴譴，只有尊旨奉行，私心自訟，惟有則改之，無則加勉而已。蓋原參電奏，未見一字，雖欲認罪，無從說起，聯建侯星使豫面告，得張星使蔭棠云：「俟兄出藏後，再將兩次原奏知照。」然出藏已兩月餘矣，藏中來信仍未見其知照，照想督撫參一典文，亦必有明降原折，亦必發鈔原所，以示大公，杜執私也，此何秘密乃而，務希費神，向外務部將原參電奏兩折鈔以示知。寄川省東玉沙街。在已受恩深重，原不敢妄行執辯，然委

員中有捨命相從，數年效力，究竟罪在何事，亦不能不令其知之。兄出京領有兵部堪合，藏中無案，無從奉繳，或應到京抑在川可以繳還。凡發遣官犯自應到部，未識由川起程，必須從旱路按站前進，抑可由水路而行，均望詢明陸軍部一併示知，是所拜懇。

兄自三月初六日由藏啟行，走過三十三站，已抵察木多，再過五十餘站可到川省，必在秋後矣。蓋臣三哥貴恙已見輕減否？殊為念念，手此即請升安。諸希雅照，不盡。弟夫人坤祉、諸侄男女均吉，愚表兄。頓首。

五月十七日再啟者，兄之被案有文卷可查，有輿論可採，正不必復行曉曉。然張之到藏，其地方之危險，行事之怪誕，時敘梗概，此藏人盡知，絕不粉飾其詞，敢告知己，應以大局為重，亦可略見一斑矣。張之初到也，與建侯往迎，見其騎洋馬、用洋鞍佩已覺甚怪，因諒其由印度來，中土之物買不出，不得而。隨來外務部主事何藻翔亦與彼同騎洋馬，三品頂戴花翎，自稱參贊，不知頂翎真假，參贊有無奏諮，並有其侄無髮辮，洋裝，漢番為之譁然，番家竟說其帶洋人進藏，其實非也。待相晤數次，竟未談公事一字，詢之建侯亦如此，一似藏中民情物理均皆知之，建侯謂其談際多作半截語，誠然待奉電旨命泰回京，建侯授辦事，伊授幫辦，則怒不可解，令何代擬電奏，實時發之，有彼處委員某看其怨之詞太重，謂必惹奇禍，隨又令人追回更改，始行電奏，大眾傳為笑談。奉電旨准其暫辭幫辦，從此趾高氣揚，無復忌憚矣，因傳噶布倫等到案，令其捐款練兵，勒令剌麻還俗等事十數條，並諭不准告聯大人知之，如漏風聲，即行正法，此正兄待交卸時也。後聞噶布倫據三大寺番眾等公稟，擬令洋人退兵不准冒占番地十數條還之，伊亦無法辦理也。忽於去年冬月廿九日奉電旨查辦，兄之行禮已發，只好停止，遂傳諸員，均鎖項到案，殊覺新奇。或今呈遞親供，或當案取供均未令本人畫押，亦新奇。劉文通則裸衣責之，令其招納髒款毫無對證，兄謂建侯云，如此問法雖一年亦問不出，伊為大笑，此參贊何之聽斷如此，其問案時如有舛錯，彼處妄員隔一窗，皆大笑。今番眾看之，殊不成事，此時又出招告，告示黏於通衢，並無人控告，以前入奏，竟不知作何辭，並設立無情櫃，後竟有投入罵話，種種笑話。於臘月十七日糧務余鐘麟來，持何所書草單一紙，今照單遞親供，因其不成公事，元單現存行篋中。所問者不過一切銀錢是否劉文通經手給洋人，送物是否劉文通買辦，該大臣未能赴邊，是否劉文通主持，蓋文卷調去，查不出所以然，擬欲借劉文通一人了事，並見

情於兄。然鄙意須將劉文通先行殺死滅口方妥，不然奏詻各案均有報部明文，實不敢順水推舟昧良害人，只得據案覆之，未免有負美意矣，一笑。張何忽找建侯謂此事難以覆奏，託建侯向兄說，一任罰款，萬事皆休矣。建侯不得已，向兄說罰款，須將冒銷按實，方得謂之罰，此時誰肯拿錢買罪名，此論頗通，託其以此語覆之，彼時無計可施，因揚言於眾，俟將有泰置之死地再治聯豫。建侯對兄云：「死一康廣仁，欲令八旗人均給其償命耶？」外則聞之，令刺麻還俗一節，欲照巴塘辯理，前鳳全即為此喪命，此時大可危險，伊等犬羊之性，玉石不分，謂之洗漢人，則得矣。是以建侯給外部電信，兄與那相電信，皆在此時前後也。然外邊聲氣仍不好，張亦如懼，傳噶勒丹池巴去面告，前之令刺麻還俗，原為其娶親，俟得兒子，仍可當刺麻，眾云張欽差太費心矣，至今傳為笑柄。正月適屆傳招，少覺安靜，張又傳各員覆訊，比何聽斷尤難，數語而已，多泛泛，遂聞覆奏矣，不知添砌何辭。於本年二月初八日奉電定罪，眾人稍安，其無理貽笑之小事瑣事，非一言所能盡，忽於三月初二日張傳委員江潮、現在藏為建侯所留。余釗此次隨兄來川。到公館，二人係前奉旨革職，聞覆奏漏下，是以後奉旨無名，到時讓坐，忽鎖忽坐，何前倨而後恭也。告二人云，近日打聽汝二人甚明白，此事不得不而，不然無以對上頭，並無以對軍機，以後必給汝二人開覆，二人深以為奇，不知前之何以奏參，忽又許以開覆，亦未道謝，唯唯而已，眾人皆以為可笑。兄擬初六日長行，初三日呼傳何大人拜會，不得不見，先有此風，商之於建侯，據云來時必見，送物必收，請吃飯萬不可去，謂其通極，原兵部舊同寅素知其有痰氣，庚子後知其風氣不好，總未見面，今特來送行，問夫馬問口糧，伊見新章不必到軍臺，京內即可交臺費，大為周旋，答以京內吃喝好，天時好，比藏內強，胡云一陣而去。初五日又傳張大人拜會，見後行大禮送行，當面還之，告以獲罪人不便各處辭行，因痛談到此多病，並託如見軍機時，提此處非不能辦，又作半截語，不甚了了。不知獲罪人何以見軍機，伊曹當中書，每談朝政，群以為老媽媽開榜，又談許久而去。燈後送到洋魚洋果子六盒兩桶兩瓶均收之，可感也。第二日臨行晤建侯，伊在外國多年，毫無習氣，筆下亦好，甚相得以為外國有如此辦法，伊云，合地球亦無此辦法，因而大笑。(回憶在任時，署靖西同知馬吉符通稟，洋人佔地蓋房，與建侯皆批之今與洋人力爭，並候張批，張未有一字批覆之，此有案之可證，張發千金交拉魯佛公並番官，今其種樹由藏至曲水，不知其意，後詢

建侯方知此外國通例，洋人曾走之地，如民間種樹，即為投降之意，此有人之可證，看其奉承洋人至矣，聞洋報痛罵之，又何說也。）以上在藏情形，長行後復聞，（張之奏諮各件，難免欺矇，前後細按之，則見不能說完即算辦完，兄走後聞其入奏欲往江孜辦開埠，是一切未辦皆推聯之一身，辦成總算自己創始，辦不成則聯不合機宜，幸奉旨不准離藏，然二人終恐牴牾，於大局無益，殊切杞憂。）再前後兩次電旨，並為江、余二員彼處摘鈔原奏二則附寄。手此，再請升安，表兄又拜。密啟者，聯為那相姑舅舅，張為那相門生，曾見那相致聯信中，近來朝政如何，實令人莫測，聯為人不過通聲氣，講酬應，外甥前皆自稱名稱中堂，提到張則云，知道人家用幾萬銀拜得門生，不可得罪，似不應給外甥如此亂云，現在革命黨、排滿黨遍天下，大半廣東人居多。曾與聯皆面詢張，方知蔭桓為其族兄，伊族甚大，同族不同縣人甚多，此為唐中丞紹儀所薦，與康梁皆為廣州府署，前憚毓鼎參唐紹儀之語，一字不虛，余謂新政不可不辦，亂黨不可不防，吾弟以為然否？兄蒙恩宥死，且准其效力於中土，比老康老梁屏諸四夷，大有間矣。張家口乃吾弟服官之地，不知兄之效力有何差使？或云驛路跑折報，或云驛路掛公文出入號，跑折報又須分年齒老幼，不知然否？總之比駐藏大臣差使較輕，或云此地極浮華，答云與在京何異，或云此地之極荒涼，答云與在真武廟何異，更有慶幸者，兄本查哈蒙古，俗云發回去了，雖無可識之人，究竟本籍，風土如何藉此可以一看，亦人生之一樂境，此語切不可為外人道，不然改地發遣，則大失所望矣，哈哈。年來身體較瘦，水土使然，精神尚可支持，惟兩眼多流黏淚，或老境逼人耶。安仁山在此，兩眼幾乎瞎，腿作酸痛。文淑南先生崇扶之幾乎成癱，駐藏之通病也。務乞閱後付丙為禱，再大部前查報銷舊案，已諮聯大臣轉覆矣。到時望飭司核銷後速，為知照是禱，又拜。

附錄。英軍駐拉薩兩月，飲食均自備，其犒賞牛羊、薪草等項，約費千五六百兩，籍端報銷至四萬。八月外部匯款未到，先電稱經費甚不能敷，預留浮冒地步，向章由糧臺報銷。李夢弼初報三千兩，被有駁斥，改由洋務局員驍騎校江潮縣丞余釗報銷。又乍丫兵變團署及噶布倫因賠款赴印度，所費不過六七百兩，報銷至二萬兩。洋務局皆駐藏大臣文案兼差，藏提逢防項下經費一萬兩，委用私人，朋比分肥，報銷浮冒之弊，臣所不能為有泰諱也。又查洋務局報銷英軍進藏一案，據江潮供稱報銷五萬兩，均有自行經理，

署中並無案卷，歷任駐藏大臣奏銷冊，去任時均自攜去，從無存案，臣無從稽核，余釗供此案以電報費三千餘兩為大宗，余不過牛羊、米麵之類，或有禮物，係有泰預料有英兵入藏之變，託友從四川印度預購備用，委員無從知悉，等語。

原奏致仲路，奏參在先，報銷在後，難免粉飾，報銷在先，奏參在後，有文冊可憑，大部不難詳覈，別項或有影響，止於亂說，乍丫用款捐廉，何曾報銷一文，尤為可笑。

覆奏此皆訖諸空言，二人親供自在，是如此說否，不難查，此不過略見一斑，究未窺全豹為恨，刻報中四川於兩次奉旨，未見更無論原奏矣。

豐培按，仲路為溥頲，左都御史，時掌度支部，為有泰表弟。當有泰被張蔭棠參劾時，已密電那桐和溥頲請予說項，此時複寫長函，申訴己冤，詆毀蔭棠，稱為康黨，不外乎為自己解脫顢頇貪污之罪，因有內援，故從輕處理。設在乾隆時代，早已枷鎖到京，嚴於懲辦，何容他從容回京？清末吏治，只靠攀援，不問是非，以致如此。信後附張蔭棠參劾之文，有泰加以按語，以謀伸辯，今亦附錄於後。

［五］即「徐聯陞」。

［六］稿本原作「陳」。

六月初一日　早起覺涼，昨晚亦然，午後熱。早赴鶴孫處談，因在彼同吃早飯，馬洪喬送來雙款對聯一付，亦送鶴孫雙款對一付。夫馬馱隻分齊，約馬虹橋來談，發賞耗後同晚飯，上數站多用。晚飯後發賞耗。晴，微風。

初二日　第四十五站。卯刻，發江卡汛。走平壩數斷，麻密堆甚多。行廿五里布東塘，自下賑房茶尖。四山均有松柏樹，山下多刺樹，又名油柞子，沿路雖有，不如此處之高大，無一株成材者，皆作彎曲行，均堪入畫。平坡一片粉紅繡球花，一道小河，順路多山，澗水歸之，頗成點綴。又廿五里，普拉塘宿站，公館三間，屋往後閃，可危之至。山格同住。此處房屋無多，眾人或遠或近而住，鶴孫在高坡住，特過痛談。買三七一斤，有紅色者，一文半洋錢。早極涼，晴，風。

初三日　第四十六站。卯刻，發普拉塘。先走田邊，遂上普拉山，道尚寬，松柏極多，雜樹亦有，穿之而行，路左澗下麥田多方，澗水繞之在山中間，看其後眾山亂迭，均有樹木，殊覺幽雅。其可開墾蓋房處頗多，此山甚長，臨下山有石燕如龍洞，然不甚真，多模糊，又有石小蛤蜊，均有趣。行卅里，古樹

塘尖站，即在普拉山下，有公館，前有大楊樹，小河圍繞。尖後山畔田邊行，遂上古樹山，_{覺微陡，不甚長。}與普拉山無異，樹木亦多，由山間看遠山，竟有積雪，是以珠毛皮襖、小毛馬褂不熱。_{下山多行田邊閒地，野花甚多，五色具備。}又卅里弱，南墩塘公館宿站，房間雖破，比昨日歪閃者強多。鶴孫送石燕，留其兩枚，計泉、穆濱、徐聯陞已送到十八枚，計泉送小蛤蜊，_{自撿。}鶴孫大談。至街上一踏，謁關帝廟行禮，至石佛剌麻廟瞻仰，山格同住。晴，風。

初四日　_{第四十七站。}卯刻，發南墩塘，山邊田旁皆有路行，迤邐上寧靜山，下坡甚陡，山根下巴木塘茶尖，塘兵叩謁。看山勢不枯，田疇頗佳，南通雲南，北德蓋，東川省，西藏地應設雄鎮方是，界牌竟未見，與麻密堆相混，殊非是，以上卅里。又十五里莽嶺，蠻樓上尖站，分夫馬頗等時候，與鶴孫談兩次，俟諸人皆走，盡剩馱隻，留王永福、程林料理。遂行，先平壩，後入雜樹山溝，甚窄，澗水雷鳴，路寬處亦有高低不一，石如大理，有桌子大者，四面圓方形。又卅五里，空子頂宿站，田多，山不枯，風景亦佳，仍住來時蠻樓上。詢其房主，因作人未滿眾意，呼為漢奸，將其斬之，巴塘之故也，全家已無人，女兒皆發去，只有一瞎婦人，現在山溝內。山格同住。半陰晴，風。

初五日　_{第四十八站。}卯刻，發空子嶺。翻土坡，入山溝，澗水作雷鳴，山底窄路行，過澗水數次，野花、怪石甚多，出山平道荊棘多，過達噶山，核桃滿樹，亦有杏樹。_{過達噶山後，即聞蟬聲，與內地不同，形象亦差，甚小，不怕人，可以落人身上，藏內生未知內地者，皆以為奇，藏中無此物也。}青稞已收割，將種穀子，與空子頂大相徑庭，彼處麥田尚未秀穗。行卅五里，_{或云四十。}貢拉尖站，自下賬房，未尖前走極險山腰路，_{鸚哥嘴步行。}即見金沙江。尖後沿金沙江而行，有山腰極窄路，亂石路、刺樹路甚難行，尖站等名糧許久。適午間穿四袷，甚熱。又卅五里，_{或云四十。}竹巴籠宿站，過塔門，木船渡金沙江右岸，江甚寬，有石處波濤甚壯，作雷鳴，與來時大不同，前坐沙灘已沒於水，道路與前走江邊今走山上遠多。山格同住。自江達即見蒼蠅不少，此地尤多。閒至金沙江畔撿石子，鶴孫亦來同撿之。_{伊得天馬行空石，余得似不全字石。}晴，風。

初六日　_{第四十九站。}卯刻，發竹巴籠。仍沿江而行，山腳路、山腰路均有，比昨日道寬，係大道，有刺樹礙之，將至尖站，冬日所行之路全沒於江，須上山讓麥田，近日開墾處頗多。行五十里牛古渡，舊日蠻樓上尖站。復走山腰路，翻茶樹山，路甚長，下視金沙江，至山頂視之不見，即下坡，甚陡。至茶園上路，停輿小溪旁，_{名浪洛由喜。}飲茶，遂行田旁人家，廟宇打毀者多，路尚易行，

麥子有未割者，一片黃雲在青山白水外，頗得景。過桃園遇陣雨，所謂茶園、桃園並無茶、桃，徒有其名耳。看丁零寺，已剩牆垣而已。行四十里，巴塘宿站，在馬軍門、趙護院素住公館內，頗潔淨，山格同住。會客許久，甚熱，路中又得湯湯青。_{田差呼還魂草。}半陰晴，陣雨。

初七日　在此擬休息數日，糧食亦不繼，且聞里塘馱只尚未前進。早雨較涼爽，午後，戴申五過談，聞鶴孫昨早赴江邊撿石，腿為風吹覺酸軟，晚間遣人去看。吳聘齋來，痛談，伊為淶水人，居鄉，離易州卅里，同為易州屬，可謂近同鄉矣。晚復雨。_{聞此處菜、面無一不貴，洋九三錢五折四嘴，比藏中尤難，房錢每人三分一日，不論間數。}半陰晴，雨。

初八日　午後，余鶴孫來談，詢其腿已好，乃江風所致，憶余幼時在川江為風所吹，亦害腿疼數年，江風殊可畏也。此處麥已熟，在房上用連架打之，男女歌聲相和，別有風趣。不過滿街揚麥糠，無場院。早曾至清真寺一看，馬介堂軍門所修，余曾捐款，已高高懸匾，甚可笑。晴，熱。

初九日　午後，過鶴孫蠻樓上一談，遇申五在座，鶴孫已與前糧務晤吳聘齋，大贊其精明強幹，張少堂種種笑話，非楮墨所能盡述，與申五樂的肚腸痛，真是天地大而怪物多。里塘糧臺熊君來電，前撥馱只於廿六日已前行，約可至爐廳，問此撥馱只用若干？已有鶴孫開明數目電覆，大約此處夫馬尚須候數日。院內有一大棵梨樹，已結實。陰，朝至晚雨，夕住。

初十日　無事閒坐，得詩數首。早陰，雨大小不等，直下一日。午後，吳聘齋、王德齋均過談，夫馬之事多仗聘齋在彼與其頭人交派，張糧務不甚了了也。吳、王二君先走，鶴孫復談。陰，大雨。

十一日　_{此處雅州桃片一洋錢兩包，如雲片糕貴極，甚甜，番子必愛吃也。}午後，至關帝廟叩謁，仍與來時無異，新懸匾數塊，有馬介堂軍門，吳聘齋直刺。旁院葡萄架挨種一橘子樹，均結實累累，南北方俱少見也。然兩物皆酸，吳直利云，酸葡萄可煮黏黍埋根下，數年可變甜。街道活水溝甚多，回寓張少堂來，痛談。晚飯後，吳聘齋來，痛談，並給山格帽兜、鞋襪，不容辭。晴。

十二日　早鶴孫處送來王瓜數條，乃山南所種，此處尚未有，食之覺香美異常，蓋五年未見，藏中偶一年有之，老而無味，不似王瓜，亦怪也。午後鶴孫來，謝之，談及此處朋友情誼頗厚，不以成敗待人，連日竟有約飯者，杯酒之間均相得，或離內地近，局面開展耶，一笑。晴，小雨一陣。

十三日　午後，至街前一踏，南有河，水勢較大，必是上游有雨。惟街道

污穢非常，若不填以石，路竟無下腳處。現有雜貨鋪數處，足徵漸進豐盛。轉至鶴孫處登樓一談，遇申五、斷雲達孝廉鵬瑞亦來談，因早間送扇子一柄令書，許以帶往爐城，必交卷。南街外有柳抱槐亦為一景。燈後雷雨，晴。

十四日　此處天時忽涼忽熱，午後山格抱來，已知笑，熱時鬧，涼時睡，亦似有知識。正薙頭時，聞雷聲未見雨，似別方有雨，遠山雲甚濃。晚飯後，鶴孫過談，伊則連日赴約，頗不適。半陰晴。

十五日　早諸君來道望日喜，俱擋駕。昨日夜雨，今日早雨，明日不能成行矣。晚飯前，鶴孫過談，又送王瓜數條。吳聘齋來談，送菜三筐，乃自園所種，謝之。早雨，晚晴。

十六日　午後，分馱隻，將毛牛進院，箱籠綁去，然一片聲喧，殊聒耳。能辦事者必不叫嚷，此番子本來面目也，一笑。晚飯後，聘齋、德齋便衣來話別。燈後本欲發賞耗，因分馬並名糧未齊。雲達、少堂亦來話別。半陰晴。

十七日　第五十站。辰刻，發巴塘，因分馬及名糧並發賞耗，是以稍遲出來。先走石墕路，吳、張二糧務面送，勇隊謝賞，眾塘兵謝賞。行不遠，即入山溝，水聲如雷，對談須大嚷，方可聽真。五里有「為國捐軀」石刻，乃聚葬巴塘殉難兵勇處，不遠至鸚哥嘴山石刻「鳳都護殉節處」，為馬介堂軍門所書，兩處皆看之，慘然，真天命當如此，漢番皆喪生不少，又廿五里，至小壩沖早尖，去時冬日可在山下澗邊走，此時需走山腰路，較遠十里，路中折得杏子數枚，山中野生者，其苦澀酸異乎尋常。尖後上高山，半路水聲較遠，沿途大木倒下，需下輿方得過，路中漢番皆不經理，竟無人過問，反不如藏屬各地番人辦理也。路中遇大雨一陣，山路頗滑，幸不甚窄。將到宿站，水聲又大響，蓋路與水近之故。又卅里多，云四十里不到，多則卅五里。奔察木宿站新修公館住，門窗戶壁皆未有，甚冷，又陣雨，屋已先漏，但盼莫再下，一笑。陰雨，微晴。

十八日　第五十一站。卯刻，發奔察木，昨夜雨，帳簪皆濕，滿地均水，山格臥處竟未漏，可謂運氣好，一笑。聞此處已雨七八日，大瑣塘現令刺麻求晴。家人等半夜未睡。早發幸陰而未雨，出門即走松柏雜樹林內，橫木、石塊皆有，且當路便是山水溝，澗下水聲如雷，將出林，左有大石塊，此處曾開仗。刻「雄關」二字，馬介堂軍門所書。遂行亂石、碎石中，無樹木，即翻大瑣山，下坡甚陡，幸不遠得平壩，有牛場。行四十五里停輿飲茶，無處可作尖站，左右路均有積水大坑，謂之乾海子。尖後，三袷一棉一中毛皮尚涼，遠望對面山有積雪，並出凍雲。又行亂石水路入山溝，水聲又如雷鳴，雜樹極多，然山花如錦，甚可

愛，惜不知名。行廿五里，大瑣塘宿站，在來時民房內，公館修而未齊，此處灰黃山大似窟窿山，不及其雄秀耳。看山格兩次，未同住。過鶴孫處，過申五，痛談。鶴孫處有一紅教剌麻，在彼焚香念經求晴，夜間大雨，添財問其求晴何以有雨？伊云，夜間睡著未念經，是以有雨。然說此未免強詞，自己亦笑，非添財小孩不好責之，其窘萬狀，鶴孫談此，因大笑。半陰晴，風，細雨一陣。

十九日　第五十二站。辰刻，發大瑣塘，昨夜雨，帳內滴水，孿房亦漏，早仍雨，待辰刻方住。行草壩中，四圍皆松柏山，過大、小橋數道，直至尖站，如行圖畫中，甚為娛目。惟天較涼，種田殊不易，花木滿路，似相宜者種之，亦未必不生也。行卅五里，松林口尖站，沿途臨水，此處尤覺山水得宜，頗幽靜可愛，適鶴孫經過，約其至賬房看山景，吃饅頭閒談，非邊外無此樂也。遂入松林亂石路，甚長，翻三壩山，不高，路右水旁有積冰處，下山行平壩，不如前半路，四圍枯山多矣，然比拉薩尚強。有草及矮樹，遠看四時不化，雪山高入雲表，三日皆繞此山行。又四十里弱，不過卅五里。三壩塘宿站，新修公館內門窗已安，未糊紙，甚涼，對山有藍花數片，不知名，惜房無多，住賬房在外。路遇雨，晚又大雨。山格同住。一日忽陰忽晴，雨有大小。

二十日　第五十三站。卯刻，發三壩塘。過小橋，復過一大橋，橋路上下皆水，河無名，番語亦不一。抬杆而過，水及馬腹，據番子云，前數日尚及人胸，此已略退。沿河而行，穿林走窄路，河至下游，左右大小澗水均歸之，其聲如雷，波濤洶湧，竟將水溢於岸上，復抬杆兩次。有山腰極窄，亂石處步行兩次，上大土坡，亂石路下，後走亂水路。行六十里二郎灣，自下賬房早尖，有營盤二處，為馬軍門所築。尖後走平壩，大黃甚多，葉如美人蕉，昨見中幹開花，如葵色，紫黃白野菊極多，花比內地大。翻山一座，路甚長，雖不高險，詢之無名。過山後有極窄路一斷，至平壩麻密堆新舊皆有，令人數之，總在二百餘，言人人殊，聞其向來如此，亦怪事也。復走亂石路，過橋翻山一座，略小，亦無名，下時窄處多，下水溝，踏水過處亦不少。又行六十里，剌麻埡宿站，仍前孿樓，上獨木梯，山格同住。到時將點燈，頗覺困頓，里塘熊仲卿糧務廷旌，雲南人。遣役迎。一日忽雨忽晴，雨大小不一。

二十一日　早鶴孫過談，不知余不走，若走，則以後行禮更難保矣。渠鋪蓋已發，只得住頭塘，明日託其到里塘，擬借守備署暫住。練軍哨長任百勝，安徽鳳陽府人，來兩次，因昨日下山溝時，已黑，下雨，將酒箱割去一隻，令其訪查，公然在山石下得著，伊問訊為趕馱者所竊，請即正法，余不准，恐有不實

不盡，蓋別有所聞，令責之，警其不小心，拿來箱只。練勇、番頭目均賞之，將高玉貴找來申飭，令其囑咐各押馱者不可大意。半陰晴，陣雨。

二十二日　第五十四站。卯刻，發剌麻埡。先路在河左，任哨長率勇送，賞之。過橋，行山右溝內。聞鶴孫云，此溝名虎皮溝，橋右馬多沒水，離橋數丈，俗名海眼，曾有人誤涉，人馬皆無，行路者不可不知。松柏雜樹甚多，野花亦遍山，忽渡河左，又復河右，橋有無不定，竟有在水內行時亂石亦多。出山廿五里，拉爾塘尖站，自下賬房，挨塘房已蓋公館，轎夫煮熟飯並鍋落在河內，順水而去，飯盜皆無，或笑或怒，無法可施，只得挨餓當差而已。尖後遂上山，樹木亦有極大者，旁臨深潤，或水沖道，此山不知名。翻過即翻乾海子山，行乾海子，此處樹木少，亂石多，且有大石如屋，路右一石以兩石架之，其險萬狀，聞此地夾壩甚多，大石後可隱五六人，行路者戒之。聞裕子維出藏，見亂傷死人三，即前日商人為夾壩所害。行四十里乾海子邊，在輿茶尖，復上山，平壩無多，又行亂石內。下山行卅五里，頭塘宿站，僅剩破屋三間，本來房屋無多，左右皆塌。與山格同住一屋，以布圍截之，殊可笑。房上落黑灰，滿桌皆是。忽陰晴，落大小雨數陣，後落冷雨，涼。

二十三日　第五十五站。卯刻，發頭塘。大霧。與昨後半日所行之路相等，亂石、水溝甚多，山坡翻過即大平壩，下坡易行。卅里至大橋，自下賬房茶尖，甚冷，如初冬，來時蠻房外茶尖，房已倒塌，僅有牆垣數堵。尖後過橋，其危險與來時等，復是平壩，皆易行。入山溝，亂石雖有，大者少，過熱水塘，有蠻房可住，洗浴或云硫磺氣過重。有剌麻寺遣剌麻來迎，過河，翻數土梁，行大平壩上微坡，里塘守備署宿站，此又卅里強。張孝侯觀察俊生，安徽人，熊種青糧務。聞鶴孫云，熊種青當巴塘亂時，此處備辦馬牛頗難，上游責成甚重，伊供馬牛神兩牌，一為五花使者，一為一元天尊，蓋皆有所指已，可笑。復作一聯云：「將軍空畫妝，老子要騎他。」橫為「呼之欲出」，乃取呼牛亦可，呼馬亦可之意，尤可笑。下賬房迎接，旋孝侯親觀察來會，痛談。種青大人令亦來會，現補富順縣。飯後鶴孫過談，劉亞崛耀坤觀察其號日本所贈，曾至日本遊歷。來會，四川人現辦開墾礦務各事，孝侯觀察系統領川邊新軍。里塘剌麻來叩謁，晚因種青送席，在川省曾識，不能辭，約鶴孫同享。半陰晴，陣小雨。

二十四日　夫馬未齊，只得候之。熊仲卿又送食物，卻之。午飯後，約來一談，人甚穩練，議論時事深得要領。半陰晴，晚雨。

二十五日　早至關帝廟瞻仰，旁為城隍神，順廊塑鬼像，約人高，其狀甚

醜，係由內地人所塑。午後劉亞崛觀察便衣過訪，痛談於樹藝，頗講求人有血性。鶴孫來略談，聞糧臺約吃飯。半陰晴，小雨。

二十六日　數日來左腿作痛，因濕寒所致。早赴街外一踏，會新任巴塘糧務董海觀大令濤，陝西人，將家眷乘轎而來，想所費不資矣。午後便衣乘騎找劉亞崛觀察閒談，住剌麻寺旁蠻樓上。鶴孫來，略談。晴，聞雷聲。

二十七日　早因腿疼赴街外一踏，此亦左右水環土阜，剌麻寺及街署住戶，皆圍繞土阜邊，亦有廓拉路。進街，至申五處閒談，復至鶴孫屋閒談，將早飯拿去，在彼同用。將晚，仲卿糧務來，馱馬等已齊，旋去照料分夫馬。晴。

二十八日　本擬今日啟程，適分夫馬竣已至巳正，放賞用飯後已交午初，恐前途水大，六十餘里路程，再無火把，殊不便，會劉觀察來談，為省城南門外簇橋人，飯後鶴孫來痛談。微陰，晴。

二十九日　第五十六站。卯刻，發里塘，熊仲卿路送，劉亞崛路送，路旁鋪一毛毯就坐略談。翻兩土梁，內一平壩，土梁亂石不大，平壩水溝甚多，行山腰路皆平坦，五色野花極繁。行卅里，蠻塘茶尖，此地先歸崇喜土司管，後歸毛丫土司管，刻歸漢官，每月錢糧無著矣，真不值一笑。尖後左河右山，或窄路，或寬路，尚易行。過大橋一，到左路，此大橋夏日每被水沖，與里塘大橋今皆未毀，行人萬幸，復過小橋一行。卅里強，火竹卡巴總署宿站，已破爛不堪，現已修公館。山格同住，鶴孫過談。一日所見，山皆青色，無樹，到宿站方有樹。早來一紮，係新軍委員袁崇煦所遞，乃說張孝侯統領閒話，並有詩一首，可笑。新軍早送賞之，孝侯因病未到。陰，燈後大雨。

三十日　第五十七站。卯刻，發火竹卡。沿河順山而行，河內出現羌活魚，形如壁虎，黑色，入藥治風氣，夜上岸食羌活，盡入水。沿岸藥物甚多，惜無人識之。野花極多，有一種似秋海棠之豔，梅花形草本似蓼花，淺米色，棵甚大，大葉如倭瓜葉，開碎黃花，皆不知名。翻土山數架，走山腰路多處，並不險，詢之，皆無名。行六十里，咱嗎拉洞蠻樓上尖站，適大小雨未住，較冷，以上所過之青山樹不多，至尖站松柏雜樹甚多。翻俄洛山，大似大瑣山，具體而微，行大平壩，復入樹石山。又行四十里，因雨難行，其實卅里。至西俄洛蠻房宿站，屋甚黑，只有一天窗，遂點燈，不過四句鐘，山格同住。麥田將黃，尚有青者，天時冷也。陰，雨一日。

七月一日　第五十八站。卯刻，發西俄洛。昨夜大小雨不止，帳上圍頂皆濕，帶雨而行，踏水多次。始翻波浪工山，亂石並窄路泥淖路皆極多，穿松柏雜樹

而行，到頂後即見有雪。行廿里波浪工汛，外委署茶尖，破屋數椽，聊可棲止耳。遂行平壩，則大雪不止，竟如十月天氣，一珠毛皮襖棉緊身馬褂竟不敵其寒，今日立秋，內地無是理也。又卅里下山，復上山，在山半剪子彎塘尖站，破屋中上漏下濕，聊作此舉，行山左路，右路亦有道，隔一澗。下亂石入松柏路，又下雨。山花盛開，樹上多蔦蘿，似別處少見。又四十里弱，麻蓋宗蠻房內宿站，山格同住，鶴孫過談，尖站、宿站均已備木修公館，未齊。陰，雪雨。

初二日　第五十九站。卯刻，發麻蓋宗。本在山溝內住，即順山溝行，上高山，下臨河水如吼，或左或右，過橋數次，路雖不窄，除正河，水道甚多。有十數道瀑布，小者莫記。寬出亦有種田處，大小麥俱有，松柏雜木極多。有松鼠在松樹上，大有趣。野花多種，有似木芙蓉，朵有小酒盞錢大，群呼為打盌花，又謂之野棉花。不知準名。將出山口，始見苞圻，藏中無此物也。復行山腰亂石路，直至雅龍江岸，兩水匯流，一清一濁，大有趣，不似去時冬日形景，水頗狂，據云已落多少，前曾長至岸上。行四十里河口中渡汛，外委署作公館宿站，山格同住。外委李明治、轉運委員雲南知縣王曉湘大令治安，四川人，均接至河干。甲木參敬亭、雲亭帶其少少，其實女兒。竟迎至此，深可嘉許。甲氏弟兄欲過談，因感冒服寸金丹，並腿疼貼膏藥，約其明日再來。鶴孫、申五過談，巴總楊凱來見，並送小菜、點心，收之，賞之。鶴孫送來羌活魚兩尾，收之，以作一考據。早微雨，晚晴。

初三日　因分夫馬太晚，恐到宿站天黑，是以留住一日。午後，甲氏兄弟帶少少便衣過談，鶴孫亦來談，並持緣簿，為修此處龍王廟。據首事人云，此處人民皆欲神靈昭著，凡官宦客商經過，以河水長落為占驗，遇長則吉，遇落則凶。如安仁山成到此，河水長，均為平安；慶寶軒善到此，河水落，半途病故。鳳萊堂全到此，河中均結冰塊，破之俱碎，冰彈所結，土著者皆以為不祥，呼為槍子，果於巴塘殉難。馬介堂維祺過此帶兵平番，河水大長，果得勝而回。余到此半日，河水未長，中有一石呼定江石，尚見，到時忽長，石皆不見，應獲靈佑回京，諒可平安。燈後放賞。半陰晴。

初四日　第六十站。卯刻，發中渡汛。順河邊行，昨順濁水，今順清水，離住處不遠即有一瀑布，極大，在道右。過橋，入山溝，如昨日瀑布，大小皆有，不如其多，亂石、窄路均有，河聲亦吼，來往過橋數道。將至尖站，過橋上大土坡，即望見八角樓，乃石砌成，必是瞭望墩臺之流，傳銘謂「藏妖精處」，午後便出，殊可笑。行卅五里，仍在舊日蠻房內尖站，天較熱，尖後不遠，路

右有土千戶房一所，甚佳，聞甲氏弟兄今日住此。遂行田邊高坡，或走田中路，松柏雜樹極多，風景不壞，昨今皆遇來往人，並有川省打扮者，可謂重睹漢官威儀矣，一笑。路中見紅豆生於小葉，如刺梅樹上呼為刺果，可食，因折得數枝嘗之，甜，味不香。又行四十里弱，共七十里至臥龍石，原來蠻房宿站，山格同住，鶴孫過談。燈後忽聞房上大聲，乃隨來烏拉在上燒火泥，下僅挨木板，險極，人跑，擲石，各聲俱作，令人查之，皆抱頭鼠躥而逃，詢之房主，不敢惹也，壞人無處不有，不值一笑。半陰，微晴，細雨。

初五日　第六十一站。卯刻，發臥龍石，昨夜雨並河聲如吼，枕上聞之。所住山溝內，即順山溝行，亂石、澗水極多，青樹各色花不少，有木本多株，葉似天竹，紅花苞如豆，亦有深黃色，均不知名。翻高日寺山，上下皆陡，行山腰路、松柏扁坡路，下山石路。行至四十里強，山根子自下賬房尖站，來時房已塌，新修房未齊。尖後有水石路難行，過後地多平坦，右有一山坡，滿開狗尾花，不過形似，五色具備，太奇，惜不知名。左有一樓，亦八角，均瞭望樓無疑，尖前行兩夾路，必有一山攔路，轉過復如之，有趣，尖後山多青色，樹木少。又行廿里東俄洛，來時房內宿站，山格同住。甲氏兄弟帶少少來請安，送到海棠果，羅通事送到桃子、花紅，皆藏內所無。陰，細雨。

初六日　第六十二站。卯刻，發東俄洛，即由平壩而行，雖有水路、高坡、石路，均不難行，一日均如此，邊外只有此站，不多睹也。離宿站出門四五里一片平壩，極大、極長，四圓青山，間亦有樹，其風景直似內地，道旁各色野花外，即係麥田，河水、橋樑、蠻屋、水磨屋皆成點綴，且有極高楊樹，令人愛而忘疲。行廿里營官寨，在轎內茶尖，等抽換夫馬，俟齊，仍順平壩而行。田疇不少，山勢較矮，且前後均土多石少，蠻房不遠，即見別開生面矣。然自河口東來，竟有對面行人，以前少見。又行廿瑞安良壩，原住土白戶樓上宿站，前住第二層樓，今住第三層樓，經堂內房已破爛。與山格另房同住，鶴孫亦同住，下雨過談。甲氏兄弟帶少少來，紙扎差外屋葉長青來見並遞稟，與馬永太已成訟，殊可笑。晴，陣雨。

初七日　第六十三站。未發前，鶴孫來略談。卯刻，發安良壩。順河而行，蠻房、田地較多，路雖寬，亂石、水路極多，山作青色，樹木甚少。行廿五里，提茹塘尖站，仍在舊日塘房內，憶去時到此，天已將黑，方食早飯，外邊下雪，一日頗覺勞苦，今則安適多多矣。尖後，順河亂石路遂翻折多山，雖不甚陡，路頗長。四十里弱，山根子自下賬房茶尖，復順河亂石路、山腰路行，有似月季

花，單片開滿樹，群呼刺梅，非是。又廿五里強，似卅餘里，至折多塘新修公路內宿站。公然糊窗擺桌椅，皆新作。山格同住，鶴孫來談，武西崑司馬，文源，行三。山東德州人，來迎，晤談，人精明穩練。晚備數桌菜，不能卻，作甚佳。今日之路，為關外亂石路第一難行，其長無對。半陰晴。

初八日　第六十四站。卯刻，發折多塘，即上山腰路而行，比昨日亂石差強。山下多田，有種麥，有種粉花者，一片如錦，詢之名甜蕎麥，開白花者，謂之苦蕎麥，紅花者北方未曾見，過玉林宮及甲氏家廟。行四十里進打箭爐南門，永安門。至來時公館宿站，山格同住，來時遇雪塌房，思之凜然，今煥然一新矣。同城官均來拜，早飯午間始用，已不餓矣。今共六十四站，邊外之路走完，可謂重睹漢官威儀，皆緯帽長袍褂。生入玉門矣。燈後，鶴孫過談。晴，風。

初九日　連日咳嗽，左腿仍酸痛，大半積熱所致。便衣會武西崑、甲敬亭、戴中五，燈後張吉士均閒談。晴，風。

初十日　寫家信一封。即寫本日，託鶴孫寄。略敘初八日到打箭爐，惟咳嗽左腿酸痛。聞大相嶺有路水沖，須聽回信前進。溥六老爺有回信，不必寄來，可存公館。至格想更精明，山格母子結實，山格已過百日，又黑又醜。今託余六老爺寄此函，不必寫回信，到川省擬不耽延，等語。早廓爾喀大噶箕來看，便衣傳見，伊服色與洋人無異。午後鶴孫略談，晚送來梨膏。晴，風。

十一日　早廓爾喀二噶箕來看，服色金絲緞襖褲，帽子亦金絲緞，本國打扮。便衣傳見，聞其人甚安分，當面獎之。前晤張孝侯觀察，據云彼處將余照相呈觀察看，乃坐相，不知何時所照。後找來原本，乃站像，即與馬正太同照之像。正洗腳，武西崑太守來，旋請之痛談。教場今日有會，鞭炮之聲不絕，大有庚子西十庫〔一〕聲音。半陰晴，聞雷聲，風。

十二日　此處公館，又為瀘源書院，黃雲鵠書。篆聯：「誦其詩，讀其書，孝悌而已矣，忠恕而已矣；立於禮，成於樂，玉帛云乎哉，鍾鼓云乎哉。」沈寶昌書，號和吾。午後徐松齡過談，給松陵、西崑、甲氏弟兄送土儀。鶴孫過談，英國主教牧司徐麗生、曾見過杜明理來會，痛談藏路。晴，風。

十三日　早遣人給茶關周陽春大令昌隆，安徽壽州人，昨送酒席。送土儀。午後，甲靜亭帶少少來道謝，痛談，並送膏藥貼腿痛及同仁堂梨膏。鶴孫又送羌活魚八尾，羌活魚研碎用黃酒沖服，可治心口疼痛，百藥不效者，此物即效。並紹酒一壇，不知何處得來。晴，風，晚小雨。

十四日　午後鶴孫過談，將煙壺送去裝薰煙，此物路中甚費，已聞四壺矣。連日茶關送食物，明正送奶子，鶴孫送酒，牙大痛，一笑。微陰，晴，風。

十五日　聞鞭炮聲，祭城隍神。客來道望日喜，俱擋駕。晚飯後，鶴孫、申五來談，余鐘麟為豐折欠款來文批回等件，並移武西崑文領，均交鶴孫轉致西崑今日咳嗽、腿痛略好，惟牙疼不減，火重之過也。晴，風。

十六日　午後，武西崑過訪，痛談。晚飯後，罷通事將小石刻得，並填顏色，因見路中麻密堆，堆多刻「唵嘛呢叭咪吽」，六字真言，番音歐母嗎尼擺嗎吽。嗎，又音密，平聲。石甚大，在金沙江畔，撿的小白石，作腰圓形刻之，或云刻手極佳，酬盧比二枚。晴，風。

十七日　午後，傳胡世鋆問，其槍支子碼有無短少損壞，據云皆已收領到手。高玉貴、扎拉遜亦傳來，大為教訓，一事未辦成，聞銷實屬不少，問其二人何以對外人，以後聯大人如有何說？不能不再行問詢。晚飯後，鶴孫來談，求西崑寫小屏四，交其轉託。晴，風，夜雨。

十八日　早二嘎箕便衣來見，訴大噶箕多少不是，意在非敢惹事，恐為連累。因勸之，總以本分，如有事比不累及，證以所聞，實如此。西崑送菜點，敬亭送糖包，鶴孫送元宵，惜牙疼未能大嚼，一笑。半陰晴，風，夜雨。

十九日　午後，敬亭來談，頗明事理，總以忠孝為本，此處習漢語者甚多。抱出山格見之，伊回去送來一眼四兒一枚，藏中未曾見過，給山格帶之，可避風。接聯建侯來函，鶴孫過談，將邱占榮丫頭伺候娥姬，山格初穿衣褲，晚間大哭，蓋天涼之過，換舊裹毧毡片不哭，竟知冷暖，太奇。半陰晴，風，夜雨。

二十日　腿疼少見輕減，膏藥已去，牙疼仍未好，用石膏薄荷冰沏水，連日漱之。將晚，余鶴孫過談。山格於燈後大哭，想係肚腹痛，用酥油抹之，以手蓋之過熱氣，略好。半陰晴，風。

二十一日　昨夜小雨，今早仍雨，午後會武西崑，談及此處天氣，八月即可見雪，今年尚稱暖和。西風，半陰晴。

二十二日　午後，會辦理巴塘墾務劉亞崛觀察耀坤派來文案蔣慎齋巡檢廷錫持信來，觀察現被趙護院參奏，自云抱屈，實不知原委，可付一笑。鶴孫來談，豐折零尾已收到，並找來張懇伯原參奏底閱之，真是莫須有，想當然，哈哈。程林拿來佛手一枚，五年未見。半陰晴，甚涼，小雨，大風。

二十三日　午後，會解餉委員劉松喬大令含章，漢軍人，由刑部外任，將

張憨伯奏底並寫小對交鶴孫。山格多哭，乃包裹太緊之過，鬆之即不鬧矣。徐松齡賞山格鞋帽、衣襪，據云物雖微，係其老夫人打點，今皆七十餘矣，可感。陰，甚涼，風雨。

　　二十四日　夜間起蹲馬桶，天涼之過。午後，甲敬亭給山格送針黹首飾，鞋帽皆其大姑娘所作。頗似漢人酬應，究離內地近矣，通事軍功重賞之。鶴孫來，將武西崑寫得小屏拿來，並其爐庫前存五千兩銀兌交，即寫收到，親筆條均交鶴孫拿去，外匯票一紙四千兩亦交鶴孫，擬付藏內一千兩，尚未交來印收。整日兩房間皆漏，竟穿兩袷一棉一皮，附加棉緊身，並不為暖，聞去歲此地七月底穿至猞猁，並聞今年省內極熱，省至爐可差兩月天氣。陰雨，微風，甚冷。

　　二十五日　昨夜雨，蹲馬桶兩次，聞此處夜間頗不安靜，警察尚未辦理。午後武西崑來，將匯票由鶴孫處取去，因匯稅要得無理之過，以後或由此處寄往，或由省撥兌，不令號中挾制，未免太費心，聽之而已。鶴孫復來痛談，留鶴孫晚飯，痛飲黃酒，伊贈佛手一枚，數之整十指，大有趣。陰雨。

　　二十六日　今日天氣稍覺和暖。午後，敬亭攜少少來，伊亦穿棉衣來，換皮衣非十月內不准，與藏內相同，不知何故如此，痛談時事，甚明白，於鍋莊延師教《漢書》，頗有道理。晚飯後，至轅門外閒踏，見有賣脆棗，據云不甜，未買。有仙桃，買嘗之，內多子，不似來時所買，味則不差，皮上細刺扎人甚痛，恐有毒也。梨亦好，尚甜，惜少水。晴，風。

　　二十七日　連日肚腹大不好，夜間起蹲馬桶，想濕寒之過。給聯建侯寫信一日，信底附存 [二]。早鶴孫來，多事相商，遂同用早飯，復來將武西崑藏內捐學堂一千兩印收拿來，寫廿五日。即函覆建侯察收，以便派人支取。陰風，小雨。

　　二十八日　整日雨，覺冷，珠毛兩件未敵。然田中尚有麥子等，不知如何收法。門外水渠皆滿，庭前杏子一株結實，尚在。鄰家尚有花紅滿樹，據云八月即見雪，臨邊天時莫測。陰雨。

　　二十九日　午刻後，武西崑來會，將紅單一紙面交到省，匯款四千兩，自行由素識匯號經理，實為可感。鶴孫、申五來，因得席一桌，挑來同享，萬無可辭，即將西崑來字即交鶴孫收存，俟到省再說。晴，風雨。

　　三十日　又微雨，忽住，忽下一日。午後，鶴孫處來家人，給甜餑餑等，外佛手酒一瓶，係家內帶來。燈後，鶴孫過談，聞家人來僅穿單布衫，此處須

穿重棉，皮衣已有上身者。聞道路泥淖難行，新津已封渡數日，省城大雨，水深過尺，先極熱，不知刻下如何。陰雨，晚更大。

【校勘記】

［一］即「西什庫」。

［二］吳注：建侯都護仁仲大人閣下，前抵察木多曾上一緘，諒早蒙青鑒，七月初八日 行至爐城，沿途風霜雨雪，難為詳述，勞人草草，均屬犕平，福庇仰承已生入玉門關矣，十九日得接惠函，敬悉一是，漢文學堂，已有規模，伏聞之下，雀躍三千，此為第一要著。除另函奉覆外，彼此可為欣慰。大著《兩學堂記》已捧讀，此種冠冕文字，只能如此，均稱傑作，中文《學堂記》，尤為新警，即以其素知者因勢利導，佛云得現宰官而為說法，即此也，佩服，俟到京再交七弟祭收，迎教習李金榮相候日久，尚無音信，曾經武西崑司馬電催方學使，大約可去三人，是否啟程，語不清楚，領軍械胡世鎣面詢軍械均已點齊接收，並無短少損壞，即可赴藏，沿途川屬夫馬恐不易備，藏屬夫馬或可不至累贅，葉長青馬永太分賬不勻，包攬客貨，尚係官話，其造謠生事，其醜態非可言傳，真正狗打架，令人絕倒，川藏人材，二人奪盡矣，一笑，已告余鶴孫武西崑面催之，諒不敢再耽延矣，廓爾喀大噶箕二噶箕亦有不相下之勢，吳鼎元齊必達雖為左右祖，二噶箕曾來面訴是非，鄙人以不在其位不敢撓其亂，安慰去之而已，刻下回省道路在大相嶺前沖斷十數里，新津又極大小，萬不能前進，是以廓爾喀亦在此等候，已行六十多站，均為順適，不意離省十數站，反有阻滯，人事變遷，非可逆料，幸山格同住，呱呱而啼，啞啞而笑，頗可人意，古云丈夫愛少子甚於婦人，特告以博莞爾，細思之，七千外程途，六旬餘老物，意想骨肉團聚，宜非妄為，其中略有波折，焉知非福，在里塘大犯咳嗽吐痰，如春間在藏時，更兼以牙疼腿疼，此時少見輕減，惟有樂天知命亦以為福可也，手此敬請勳安，統希朗照不宣，鄉愚兄。頓首，姬人率山兒隨敬，建侯都護仁仲大人閣下，前在藏內面談，與學無疑，大費躊躇，擬抵爐城，再行設措，今籌齊千金即交武丞收領，具有印收一紙，特呈照入，派何人？藏為妥，即希斟酌，示知武丞，由彼處支取可也，手此，敬請勳安，鄉愚兄頓首，附呈印收一紙，七月廿七日交鶴孫處，廿八日早交去，再啟者，前到巴塘即聞如夫人噩耗，本擬致函相慰，又不知府報曾否道及，未敢冒昧，與同人偶談，未有不代老弟扼腕者，況兄參列至交乎，以情論，生有子女相侍多年，豈能忘情，以理論，一言以蔽之，乃尊

府萬不可少之人，惟望善自排解，貴體難言強壯，所謂留得青山在必定有柴燒，此語雖極俗極鄙，然為公為私，有不得不然者，俟抵省無論如何，必當親至尊府，此時真是一部十七史，無從說起也，特此再請生安。又拜。

卷十六

光緒三十三年八月初一日十一月卅日

八月初一日　未刻，便衣乘轎，適小雨，至西崑署拜會，一切多承費心。拜徐松齡，道乏道謝。至鶴孫、申五處拜會。到甲敬亭署，約晚飯，坐中西崑、鶴孫主人而已，燕菜、燒烤頗學漢派，不過上菜少亂耳。書房院龍晴魚、鴿子，旁院孔雀、獐鹿、狗熊，甚熱鬧。回時將酉正，大雨，拿來乾佛手筍二枚，甚奇。陰雨。

初二日　午後，會赴藏師範學堂畢業員王治安佐，人甚明白，與趙樾村廉訪有親，係雲南昭通府人，現寄居川省，住東玉沙街公館對門廖大令宅內，亦有親。甲敬亭給差官家人飯吃，因其得子，庶出，已五閱月，備洋縐、首飾送之，即令振勳送往。半陰晴，風，微雨。

初三日　陰雨，但覺濕潮特甚，聞給中路水大難行，前聞新津封渡，近聞雅河亦有封渡之說。省城大水，城北竟有沖去木行、油行、柴薪及房屋之說，滿城亦有沖倒房間並浮厝柩，蓋玉河水不小也。且有黃城內起蛟之說，必謠言耳，城牆乃有塌處。午後，西崑過談，並送手巾、棗子、龍眼等物，晚又送日本著《簡明生理學》一本，擬明日以酒席答之。陰，風雨。

初四日　接少韓來信，藏中無事，將原參奏底鈔來，張已去靖西，擬到京，怕到幫辦任。浙生亦來函，學堂有起色，報章難售，已到第七期矣。午後，茶關委員周陽春便衣來會，云省城已成水災，東門竟有沖倒房間並傷人口之事。半陰晴，風。

初五日　遣人給王治安送菜，敬亭送杏子、花紅，鶴孫送棗、梨，皆藏內不易得之物，梨或偶有，亦不佳。買得玉米數枚食之，四川呼苞坯，藏內亦無。晚飯後，踏至城隍廟一看，兩廊塑鬼卒，口內皆抹鴉片煙，乃還願者所為，殊

可笑。晴，風。

初六日　午後副戎馬少雲過訪，痛談，伊為西域教人，生於雲南，時務尚留心，身體弱，似吸鴉片者。鶴孫來，略談即去。申刻，去糧署武西崑約，坐中周陽春、余鶴孫、徐松齡主人而已，燒鴨子極好，酒亦不難，回公館已近亥初矣。晴，小風，晚細雨。

初七日　昨日，聞武西崑云，五月間雨大不住，將北門閉上並向空中放數炮雨即止，今見雨不止，又仿辦，果然又止，亦甚怪。罷通事來，因請娥姬帶兒到彼署，告以衣履不齊，不便出去，前次武大人請，並未去，辭之。又請玉林宮，告以俟過數日再說。外邊買來卓達噶，其形青皮包之，內一核，開有白色，果如小榛子，其味亦相似，又呼為野榛子，比擬之名，恐非是。開金巴云，彼回家必過黃土，有人到黃土茶館飲茶，見屋簷牆頭麻雀甚多，忽問村中有某姓否？曰：有之。伊種穀一畝餘有否，曰：有之。此大群麻雀欲往食之，後數日果驗，此通鳥語者。惜未聞其姓名，《論語》謂公冶子通鳥語，想不誣也。晴，飄數點雨，微陰。

初八日　午後，鶴孫、申五來，斌泰等三筆政辭行，初十日先走，糧署派馱子認保結，即交程林、王永福，令與鶴孫商之。夜雨不小，晴半陰，晚雨，恐閉門不驗。

初九日　早寫聯條，墨與筆均將就，甚可笑。王治安來，未見，伊與程林認識，新學中學生，聞其十數歲即教書，甚聰明。午後，武西崑過談，馱子一切已找夫頭等，當面謝之，痛談時事，能不為俗言所惑，此處英、法均有教堂，美國盡有醫生，小有交涉也。晴，微風。

初十日　午後，鶴孫送來百合，蓮芳送來石榴，有黃婆一碟，其形如缽，黃粒若小珠，味似桑葚而淡，亦有子。據云生刺樹上，不知何物，甚奇。鶴孫、申五來痛談，聞徐松齡老哥多喘症，每日以燕窩作點心吃，越吃越喘，恐其虛火上延，聞燕窩吃法，須用冰糖，燕窩〔一〕不過二三錢，晚間燉得，睡醒一覺後食之，再睡，蓋功效全在第二睡之力。又聞以雞子九個，用微水煮七天，每早吃一個，卯續一個，可以延年，然皆是閒時搗鬼，恐上壽不在此也。聞張文達公之萬有問其何以八旬仍強健若此，答云有五字真言，「頑皮不用心」，此真可長壽矣，一笑。晴，晚雨。

十一日　無事，又看《隨園詩話》，只有此部書，無可看也。午飯後，戲作六言《山居詩》四首，聊以解悶而已。半陰晴，晚雨。

十二日　整日微雨，住時或有，東山、南山有雲出沒，東南少遠，山竟見

微雪，天時並不十分冷。午後，鶴孫來談，問夫頭以人夫須至雅州雇覓，恐不能十數日內啟程，亦無法事也。並告余夢中得句云，「江南成事業，裙屐大（重）大聲名」。「大」「重」二字未定，不可解。微陰，雨。

十三日　昨夜夢穿白服帶，葦涼帽，前釘一大珠，意往弔鍾叔佩珂，下階時迎面鳳梧崗山恭敬請安，甚可笑，不知主何吉祥，一笑了哉，特記以較鶴孫之夢。今午將箱支過稱，並號碼子，備交夫頭寄省，喊叫連天，甚覺可笑。午前給山格薙頭，將前留胎毛薙去，並眉毛又薙一次。晴。

十四日　早王永福送一羊並雜碎，擬明日吃烤牛肉，得一羊則更妙矣。午後，鶴孫來談，明日晚飯擬申五同來，作過節，不好卻之，因談及徽省恩中丞〔二〕被害之事，候補道〔三〕由潘桌問之，供竟不諱，因挾仇槍擊中丞，尚有二人幸逃，問之即藩桌馮夢畢，為人知，其學問、人品均可佩服，不知何以得罪也，已見報，此人為革命黨，並開京中旗、漢界限，不但不能消泯反加厲，真切杞憂。半陰晴。

十五日　早眾官員、兵丁叩節，均未見。發背夫、箱包等件，謂之西字號，乃川省四大路均係會匪，有一五旬外背夫，非一百三十斤外不背，蓋以斤數計，少則不合算，此人已留底胡，勇哉！詢其尋常皆在一百七八十斤，此次派高玉貴、李世忠押往，二人不准其多背，恐行路遲也。早用泡牛羊肉，給看公館並差門，群呼為李老頭，能吃五六斤，燒酒一斤外，年已七十三矣。晚鶴孫、申五來，備酒席痛飲，客居太費心矣。陰，大雨。

十六日　昨夜大雨，今早放晴。巳刻，出南門，過大小橋大校場，至折多山路，路左義道行河岸右，過大木橋至河岸左，過山坡多道至玉林墳。武西崑約，便衣午飯，座中周陽春、余鶴孫、甲敬亭主客五人，飯後步踏玉林東西平壩各處閒遊，甲少少帶十二三歲小孩各騎一羊來回馳騁，大有趣。詢敬亭，邊外世家幼男女皆先練騎羊，到少長乘馬，膽量腰腿皆熟矣。在小草壩石上閒坐，看少少等騎羊甚快，少歇，武西崑騎之不能走，伊身大腿長，眾人大笑，余謂俟得曾孫留底胡再騎，令曾孫拉之方稱，蓋西崑已五十九歲，孫已娶婦故也。鶴孫亦騎之，伊身矮腿短，竟能騎之而行，此種羊非本地生，可馱百斤上下，西崑謂小孩洋洋得意，余謂二君乃洋洋乎大觀，侍從無不大笑。回時大廳用晚飯，菜酒皆佳，與陽春、西崑拇戰，酒消不少，一日之間甚可笑。見其大廳掛一單條，作美人舞劍在雲霧中，題字甚小，讀之乃《隨園詩話補遺》卷五第十九頁，西崑以余眼力尚佳，特記奇麗，川方伯題《盧湘艇美人寶劍圖》：「美人如玉劍如虹，平等相看理亦同。筆

上眉痕刀上血，用來不錯是英雄。」詩甚佳。晴，晚雨，復大雨。

十七日　昨住甲雲亭屋，甚潔。午飯係敬亭約，飯後至其溫泉屋內湯腿，覺癢，蓋風濕所致。到敬亭屋內談，伊云此處有番民遇豹子迎面，將頭頂咬住，伊將豹子抱緊，竟將其擠死，其力可觀，眾大樂。遂至其溫泉發源處，乃朱沙所成，因撿數小塊，實是真不易得，上即祖塋，林木多極，對面岸山松樹多極，中間夾似細竹，如鳳尾，不准樵採，大門外河邊去年曾打死一熊，野獸甚多。武西崑飯後即進城，在屋內仁尊巴敦過談。已病年餘，甚疲，現住玉林塸樓上。問其京內平安否？據云洋人萬不至有事，現有七八十歲人引一卅多歲、四十歲人，頭有角，如道家之有挽髮，恐其起事，攪擾數年。然已在左右，上甚畏之，不可解。晚飯未痛飲，只有陽春二人而已。陰雨，忽住忽下，夜大雨。

十八日　昨夜，床頂上有暗樓，耗子大鬧亂跑，有拉紙聲，至雞鳴略睡。早起，敬亭即來，點心有奶子臥雞子一盌，不難吃，務請吃早飯，辭不獲已，只得領之。飯後即走，回時比去時快，蓋下坡之路多，到公館略歇，下雨。陰，雨。

十九日　午後，武西崑來，詢之，前日由玉林塸回，亦未遇雨，因下坡路較去時快也，頗與余回時相同，鶴孫來同談。武西崑先走，鶴孫又談，挑夫、轎夫甚費事，已接前路電，須雇齊來迎，無多人也。令永福至糧署，倩其覆電趕催之，有夫來再定日期。昨夜大雨，屋甚漏。陰，細雨。

二十日　無事，給敬亭、雲亭寫對聯、單條各一，並步先兄原韻詩一首寫橫批給其昆仲。此處有扁梨，似鴉梨，尚嫩，敬亭云，此地石榴甚好，買嘗，其酸無對，好的或有，未敢廖贊，一笑。陰，晚又大雨。

二十一日　微雨忽住忽下，無事找來洋酒，價甚昂，多者二兩，少亦四錢三錢，乃法國所賣，送酒人係四川，其皇張慌張萬狀，走至半路，竟砸一瓶，大眾無不笑之，若如此辦法，未有不賠大本者，想訛人太過耶。陰，小雨，晚大雨。

二十二日　有風有雨，似近重陽矣，無事拈筆墨。天覺涼，在京皮衣多未上身，較藏尤冷。午後永福云，夫頭來云，人夫已到卅餘名，可以定日啟程，令其找鶴孫商酌一切，回云明日早鶴孫來商。半陰風，微雨。

二十三日　早給斷雲逵寫摺扇一柄，字小覺目力甚差。鶴孫來，擬定家人、丫頭及回差無用之人，廿七日先走，余同鶴孫、山格初二日走，路上店口等皆可從容，不至擁擠。午後，甲敬亭來，少少亦來，少少送我老玉林檳熱水

泉銅錢兩枚，蓋放於泉內，錢不過一二年即長白鏽如瓷，並有小石塊、小棍均掛鏽，亦如白瓷，甚怪。因昨放馬，番民用石塊打之，將黑馬左眼打傷，伊將放馬人痛責之，大以為對不起，余痛勸之，宣聖傷人乎不問馬，豈能因馬傷人乎，可笑。半陰晴，風。

二十四日　午後，武西崑來，痛談學堂，遣藏之王佐給其寫字，欲賣馬，文理不通，且多別字，似此充教習萬難，師不通可教出通學生來，真不值一笑。尚有三教習未來，俟一齊到藏，聯大臣自有頭痛之日。刻卜夫馬已齊，馬亦不難，初二日可成行矣。半陰晴，細雨。

二十五日　昨夜雨，今早細雨，午後半陰，敬亭送到大鍋盔，混糖酥油烙，甚佳。武西崑送來四輜一乘，係人寄存者，給針蕭一匣，內有一物不認識，其樣似搬指套，想係極老之物，賞山格帽鞋等件，殊覺不安之至，係同鄉，以後酬應不遲也。半陰晴，早細雨。

二十六日　早無事，午後至外院閒踏，大有秋意，似雨可停，頗有涼風。將晚，鶴孫、申五來談，留其吃晚飯，將各酒品之，以玫瑰為上，其次佛手，若葡萄洋酒又次也。晴，風。

二十七日　早會瀘定橋巡檢李姓。寶獻廷琛，正白漢內旗人，繼蓮溪族任。生於川省，未到過京，人明白，通醫道。丹珍等皆今日走。申刻，回拜馬少雲副戎。至軍糧府西崑約，座中陽春、鶴孫、松齡、獻廷、主人共六人，菜極好，有鹿尾、熊掌、鹿筋、猴頭，鹿尾、熊掌未得法，乾鹿尾切片清湯汆，熊掌紅燉尚可，鹿筋平常做法，猴頭據云生時真似猴頭，有金黃毛生樹上。初次吃，不過木耳、蘑菇之流，好湯熬之，另有別味，燒鴨子極肥且多，諒非一隻，回來已戌正餘矣。晴，午後大風，早晚小。

二十八日　早將匣子收拾妥，裝箱。甲敬亭、馬少雲約明日飯，均辭之，辦理各項行裝，實無工夫奉擾。將晚，敬亭送到貢硯，貢硯後詢知為本坪所產，乃明正司舊居之地，向充上貢。並有少少送山格硯石合，小雜木雜雅酒盅，邊外竟有青石作硯，護身佛、返魂丹不知真假，外皮張等件煙薰，海騮小馬一匹，總因番民打傷坐馬之故，未免太圓通，不好卻之，重賞其來使。鶴孫送大梨，甚佳，不知何處得來。晴，風。

二十九日　早無事，收拾行篋。午後，鶴孫來，送到照相片二張，一野景，一官冕，申五送到騎馬相片一張，均收之。甲敬亭送到酒席，無法辭卻，收之而已，屢次酬應，未免不安。晴，風。

【校勘記】

　　［一］稿本原無「窩」字。

　　［二］吳注：恩銘。

　　［三］吳注：徐錫麟。

　　九月初一日　午後，武西崑來，痛談，以後子孫學問竟不敢妄參末議，實情可笑，抱出山格見之。徐松齡來談，亦令山格見之，本要照片，告以鶴松所存，可以奉送。馬少雲來談，其天方教土國能由西藏至克什米爾轉通之，頗為大妙。都司馬佩璋為介堂軍門堂侄，亦略談，守備、外委亦見，均令不必遠送。甲敬亭必欲遠送至瀘定橋，再三攔之，似不肯，並云近接番稟，前叛游勇奔雲南，現聚二三千人裹一處，番民係唐古忒所屬，欲犯察木多，情形甚危，聞藏中已派糧員、游擊防剿，然無兵無餉，不知如何辦理。又張大臣行至印度南，小地名，為洋人所短，不知何故，以上確否未可知。早雨，午晴，風涼。

　　初二日　第六十五站。辰刻，由爐城啟程東關，由馬少雲協戎、徐松齡照廳、都司馬佩璋送行。出城後，千總胡國華、把總曾國麟、陳尚品送至半路，教習王治平佐步趕送行，甚可感。沿途秋景，野花甚繁，比去年時少閏月，故花草又一氣象。行山腰，河邊窄路，關外看慣，亦不覺大險。廿里，小神堂轎內茶尖。又十里，柳陽尖站，武西崑送至此，並備早面，面謝及叩辭。沿路十里五里，均有住戶店房，背茶者絡繹而來，亦有背米及雜貨，有底須並小兒均負苦力，川南人均屬強壯。途中有一節被水沖，挨山用破板凳架之而過，非川轎夫不發行，其路或土平或石砌，尚易行。卅里，瓦司溝宿站，以關外計，似有八十里。晚飯仍西崑遣人來備，山格同住，甲木參敬亭帶少少來，必欲明日送至瀘定橋，真誠樸之至。此瓦司溝比盧城熱。路聞蟬聲，屋多蠅子。晴，風。

　　初三日　第六十六站。卯刻，發瓦斯溝。出門即上山路，山不高，多石腳，順魚通河走，山半窄路，即大愁山，多仙人掌並馬櫻花，下山遇冷竹關，復上窄山路。二十五日裏，到大烹壩早尖，等山格轎到，復行河邊路、山腰路，至山崗坪壩，轎內茶尖，係十五里。復行山中路、山腰路，有極險處，臨河。廿十里，至瀘定橋宿站，在巡糧署，橋斷鎖三條，更覺難行，幸寶獻廷遣專走橋夫往迎，一切妥善。獻廷大為預備，攔之不行，送山格物品，收鞋襪。會鶴孫、申五、敬亭。飯後會獻廷，西藏教習吳嘉謨、陳廣居均係學生，吳嘉謨係戶部主事、巴塘教習，均詢藏內及沿途情形，山格同往。晴。

　　初四日　早即催馬匹，未來，應冷磧土司辦理，新為廓爾喀差所備，馬匹為沈邊拉去不還，彼此負氣，竟正差不顧，且此次用馬十數匹，並發私價，不用官，如訥大臣用至三百餘匹，彼亦無法也。甲老三帶少少來看。午後，申五、鶴孫來，找獻廷談兩次。燈後，馬已齊，明日可行。半陰晴。

　　初五日　第六十七站。辰刻，發瀘定橋。走山水溝，路少寬處，甲敬亭衣冠帶少少路旁送，遂順河邊窄路，旋上山，半窄路。行十五里，至大爐周姓保正店房備茶尖，中一桌一椅，甚難看，下輿略坐，賞之。復行山半路，見有柿子已黃，結成滿樹，未免有易州鄉景之思。且對河岸上無數田地，房間亦甚多，背山有兩三處瀑布，可入畫稿，惜漢夷難處，居之者未必知其樂也。下山平處即冷磧，田疇交錯，有引水種稻者，凡山上有土處皆開墾，農工不惰。行卅里，原來李保正名如桂，號子丹，世代耕讀。店房宿站，伊先往迎，並送土宜花椒，回給其佛尊、藏香、片子、氆氌。冷邊應襲土子周朝相、十二歲，極精明。沈村土司余應璽小時來見甚好，此時似甚呆氣。均來見，送梨及落花生，賞之。寶獻廷來見，特送至此，早在伊署內曾攔之，必不肯，論世交，稱余為太世叔不差也。鶴孫過談，曾買門外資粑，食之甚好。今日趕場之日也。山格同住。半陰晴。

　　初六日　第六十八站。辰刻，發冷磧，別寶獻廷，出鎮，李如桂跪送，上山窄路，上土路周朝相叩送。過大山路，即至佛耳岩，又名刮耳岩。路極窄險。去時用兩人扶持，道不過一尺餘，下臨大渡河，頗凜凜，仍落活石不止，今則道有四五尺，竟未落沙石，獻廷之功也。下山行石包平路一斷，忽有蟒袍補褂三品頂翎朝珠策馬而來，手提馬棒，有酒杯粗，鑲以白銅，大似鴉片煙槍，大可笑，詢之，乃土司余應璽。行一小河獨木橋，遂下馬，用其土民背之，回差等人無不大笑，余亦不能不暗笑，蓋衣冠楚楚，未見如此辦法也，攔之不肯回，送至隆壩鋪叩頭而去。此處離冷磧十里，是其交界。復上山行，山半窄路，上坡多，頗費力，下山溝，過澗水，去時險路已修平，不意振動過隆壩鋪後渡水馬倒，衣帽皆濕，且喝水兩口，危極，因令其晚飯飲燒酒，復上山行。廿五里，樺林坪宿站，見都司魏建侯廷皋，四川人，今在店房，其署已要坍塌，山格同住，鶴孫、申五過談。閒踏至街，到金花廟，稱金花世王，係明代賢臣，能用陰兵，有崇將軍實駱總督秉璋懸額，待考。早，微雨，略晴。

　　初七日　第六十九站。卯刻，發樺林坪，即走山腰，魏都司等皆相送，土司汪國珍江西人，三品頂。昨日迎，今日送行。山中路離飛越嶺相近，滿道青樹野草，山上紅色、青色離樹，大有秋意，登盤道曲折甚多。近以石砌，寬五六尺，

比去時強多矣，為千總蕭聯阰監工所修。行廿里至頂，下轎關帝廟略歇，上甚冷，板房三間，內奉關帝及諸葛子排位，無人住，屋內甚濕，蓋濕雲所致，路中石塊亦然，竟未能在廟行禮。下山石路少陡，遂行土路半山路，均多野樹、野草，穿雲而下。又行廿里，三道橋，與內茶尖。又五里，林口下輿，店中會調藏教習同知幹遵惠能，郫縣人，略談。又五里，三角坪尖站，復行山半窄路，不似前半之高，通過大小橋甚多。廿里，或云廿五里。泥頭宿站，仍來時店房，山格同住。會青溪存惺齋大令、荊州正白滿人，鈕鈷魯氏。典史陳思泉，腿仍不利。任輯五秀才。王瑞，已留盧，總變窄袖衣服，已入學堂。晚飯後，接李子丹保正給田德信。失去眼鏡在伊店房，特遣人送還，賞之。半陰晴。

初八日　第七十站。卯刻，發泥頭，下山後走石板路，甚平。沿途田地極多，房間亦不少，一日如此。上山腰路，十五里山溪口，轎內茶尖，換衣服甚熱。又卅里，過一盌水，上為牛糞溝，多出花椒。又五里，富莊尖站，店房內有一聯，大可笑：「請君居戊巳，賜我以庚辛。」蓋「隱土」金二字。復行山腰路，尚不覺險，售梨者多，此處所產極好，價廉，因天熱之過，在富莊即換袷衣，身無棉，尚須用扇。行山上田間路，大有秋意，澗水沿右，不甚旺。廿十里冷飯溝，轎內茶尖，上山過梁後，下坡二三里即轉山灣，下視青溪縣城，田地交錯，宛然內地風景，下窄山路，即起西風，名不虛傳。又十里，上山進青溪縣南門李家店宿站，乃新修者，山格同住。會存惺齋、暑都司楊逢春、千總、警察、教習、隊長等任輯五。晚飯時，鶴孫過談，任輯五復來，欲同進省，辭之。晴，風。

初九日　第七十一站。振勳半路落騎，將糖糕吃兩塊，以為上山登高之意，甚可笑。卯刻，發青溪縣。城內即上山，出城都司、兵丁、警察送行，兵丁等皆謝賞。上下山數次至大相嶺廿四盤，過三大灣，道已亂石墊妥，非復去時氣象。十五里草鞋坪，相嶺驛館茶尖，拜別存惺齋大令，即行雲霧中，濕雲路灑濕。又十里，長老寨陳雲庵尖站，前殿供諸葛子，後殿供武聖，左釋迦，右達摩，對後殿供日月二星。復行石砌路，所謂九折阪已加寬，易走，沿路瀑布甚多，木橋皆堅固，有路新修，與去時不同，過小鐵鎖橋二，過大關山、小關山。沿路賣木梳者甚多，名曰黃楊，其實雜木，即有小雨，隨下嶺，道已微存水。又行卅五里，黃泥堡宿站，山格同住，仍去時店內。外委張承麟來，彭子周文翰竟接到此，現補榮經縣，此地為青溪縣管。榮經藉此辦差。晚間復約子周來談，燈後大雨。陰，大小雨。

初十日　第七十二站。卯刻，發黃泥堡，石板路多，尚易行，不過昨夜雨，較滑。不遠過大穿廊，似房，一面寫「忠臣叱馭」，一面「孝子回車」，字不甚雅，然此「叱馭之九折阪」，恐非此處，待考。右邊河邊甚大，在山半路或田邊路，均以石子砌成，俗呼為墊子路，路左有鍾文叔並恒大令《重修大相嶺碑記》。離滎經相近，河水在左，有渡船，對岸竹木甚多，竹子沿途有粗者，房間、田地對岸亦不少，大有趣。過顓頊故里，不知有本否？行四十里，至滎經縣城內店房宿站，彭子周見兩次，余巡檢奉差來此，名宗森，號少崖，為鶴孫共祖兄。紀敬齋旦湘典史亦均來見。晚飯後，鶴孫來略談，赴藏陸軍教練官譚明祥等十人來見。半陰，少晴。

十一日　第七十三站。卯刻，發滎經縣，因昨夜雨，道多泥淨，且窄路鋪以圓石，俗呼為墊子路，亦有窄土路，兩旁皆稻田，甚難行。三四里至梓潼宮，新叉小河，渡船不遠，即渡船正河。又六七里，妙岡崖渡，船過河三處，均有緪，以竹打成，甚便，去時過兩河，今添出新叉河一道，過河即上山，半路窄且滑。又行十里，至施家橋尖站，彭大令、紀典史皆送此而別，復行山半路，或上或下，均繞山而行。竹子看有高大者，有野白花，似水仙，不知名。又十五里，過飛龍關，下坡路多。又十里，至觀音堡宿站，在店房內壽鴻同住，會雅安縣陳季繡大令辰，湖北人，甲榜到省。人甚精練。晚飯後，鶴孫、申五過談，今日所行乃是本時舊路，又開一新路，路有沖斷者，不便行。陰，燈後小雨。

十二日　第七十四站。卯刻，發觀音堡。路中石板、墊子、土路皆有，然多稀泥，甚至存水處上浮青苔，其多日雨可見，過長廊橋數道，稻田尚未收割，並有新種油菜田，不知尚能結子否？山間樹木、草均有，不枯，風景尚好，無可記載。將進城，武侯祠文擅湖觀察緯、武仙航太守瀛、陳季繡大令辰及闔城文武在此相候，下輿，在內相見，略談。行四十里即雅州府，進城，店房作公館宿站，壽鴻同住，武太守、陳大令皆來會，人均有作為。晚飯後，鶴孫來談。陰極小雨，到館忽見太陽，此不易也。

十三日　回發轎夫、抬夫馬價，小住一日。此處有高筍，聞省城亦多，即是北方茭白、魚蝦皆有，惜做法不如省，更不如京。整日雨，或小或大未住，真不愧雅雨之名，人覺悶氣難過。城內太平缸甚多，店院亦有，所以蚊子極大。晚飯後，鶴孫、申五過談。陰，雨。

十四日　第七十五站。卯刻，發雅州府。出城，古景賢堂官廳、武仙航太守及各文武在此送行、下坡即渡船，過雅河對岸，過青衣水長廊橋，行石板路、

塾子路，皆有泥水，難行。十五里姚橋，陳季鼎大令在此送行，下輿略談。仍係石板、塾子路及土路，泥淖。行十八里，中過金雞關，此名金雞橋，或稱龍頭橋。名山李效堂大令士則，廿省回班。來接，下輿略談，為舊戶部寅友任士言門生，人老成。又七里名山縣書院，現改警察局，作公館宿站，山格同住，去時住此，四面蟲聲，大有秋意。晚飯後，效堂便衣過談，旋送名山頂上茶八十皮，名為正仙茶。趙興由省來，家內均好。早晴，晚陰。

十五日　第七十六站。卯刻，發名山縣。昨夜雨，道甚泥淖，石板路少，塾子路多，均行四埂上。兩旁系稻地，滿水稻已收割，每見有樹林即有村落，外或有旱回，蠟樹不少，似榆葉，乃初見。昨日離山較遠，今日更遠，山亦見矮，山上下皆成水、旱田，農工尚勤。行四十里，百丈宿站，山格同住，仍是去時店房，主人黃姓，七十七歲，甚結實，養花木極多，已不如去時茂盛，房屋亦破。巡防右軍都司馬致和來見，雲南人，亦知恭勤公兄。外委劉光榮叩見。李效堂趕至此相送，未免不安，縣中公務甚多，力勸其回，談正仙茶乃漢朝仙人所種，已兩千餘年，正樹一株，旁蔭數株，每株不過數十葉，進貢三百餘葉，一葉為泡茶一次，其貴如此，圍以石牆，平日不開，惟本縣祭神后開門採茶一次。牆外蒙山茶甚多，均非正仙，考據惟此茶葉上細筋對出，別樹不能也。旁有仙井，用石板蓋之，開則本縣必有凶事，並有廟宇，住兩三僧，時聞牆內有虎嘯，係石洞居之，採茶後不聞聲矣，俗傳「揚子江心水，蒙山頂上茶」即此。山在縣城西南，比別山高。聞藏內，余鐘麟吞煙［一］斃命，亦可憐矣。晚飯後，鶴孫約來，將至首府，攔諸官出迎，信底交其刪改。半陰晴，燈後大雨。

十六日　第七十七站。辰刻，發百丈。昨夜雨未住，早仍不止，只有冒雨行，此處待晴，一年中無幾日也。道石板間墊子路，行田埂上，離山更遠矣。行十五里，至黑竹關店房尖站，內外上下，鶴孫、申五續到，所食白米飯，蠶豆煮秦椒，蒸小盌雞蛋糕，統共享錢三百餘文，大為可笑。又行破石路，後行土路，更難走，一日之間幹路無幾，皆在泥水中，土路尤為難行，焦泥中帶水坑，輿夫大為吃力。然風景不惡，馬尾松竟可成林，一片綠陰，忽見紅葉如胭脂，乃似楓樹，又有結茶果樹。行廿五里大塘堡，外署浦江縣姚科甫大令協裏，江西附貢。來接，下輿略談，遂進堡公館宿站，壽鴻同住，此處已收拾，比去時齊整多矣。晚飯後，鶴孫來，將致首府高少農陝西人。太守增爵信寫得交來。早雨，午時陰，晴。

十七日　第七十八站。卯刻，發大塘堡。辛未雨，道路泥水甚多，離兩旁水

田近尤甚，山更遠，回地多。過石橋，中凸形者不少，節孝牌坊亦多，皆以石刻，工極細，有對聯不敢謬讚，小觀音石龕及土地石龕亦多。行廿里，或云廿二里。臥龍場，自入店房早尖，酩糟雖不如名山縣，亦可吃矣。一日所行，泥滑路多，覺勞頓。又行廿里，或云十八里。邛州南河大石橋，署直隸州周伯言燊，陝西襄城縣人，與王文佩兄有親。來接，略談。將致高太守信面交，求速遞。遂過橋，去時橋為水斷，架以木板，甚危，進城店房宿站，山格同住，竟有活蝦吃，價比省廉，找竹枝六枝，的係邛產，買烘籠三個，亦此處製。城姬買大梨一個，似飯盌，黃皮，恐不好吃。陰。

十八日　第七十九站。卯初刻，即發邛州，已有幹路，別周伯言在文昌宮。沿途德政碑並德政石坊頗多。雖兩旁多水田，中路較寬，且有著腳處，與去時大相徑庭。行六十里，楊場店房尖站，又呼羊腸。復行數里，晤新津縣名廿里界碑。趙幼漁大令怡，貴州甲榜，頂本色。復行田埂路，焦泥中間有沙土，較易走，過斜江尚有船，已搭木橋，頗好走，非如去時渡船。共復行卅里，新津城內店房宿站，山格同住。會楊子賡儀成，現開缺知府，辦鹽務委員。蕭惠畲大令培芬，均江西人。陳管帶明雍遊府，內江人，其面尚覺安靜，教諭歐培槐、典史方文翰、外委等。陳金山來接，令回稟軍門勿庸出接。陰，燈後小雨。

十九日　第八十站。卯刻，發新津。因夜雨，道多泥水，幸焦土少，沙土多，只不能快而已。過三木浮橋，頭道百步餘，二道將及百步，三道不過八十步，以木為之，工卻不小。河下有船，順河行，載貨物等，船上活席棚有兩三丈。行十五里，或云十里。花橋子，別趙幼漁大令，自備尖站在店房內。又廿里，或云十五里。黃水河，鄭澤南大令毓岷，廣東興會人。來接，下輿見，即行，復來拜會，談，人精明。又十五里，雙流縣宿站，山格同住。廖文安大令振聲，湖南人。住至沙街，吳崇光來，未見。張祥和、劉榮魁均來見，軍門、將軍、督護均遣巡捕戈什哈來接，均見。五協領差迎。晚飯後，鶴孫、申五過談，鶴孫令姪老二來見。陰。

二十日　第八十一站。卯刻，發雙流縣，面別鄭澤南大令。行廿里笮橋，鍾文叔大令備早飯，同曹爵申太守銘同食。又行廿里，先到武侯祠，將軍、護院等均來接，下輿略談，即進城。至沙街公館住，骨肉幸得團聚，山格續到，遂有客來，未見。不意至格過去，於去年五月十四日，甚可惜。聞鳳威愨公入祠後，夫人季雲赴荷花池盡節，後見訃聞，送禮弔之，見《城都日報》，夫人刻磚赴池懷之，後撈得。詩云：「嫁鳳功成了，琵琶永不彈。乘鯨從此去，冷落

菊花園。」夫人老姓李佳，滿洲人。早晴，晚陰。

二十一日　眾客來，俱未見，遣人各處道謝道乏，所備彩綢、廚役、廳差、軍督提巡捕戈什，或撤或遣，賞之而去。會鶴孫、晉勺航、余曜庭、戴申五，江少韓兩世兄來。陰。

二十二日　早起即覺不適，山格母子亦然，蓋因旁外來，受此濕熱之氣所致。來客未見，鶴孫略談而去。半陰晴。

二十三日　早起仍覺不適，山格咳嗽大作，熬杏仁茶飲之。鶴孫過午來談，令其品洋煙，箱只等移來在西房存，新租房可無用矣。餘客未見，得閒看《儒林外史》。晴。

二十四日　無事覺乏，天時與藏內大不同，藏內乾燥，此地潮濕，山格咳嗽未見大好。水仙賣剪枝，味尚香，可插瓶。午後，會鍾文叔、寶啟東，聞溥倬雲因痰症而亡，溥小峰已革職，未奉上諭，因在左翼監督洋人稅務之故。晴。

二十五日　總覺不適，困倦非常。早晚涼，午熱，山格咳嗽仍然。由藏回者大半難過，飲食均不得宜，連日送食物者多，更覺油膩難消。趙季和處，聯建侯託寄信物，昨遣永福送往，取有回片。建侯家信什物，今日鶴孫送往。晴。

二十六日　會喬英甫，仍似從前風度，較胖，乃大發財之過也，一笑。談生意，匯號尚好，別項生意皆差，係銀糧短少，大為可慮，伊欲到京招呼號事，下月走。半陰晴。

二十七日　介堂遣馬巡捕德昌來見，大談，承介堂深為惦念。鶴孫來，以喬英甫欲約便飯，務望定日，擬定廿九日早飯，能找避靜處才好，實不願酬應蝟集也。半陰晴，數點雨。

二十八日　鶴孫送來郫筩酒，似老酒，並燒鴨大嚼。本由昨夜腹瀉，一日更腹瀉，因吃梨膏之過也。英甫來知單，定卅日巳刻在西玉龍街龔家花園，特記。半陰晴，細雨。

二十九日　午後，榮伯衡方伯來談，鬚已全白，詢其牙齒尚好，眼略花，耳不聾，五十五歲，為癸丑生人，精神亦旺，令山格見之。晚鶴孫來將寶豐折帳來，有許方伯諭一件，為聯建侯提款事，前墨飛至今未到。早霧，旋晴。

三十日　巳刻，赴玉龍街龔家花園，喬英甫約，座中榮伯衡、余鶴孫、本號陳海門主客五人，鍾文叔因有運動會，應在教場伺候，各憲未到，此處亭閣樓臺甚多，均堪坐落，不過稍覺堆砌，花木亦旺，有高矮水池，竹子頗粗，北地無有也。英甫帶一分留聲機，二簧 [二]、梆子都有，係圓盤，乃近日所興，

箭子無有也，回公館酉正矣。半陰晴，燈後細雨。

【校勘記】

〔一〕稿本原作「吐煙」，疑「吞煙」筆誤，改。

〔二〕即「二簧」。

十月初一日　或有朔日來賀，皆未見。鶴孫持新泰厚四千即交寶豐處，零尾八十兩暫存，收拾禮物送人，亦不得已之舉。王姬人胡塗種種，晚飯後大鬧，搬書房住，運氣從此太壞，不悔，國事已不堪問，尚論家事乎？晴。

初二日　前在對門裱畫鋪，有陳玉方小屏四，寫董，乃東坡先生謫居儋耳一節，頗與謫宦相稱，令其重為裝裱，價銀二兩五，今日送來。會何心源協令，甚見瘦，因病所致，然精神不減，詢之五十餘矣。秦世兄兆奎來見，伊父介人忠骸已到，伊母亦故，其本生胞弟亦故，家運使然也。備禮送榮伯衡、喬英甫、鍾文叔，均全收。晴。

初三日　午後，至余耀庭處，闔家皆見。至晉芍航處痛談，言京中尚安靜，聞甘肅聯星橋亦為人所刺，幸為大傷，岑雲皆特參一人，上始恍悟，現已在左右，諒無礙，回想仁尊巴敦之言，驗矣。芍航並云，前安徽巡撫恩新甫銘被戕，道員錫麟供，革命黨各處皆有，人甚多。至隆書村、榮伯衡處，未遇。到聯建侯處，太太、姑娘、少爺，均見，師爺姓張，坐省委員王永平留片，管家劉晉亦見。回家上燈後矣，榮仲文、何心源均送食物來。晴。

初四日　會馬介堂軍門，痛談，聯世兄克武來見，小孩甚好，喬英甫欲進京來辭，均令山格見。英甫當送七珍丹，託其給仲路〔一〕帶信，趕寫就，存底。同鄉世筆政林來，未見，將貼約初六日旗奉宜東會館音尊，具帖為倬將軍〔二〕、趙護院〔三〕、蘇都統〔四〕、許涵度字紫花。方伯，榮麟、丁昌燕、張守誠三觀察，丁德、徵世、林繼文、李中敩、劉思鴻、滕合英、司馬縣令等，均係同鄉，特記之。飯已辭。晴。

初五日　早至喬英甫公館，將給仲路信交給。到寶豐號拜陳海門，並拜榮仲文，俱未遇。午後，會藏益民大令衡亮，西間壁住人，四十餘如二十餘，現在法文學堂學員，街上教兩瞎子唱道情，頗可笑。燈後，鍾文叔來謝禮物，聞外州縣甚亂，革命黨極多，恐肇亂之機也。連日早霧，晴。

初六日　晚鶴孫來，痛談，伊亦聞京中之亂、川省之亂，實難言喻，留其用晚飯，飲黃酒。旋接馬竹君函，藏中之亂，不亞京中、川省，且有極可笑處，

奈何。晴。

初七日　午後，會熊仲卿大令_{廷權}，將束裝赴任，_{署彭縣。}黃允叔大令_{緒炳}，陝西候補，住隔壁，與鶴孫有親，係同鄉。耀庭十哥來，便衣著履痛談，聞外間會匪大不好，恐終起事。晴。

初八日　無事將《儒林外史》看一過，惜乎石印添出三兩回，不知此書乃乾嘉實事，皆有所指，此真無知妄作，且筆墨甚俗，反不如油印本，與原書同。午後，會寶豐號陳海門_{錦麟}，喬英甫號事皆交與彼，人老成。晴。

初九日　鶴孫午前來，其船隻等事，均晤鍾文叔商之，俟再酌。午後給耀亭十哥作札，逆去團扇二柄，求在彭祖會諸老人書之，請落單款，恐尊稱也。早大霧，陰，晴。

初十日　早望上行禮，步踏至街製革廠分售處買手提包，勸工分局買提藍、竹絲、花瓶、箋紙等，其各物尚未全，然仿洋製各物，甚廉。晴。

十一日　午後，鶴孫來，將悶殼表交其擦油泥，竟有一金殼套，乃紹石葊觀察所送，於今六七年，仍照舊並未損壞，不易得也。午後，會周保臣太守_{祖佑}半陰晴。

十二日　早無事看書。午後步踏前巷官報書局，撿各書廿餘種，洋七元餘，蓋單本多，可發一笑，竟有岳氏「五經」史書，亦全，然新書多。陰細雨。

十三日　午後找來一老頭子，耍傀儡子在桌子上，大可笑。適鶴孫來，不能不大樂，即與同踏會府街買得洋煙、秋葉小花瓶等，足踏有十里多路，回時掌燈，留鶴孫同晚飱。聞世面甚亂，蓋革命黨到處皆有也。半陰晴。

十四日　無事看書。與山格戲，王姬人為鶴孫夫人約去，晚飯後方回。晴。

十五日　無事看書。程林將勸工局漆器、竹絲器拿來一看，因留用各種，以便京中送人。並給蓉格寫信一封，問小石橋房子可否能住，並山格報旗，鶴孫同往找住處，等語。即交郵政局寄往，恐回信須在臘初。半陰晴，晚飯細雨。

十六日　鶴孫夫人、湘梅夫人、陳少奶奶皆來，不約而同，大可剩飯，不然三頓矣，可發一笑，均見。飯後，鶴孫亦來，因約甚至街上閒踏，諸物未買成，穿小毛皮襖緊身，大出汗，據云每年亦不如此，時令不正也。陳少爺送來自畫扇子，屏帳沿雙款，只得收之。馬軍門賞給山格鞋帽、衣服等件，亦收，陳家亦如此，未免不安，程巡捕拿來勸工局花瓶、筆洗、鏡奩等，留之。晴。

十七日　無事，看收拾箱支，給藏太太、陳少奶奶送禮，作為內眷送行。鶴孫來談，接余信暫將行途等事俟和允修廉訪到時，再作商議，聞廉訪業已今

日到省。晴。

十八日　今銀匠打一煙漏子，竟自合式，可謂已近文明矣，一笑。周保臣太夫人下葬，送去席桌、紙、錁等件，回時謝帖外另一粉紅紙封上藍洋綾一塊，據云川省土風如此，如平行則送白布一塊，應收之。江少韓夫人來，給山格送來衣帽等，留此晚飯，酒量頗大，仍是旗人本色，毫不拘泥。晴，晚微風。

十九日　給耀庭兄弟送壽幛、桃、麵等件，因係七十正慶。鶴孫來謝，將晚和允修廉訪來會，係新到任，痛談京內大改觀，竟有雙馬車赴頤和園，路中皆安警察兵，行路不准亂走，匿名帖時遞諸大老處，罵之，諸君只好以不理理之而已。晴。

二十日　無事看書。令振勳買藥並銅鎖等物，伊買得天然墨一盒，係玻璃盒所盛，不過三錢銀，聞湖北所造，不如何物作成，總疑其中有油，卻不難用。半陰晴。

二十一日　無事看書，收拾箱支。晚燈後給鶴孫寫信，渠夫人到馬邊省親。陰，早細雨。

二十二日　早鶴孫過談，略延即去，飯後收拾行裝。申刻，馬軍門約本署便飯，座中晉芍航、榮伯衡並其老夫子、馬將軍，主客六人而已，菜雖教門，極佳，且酒甚多樣，有自造葡萄酒，極好。陰，晚細雨。

二十三日　買絹扇、蒲扇，帶川椒邊者皆由鶴孫處薦來，給榮仲文觀察、周保臣送禮。早間沈端臣太守_{繼賢}來，未得見。陰。

二十四日　無事看書。程巡捕買來《字類標韻》，此書多年不見矣。午後，鶴孫來閒談，將勸工局所刻黃楊木各物，似有服者應用，告以且不可送人。陰。

二十五日　早余耀庭兄送紹酒一罐，乃多年所存家鄉之物也，午後親身來談。天甚涼，因細雨寒氣所致，山格傷風似感冒，與藏地大相反。陰，細雨。

二十六日　鶴孫來，略談而去。鍾文叔來，回奉和廉訪之命，本擬回京，由水道而達，曾電詢仲路，復云可。前署趙廉訪以為與官事不便，今和廉訪查成案亦以不便，特告之，只得仍自行旱路。天甚涼，文叔云，向不然也。陰。

二十七日　由藏送番學生陳興貴、李洪太帶領學生頭目來見，可分機器局、勸工局等處學習，然語言不通，尚須添兵丁傳話，不易事也。署順慶府文蔚庭太守_照來辭行，初次見，人係老當差事樣，與廣化寺靈山相熟。鶴孫來，略談而去。陰。

二十八日　午後無事，赴官書局一踏，並至其印書處，在局後一看，緣印

書處有程林之弟在彼當學生，復至局買書數種，內有傅青主《大方女科》及仁廟《格致編》，極好板，此外書三種亦可看，價不足五元。回時方知馬介堂軍門、榮伯衡方伯皆來，未遇。會兵部貢士楊士堃，聞京內科房全裁，吏部尤其胡鬧，大招搖，並聞張家口有紅鬍子搶地面之事。鶴孫來，略談。半陰晴。

廿九日　無事看書，開眾回差賞耗單。周保臣處前存長襟衣服一箱，遣人送來，賞之。將晚，榮仲文來，痛談，將山格抱出見之，已知認生矣。晴。

【校勘記】

[一] 吳注：浦頤。

[二] 吳注：哈布。

[三] 吳注：爾豐。

[四] 吳注：嚕岱。

十一月初一日　早無事，檢書消遣。午後，會戴申五閒談，申刻至仲文觀察處一看，即至伯衡住宅，周保臣借其書房約客，座中馬介堂、榮伯衡仲文、昆仲、余鶴孫、洪大令安徽人。主人七人而已。酒為伯衡備，大佳，然大醉不可支，回公館已亥初矣。早陰，午晴。

初二日　無事看書，鶴孫來斟酌賞耗單，並商雇船隻等事。去後，在會府街拿來字畫看，有成哲親王屏《聖主得賢臣頌》，楷字係贋本，索價百餘金，鄭板橋條不真，惟四屏為楊龍友書，無對證，難定真假。半陰晴。

初三日　早來花翎同知銜補用知縣徐鴻基，不知為何如人，後詢鶴孫，乃其同鄉，號賓儒，提署委員，酒量甚大，松齡本家。未得見。俟再詢聽眾回差，皆來領賞叩謝，惟高玉貴不肯領，此人本馬軍門所薦，非同眾回差可比，只得罷議。程林擬晉京。燈後，會沈端臣太守，痛談，在營中帶兵幾年，大見閱歷，現派督銷，即日走。晴。

初四日　陳金山來，未得見。鶴孫來談，會蔣吟松先生衡，為中江人，現處館在漢川，年已六十九，身頗強健，先生寫作俱佳，工鐵筆，老名下也。陰，霧。

初五日　無事看書。因朱越卿送酒二大壇，已貯五年，恐其變味，開一壇嘗之，甚佳，花雕不易得也，剩一壇可帶回，然連日多醉亦因此，可發一笑。早霧，陰。

初六日　巳刻，出西門，由滿城內過，至草堂寺，馬介堂軍門約便飯，座

中伯衡、錢老夫子、名允言，號沚伯。王兄、為兵部侍郎王楚堂孫，現署成都縣王寅伯梅之父。徐賓如，主客六人。飯後，至工部祠一遊，回時諸君打麻雀牌，與王兄閒談，復食晚飯，痛飲。軍門遣人留門晉南門，已燈後多時方到寓。陰。

初七日　昨在草堂寺藏經樓宴飲，見有王陽明搨本單條及黃山谷屏搨本，過杜公祠見馬介堂軍門楷書《秋興八首》，石刻甚佳。今日看打點衣箱，鶴孫來，送到耀庭兄《述懷詠月》詩刻。晴，晚月色甚朗。

初八日　巳初刻，便衣赴雙孝祠，出南門，回時亦進南門，為余耀庭兄約。先早面至青羊宮，有兩銅羊，大殿左右陳之，一漢宮內，一本朝內塑天尊老子等像，極大廟，到其客堂少歇。復至二仙庵，塑呂純陽、韓湘子等像，廟比青羊宮小，廟前相對有石壁一，為張三豐道人仙筆，遠望之略辦子形，近視之則無，亦古蹟也，甚奇。兩廟楠木樹甚多，作槐葉形，略大，粗細樹本俱有。復回雙孝祠，此為馬孝廉長卿因兒女所建，主人題詞無不可噴飯，然題詩文聯語極多，且有畫其事者，真絕倒，然房間點綴可觀，不易得。遂用午飯，座中蔣吟松先生衡、徐賓儒大令鴻基主客五人，鶴孫亦侍座在內，菜極佳，酒為余所送，與賓儒痛飲，吃亦甚飽，回寓已燈後矣。晴。

初九日　昨席中有蔗飯一盌，乃川省資州所出，係甘蔗所成，如木耳之流，乃甜菜。戴申五送來川冬菜，頗佳。無事看收拾箱只。陰。

初十日　無事看裝箱。由振勳買石刻贅叟兩方，甚佳。現聞各處因革命黨查軍械頗嚴，擬交王永福將槍支變賣。象牙價亦昂，尚不知何以故。晴，甚熱。

十一日　鶴孫來，因與耀庭兄照相未真，擬擇日再照。周保臣來閒看，與談許久，始聞革命黨風潮甚大，現由護院和平處之，已見安靜，然發之亦由護院猛，聞以告成都也。用三角錢買來增輯《憲法精理》書一冊，為湘鄉周逵在日本著，以孔子降生二千四百五十年丙午紀年，甚奇。晴。

十二日　會鍾文叔，談及革命黨拿去諸人直言不諱，現在遍地皆是，只得永遠監禁，萬不可重懲，恐大事出矣。鶴孫來談，倩其找徐賓儒先看船隻為要。來即用知縣彭敬甫立栻，未得見，為解官。半陰晴。

十三日　無事，將各官事信件及家內前存各字據等件收拾裝匣，記帳交內存，余由陸路不便多帶。接聯星使信一件，隨墨搨《柳園記》二份，又一件繫問公費，藏中之事頗為棘手，然亦無如之何也。陰，微雨。

十四日　收拾信件本子及舊日官文，其皮箱有裝皮子者亦收拾。鶴孫來，給其聯大人信一看，刻下諸事皆棘手，渠不覺為之大笑。早間曾晤王子章大令

永平，談及健侯在藏，八九月間因番間反對，諸事不成，因著急大病，回憶健侯初到，何等氣焰，今至如此，亦不能不絕倒。晴。

十五日　早約耀庭、鶴孫、喬梓便飯，因前在雙孝祠所照之像不真，今重照之，闔家亦照一張，因回川闔家團圓之意，以誌喜。飯後，耀庭踏去，看裝皮子箱，皆由藏內所買，究竟可用否，俟到京再看。晴。

十六日　找人將棕毯包裹箱只，並上夾板，直忙一日。晚間，鶴孫來商酌船隻，託其向保臣處將長發美押房租銀退回，倒字交其帶往，王順來辭，因此處該帳不能進京，只得聽之而已。半陰晴。

十七日　在家，凡拜壽皆未見，昨日馬軍門來，皆未敢請。鶴孫來，商酌走路之事。徐賓儒來會，多承其代定船隻，三窗一，四窗一，足可敷用，實為可感。少奶奶欲叫街上胡琴戲，阻之，不意後街坊大上其留聲，可當戲。晴。

十八日　令回差戈什哈等在此吃早麵，眾丫頭亦來吃早麵，不意將田德丫頭灌醉，眾皆學跳弦子，大為可笑，留其晚飯而去，頗覺闔家歡樂。晴。

十九日　無事，收拾字畫書籍一箱。將晚，鶴孫來，送到與耀庭兄同照相片，甚好，不似闔家所照不甚似。又團扇三柄，錦城諸老人書。旋會寶豐陳海門，送到致宜昌等兩信，交鶴孫，又匯款、銀票各一，暫存。留鶴孫晚飯。半陰晴。

二十日　伯衡方伯遣人來問，擬約晚飯，即定於廿三日。午後，鶴孫來，船已定妥，將昨來銀票交給，兩船到宜昌，總在六百金上下。鍾文叔遣人問何時就道，告以臘月初四日，蓋先定廿六七，因四窗太大，水淺，須至彭山或嘉定始能換，須候其老闆折回，方能發箱支。晴。

二十一日　早起覺不適，渾身作痛，胸間發堵，因服寸金丹四十粒，早飯未用。午後，陳海門來，因號電京中未得可否？詢以兩數，加於千株，或可不至荊棘，所種全活矣。晚鶴孫來，告之船銀已經由徐賓儒兌交，明日渠先行到馬邊候半路搭船，內存寶豐號票，並取票一千八百六十餘兩，交暫存俟用。半陰晴。

廿二日　無事，看收拾行裝，仍覺咳嗽頭悶，吃瘟疫三方第二方，晚間，嗽不止，覺熱。將眾人賞，標下分之。晴。

廿三日　申刻前回拜徐賓儒，未遇。到馬軍門署道乏道謝，痛談。至伯衡處，昆仲相約，座中晉芍航、鍾文叔、陳海門，主客六人，係北方廚役，甚佳。間刻下督撫有紳民不願要看，奉旨即去之，順輿情也，係備憲政之一端。晴。

廿四日　會余棹庭、陳海門、鍾文叔皆來閒看。和允修、陳海門、秦介人

世兄兆奎均送食物，內裏江少韓太太來送什物，皆不能卻，無如之何。王姬人為馬介堂夫人所約，本署晚飯，頗覺一日忙，可笑。_{租房蕭長興將身下房押租送來三百十數兩。}晴。

廿五日　早會彭敬甫大令_{立栻}，甘肅甲班人，甚老成，此次借差赴引。午後，會馬介堂軍門，承送金珀太少獅圖章一方，因餘兩目時落淚，著風尤甚，用以拭之，可見功效，伊曾試之，亦從前有此病也。各處紛紛送菜點，大嚼已不下矣，一笑。王姬人送相片、鐲子、表與馬軍門夫人，回字係姓張氏，特記。陰。

廿六日　早飯為少韓夫人預備，與王姬人均喝大醉，殊可笑。晚亦其所備，人甚爽直。給少韓寫信，竹筠、浙生函附入。託王子章大令處寄藏。丹珍等搬來，將其租房交清款目，取到五百兩作盤川用，又賣銀牌一百廿兩零二分。陰極，小雨。

廿七日　馬介堂軍門派炮船送家眷，管帶昨日來，未得見。今日無事，仍看書作消遣。陰，覺冷。

廿八日　收拾行裝，會吳聘齋_{錫珍}，現已被參革職，擬明春北上，蓋銷款尚未清也。余耀庭送茶葉、豆瓣等。馬介堂兄送茶葉、墨搨等，均收之，然又須添一箱支。陰，冷。

廿九日　收拾陸路箱支，妙在無多，易於打點，再明日一日可竣事矣。午後，會晉芍航都護，面送茶葉三包，並託寄徐蓮士茶、綢子、木匣等九件什物，收箱上船。信入行篋，並交其合弟靄人將軍為旗人生計一摺二片，已看訖，明日作札送還，又談梁星海_{鼎芬}為有識者，頗不謬也。半陰晴。

三十日　會彭敬甫大令，其公事尚未領下，令其到首府催之，擬初四日啟行，榮伯衡昆仲、高玉貴皆送禮，不能辭。文叔送竹蓀、冬菜等收之，外百金璧謝。收拾行李，水陸路俱已齊，陸路雇馱，約二百四十斤為一馱，可雇三個半。陰。

卷十七

光緒三十三年十二月初一日至三十四年三月二十九日

　　光緒三十三年歲次丁未冬十二月初一日　早晤徐賓儒，將應發船上箱支
均已發齊，大小及各人行李統一百號，外隨身之物，明日再上。午後，會余耀
庭兄、榮伯衡弟，痛談，聞伯衡已由趙季和護院請釋回，尚未奉旨，非同芍航、
書村有永不釋回字樣。陰。

　　初二日　早辰將行李運至船上齊全，申刻，王姬人、二姑娘、唐姬人、少
奶奶、山格、菊花、橙子、桂花、蘭花、關關、蓮芳、銀女子、丹珍曲結、帶
帶、本係王姬人養女，是日交鄭嫂託湘梅夫人轉交其家，或另找人家養之，衣服等給之，外結
洋二十元。外家人趙興、李振勳、金八、老李一同出東門，上三窗船一隻，本備
行李船十隻，並坐人才用四隻，後裝轎子不過五隻。會介堂軍門、文叔、賓儒
兩大令、張游擊祥和。晚榮仲文觀察、吳聘三來，留用飯，痛談。陰。

　　初三日　早見邱占榮來謝賞，因其女人沿路招呼山格，賞銀十兩，並其賣
馬銀十數兩此本不要。拴在床腿上。忽來一穿洋縐皮襖、皮馬褂，姓邵，岷江人，
有行李，跟少爺，年卅八歲，係洋學生，護院擬派巴塘當總學生，將其銀全行
偷去，始不應，當面在袖內搜出，後控明警察到總局，分量件數，均說不兌。始訓
明，將銀追回，邱占榮尚稱其為老爺、少爺，余不覺大笑，不但大人不可稱，
稱賊姓子可也，從此並老爺亦不可稱，哈哈。會余耀庭兄、周保臣兄，均送行，
餘客未見。燈後陳千總金山來痛談。午後，陳興貴談及藏事，番子頗信張憩伯，
賞頂翎皆戴，聯建侯賞之不戴，蓋因張憩伯曾在聖容前起誓之故也，可發一笑。
王永福旋眾學生擬人人欲發三百金子之財，亦可大笑。半陰晴。

　　初四日　第八十二站。辰刻，發成都公館，看門頭人賞其兩元，因其年邁，

楊順、王順、衛順。令看公館家具，內有支應局之物，不必遠送。出北門接官廳下輿，鍾文叔相送，彭敬甫亦在此相候，略談即行，回差數人送出數里外。行二十里，天迴鎮店房下輿，張遊府祥和茶尖略談。又廿三里，新都縣宿站，德音、斌泰兩筆政，劉榮魁、高玉貴、王永福送此，戴筆政福亦送此，回差亦有送者。住大公館，彭敬甫過談。陰。

　　初五日　第八十三站。辰刻，發都縣，出北門行十七里，唐家寺店房茶尖，店名大有，頗奇。又行卅三里到漢州，進西門至北門內，店房作公館宿站，婁黎然州牧號薔庵，漸江人，舊為鹿相幕，人精明。昨日新都延仲廉大令繼善，京口駐防，蒙古杭阿坦氏，太翁名國璋，蜀省知縣，循吏也，詢之，與壽益鄉勷處非同譜，其三代以上無考。陳金山趕到此相送，本州島人。彭敬甫過談，餘客未見。本州島甚鬧熱，假銀鼠極多出於此，皮去，賣肉者將其薰烤作紫紅色，狀甚醜，或云肉性極寒，屬陰之過也。早雨，整日陰。

　　初六日　昨夜將寢，妻薔庵送到《薔庵東遊日記》一冊。第八十四站。辰初刻，發漢州，出北門行十里過和順橋，橋如秀綺，作高陡形，此外平橋多，大半漢州首富張姓修，陳金山送此，昨曾至公館閒談，送落花生、橘子，本鄉所產。又十里，至小漢鎮，自在店房早尖，吃蔥花砌麵，甚佳。渡石亭水，不用船，惟沙灘。過大漢鎮共卅里，至德陽縣南門大公館宿站，仍來時所住，甚覺闊潔淨。高雲程明府來見，略談，為高搏九雲鵬順天府尹令弟，名士鵬，陝西拔貢。後聞高明府在此二年餘，官聲甚好。晚飯後，彭敬甫過談，同在公館，住公館外為店房，內有鐵路收發公所。陰。

　　初七日　第八十五站。辰刻，出德陽縣北門。行廿里，黃水鎮店房內自早尖，尖後即行山路，路皆以石板鋪之，左右均係高矮田疇，樹木房間於遠近見之，同一山路，旁外之荒涼，真有天壤之別。又廿里，至龐靖侯廟，下輿一瞻，此地名白馬關，即古鹿頭關，俗為落鳳坡，前殿供武侯、靖侯，後殿獨靖侯，再後一院為靖侯墓。又行十里，至羅江縣，進西門店房宿站。王大令名用綬，號墨卿。直隸定州人，赴梓潼會審，未遇。彭敬甫過談。早陰，午晴。

　　初八日　第八十六站。卯刻，出羅江縣北門，大霧，順石路，雖有高低，均平坦。開霧後，見田疇交錯，樹木掩映，河水奔流，風景可愛。入綿州界，右靠矮山，下住多家，小溪繚繞，溪外為田，田外大河來往行船，真樂土也。曾過路右女兒墳，無考。行卅里，金山鋪尖站，羅江界內。又卅里，皂角鋪茶尖，店房甚新。又卅里，進綿州西門，仍來時公館宿站，彭敬甫同住，彼此找談，

本州島楊福亭金鎧，雲南庚寅榜下。燈後來晤，因下鄉相驗，故遲遲。陰，微晴。

初九日　第八十七站。辰刻，發綿州，出北門，來時渡涪江用船，此時有極長木橋，大霧，四野不能遠望，彭敬甫謂之瘴氣，果時時有臭味，或不誣。行四十八里，沉香鋪，自備尖站，用路菜，自帶掛麵，本處火燒，甚佳。霧少霽，看山景，行於石板路上，覺上下登頓，不為苦。又行廿三里，前後六十五里，或云僅六十里。魏城驛宿站，驛丞外委來，未見。仍屬綿州管。問綿州等處以麥冬為大宗，各省銷售也。晚敬甫過談，同住三元店。霧，陰。

初十日　第八十八站。辰刻，自魏城驛發。聞廓爾喀差過，有匪人隨來，將驛丞衙署打壞，將印搶去，幸拿住十數人，審實六人，必當嚴懲，方足以儆將來。行卅里，至石牛鋪早尖，梓潼管，沿路萱化鋪，水已小，羅漢橋大松已見。早於半路七里鋪遇羅江縣王墨卿大令，下輿略談。又卅里梓潼縣，進南門公館宿站，楊伯琇大令棨，行八，湖南人。來見。晚過小公館找敬甫一談。陰。

十一日　第八十九站。辰刻，發梓潼縣，出北門，伯琇大令相送，下輿話別，過七曲山、九曲水文昌聖境，風景依然。行四十里，上亭鋪早尖，仍梓潼縣管，縫夫尖後未用。又卅里瓦子埡，下輿同敬甫坐松樹下飲茶。又十里武連驛，自找店房宿站，驛丞劉子楨，崇齡，湖南人。從先舊寅，卻其一切管理，人精明。晚間買火燒，吃甚飽。彭敬甫過談。早陰，午後晴，風。

十二日　第九十站。辰刻，發武連驛。即上高坡路，兩旁均屬田地，且有整山層迭開墾者，並有水塘，或近道，或遠望，沿路大松極多，早尖後更甚。行四十里，三十餘里。柳池溝自早尖。又廿里，涼山鋪茶尖，未下輿，茶尖前重疊溝渠可愛。又廿里，劍州西門自找店房宿站，吃黃豆芽湯並炒黃豆芽、薑醋雞蛋糕，皆佳，走堂呼為麼師。燈後，郭直牧名長年，號耆卿，江蘇鎮江乙榜。備辦均辭之，晤面痛談。彭敬甫來談。晴。

十三日　第九十一站。辰刻，發劍州，郭耆卿城外相送，下輿略談。即上山，出店即如此，上下坡甚多，路右有蝦蟆石甚大，沿路柏樹極大，有州縣木牌釘樹上，敬甫云，土人呼為皇樹，不可解。行四十里，漢陽鎮自早尖，復行柏樹路間，以黃連樹亦有釘牌者，過天然橋石牌坊。又行共廿五里劍門關，自找店房宿站，是日趕場，頗熱鬧。彭敬甫過談。晴。

十四日　第九十二站。卯刻，發劍門。出關前左手有四石碣題「雲鬢聳翠」，不知何人書？魄力極大。出關後，四山圍繞，僅有入關一線，真雄鎮也。行四十里上下登頓，幸有石板，至大木樹自早尖。又廿五里天雄關，在山之絕頂。

茶尖，有一僧名常林，此一處而行，大有山鬼彳亍之意。左手廟內供聖帝、觀音，川主旁小屋略停，有石刻，有匾對。下山後，下坡路多，見兩河夾一山分流，各有行船，名白河，即廣源河也。又十五里昭化縣，進北門，出東門，東關店房作公館宿站。本縣吳華峰大令_{光耀}，湖北江夏人，行一。來痛談，人理路頗正，與秦介人三哥至交，從劉幼丹廉訪來川作幕，極難昭化，民貧財盡，實情也。要恭勤公奏牘，許以日後寄省。彭敬甫來略談。半陰晴。

十五日　_{第九十三站。}辰刻，發昭化縣。出東門上不遠，即至洛陽河，又名白水河，吳華峰大令送此，昨晚並送白木耳、菌子各一匣，辭不獲已，面謝之，與岳柱臣都護_梁係換帖弟兄，代問候。渡船即過河，上山左有石碣《吉柏渡記》，又玉女泉，一小石碣在旁。順山坡臨河路行卅里皂角鋪，自在回回小鋪早尖，同彭敬甫吃麵吃饅首而已，並吃柿餅，甚佳。又行廿三里廣元縣，西門外公館宿站，本縣端午君大令_秀，正白蒙京旗，行六，能畫。因病差迎，係感冒誤服熱藥，年六十五，為直隸昌黎縣富子周齋胞叔。會典史守備馬正泰，號履安，成都人，能畫。晴。

十六日　_{第九十四站。}卯刻，發廣元縣。繞城外而走，堤外即嘉陵江，順江旁過千佛崖，下輿步行，見石刻字跡，元明尚有存本，由唐時開關，筆墨無有，惟國朝甚多，大半武夫。有藏佛洞，前有石闌，內供乃蓮花佛，係紅教祖師。行四十里，過飛仙關。又行卅里望雲驛，同敬甫各早尖。又十里，均上盤道石路，至朝天關下輿，同敬甫一看，內供神佛，廟極小，關上有張公祠，前廣元縣。又十三里，均下坡路，至朝天鎮店房作公館宿站，敬甫過談。早陰，午後晴，大風。

十七日　_{第九十五站。}辰刻，發朝天鎮，出門不遠即上坡，後沿山腰路行，過龍洞竟不知覺，來時此路頗險，樹枝掛轎圍，且霧雨，草路甚滑，此時覺平坦非常，因冬令也。行四十二里_{或云卅里，似不止。}神宣驛，同敬甫早尖。又行廿里，中子鋪自茶尖。又廿里，過木寨山至教場壩，店房作公館宿站。以上連日尖站、宿站，均屬廣元縣。敬甫同住，先找談，燈後復來談。陰，晚雪。

十八日　_{未行。}昨夜大雨加雪，天明雨小，雪亦小，轎夫等以前路難行，請歇一日，只好准之。將廣元縣家人賞之，令其回縣稟明端大令，路上均好。自備飯食，吃甚飽。午後彭敬甫來談，旋送朱卷一本，一義兩論一策，前不多見也，係光緒癸卯補行辛丑壬寅恩正併科，在河南鬧場規極亂，至甲辰一科止。陰，雨雪。

十九日　第九十六站。卯刻，發校場壩。即上山路，出七盤關，下至六盤，有廣元縣界碑，復上山腰路，入石峽關，沿山腰下臨深澗，道尚不窄，路不如蜀道整，七盤關有「小心移步」石碣，其實可豎於此地，呵呵。行廿里，至黃壩驛，自找小店尖站，臨街而食，白米飯甚佳，泡菜、辣醬、豆腐亦好，先過牢固關。又廿里，回水河自茶尖，行窄路，因雨後難走，似關外數處。又卅里，自找店房，在寧羌州北關外宿站，此處米不如尖站，多稻殼，且係紅花。會陳文蓀州牧，名芭芬，湖北黃州府附貢，一切卻之，隱音也，面青白。陰，冷。

二十日　第九十七站。卯刻，發寧羌州，不入城，望北而行，山遠水近，稻田不少，半山多居人，風景極好。行廿里至五里坡，自找小店，同敬甫吃油餅，喝白米粥就酸薺，甚佳。又十里，至滴水鋪，州備尖站，因已飽謝之，經滴水處，在左手順漾水而行，俗名七十二道腳不乾，或在山腰，或在水崖，進峽經五丁峽，如石門，有「洞雲溪月」四字石刻，中有洞供神佛。共卅里，至寬川鋪，自下店房吃拉條麵，程巡捕自作臊子，別有風味，吃兩大盤。又廿里，過烈金壩，此處一山圈房，如北地，形勢好。有墳，前列獅子，據云張將軍之父所葬，原係討飯吃，為風雨土石壓斃於此，其子張某稱將軍，想即張勇耶？在康熙年間，後其家有進士拔貢。又十里，至大安驛店房，作公館宿站，赴甘肅，在上路分。屬寧羌州。敬甫同住，過談，余到時已燈後，道難行。陰，小雨。

廿一日　第九十八站。卯刻，發大安驛。行十五里十合鋪，轎內茶尖，過寧羌沔縣界牌，復過青羊驛，正趕場。共行卅里，至蔡壩塘，自找店房早尖。又四十五里，至沔縣，穿城，城已無門，荒涼殊甚，東關外店房作公館宿站。本縣王肇農大令聲揚，湖南長沙人。來見，擋駕。晚飯後，敬甫同住，過談。今日所行總河道、水田極多，山套山圈開路，頗饒風景。冷，陰。

廿二日　第九十九站。卯刻，發沔縣。過武侯祠、馬謖鄉侯墓，因昨夜大雨，早小雨，雲霧迷漫，定軍山看不清。過菜園子塘，鋪戶、人戶之多勝於沔縣矣。有樓門題「昭烈舊都」，即舊州堡，係先主受漢中王於此。行四十里，黃沙驛，自找店房尖站。過褒城縣界牌，又卅里，至老道寺茶尖，在一小廟內所供佛雜亂無比，道傍有碑，係趙老夫子兄弟德教碑，為王文佩所題，不可解。又廿里褒城縣，進南門，自找店房宿站，敬甫同住，過談，縣官鈕莘田福嘉，介休人，送物皆卻之，未來。今日所行俱平坦路，田疇交錯，北山遠，南山近，下即沔水，可行舟，房間有正有兩廂，北景也。早雨，午陰，晚微晴。

二十三日　第一百站。卯刻，發褒城縣。城內即上坡走，過白石土地廟，沿

道石碣林立，有刻大清白石土地老爺者，不可解。復過雞頭關武聖廟，下山過天心橋，刻四川總督徐修，想是恭勤公捐修，係在澗水以上。行卅五里，先過褒姒故里小牌坊，至褒姒堡，自找店房尖站，旁有褒姒廟，甚奇，褒姒堡俗呼為包子鋪，大為可笑。順黑水而行，有石處水聲頗壯，然比來時靜多，兩山對峙，大山溝內順左岸行，泉水極多，對山亦有泉，曾過一山，隔河，因水不大，未走鐵索橋。又十里，吳家堡茶尖，復行順河山路，過一小鐵索橋，共卅里，廿里鋪宿站，敬甫過談，未同住。陰。

二十四日　第一百零一站。辰刻，發廿里鋪。順河而行，廿里，至馬道驛尖站，自找店房，甚穢，且無吃食。又廿里，武曲鋪茶尖，茶尖後，離鐵佛殿十二三里路，路左山下現石成自在觀音像一座，現已修廟像，係手搭問詢趺坐露足，皆生成佛法，不可思議矣。紛紛沿路挑豬由者甚多，如昨日聞鞭聲，大有臨年景況。又廿里，鐵佛殿宿站，店房油飾甚新，屋內亦乾淨，賣白米飯，秦蜀大半如此，秦更有麵，每住店，每人六七十錢，老爺加倍，轎夫五六十錢，飯即在內。余笑謂老爺飯量小反多，轎夫飯量大反少，亦欠公道。先找敬甫談，伊又過談，未同住。今尖站又過小鐵鎖轎一。早陰，陣雪，午後微晴。

廿五日　第一百零二站。卯刻，發鐵佛殿。出門即用絳夫，俗謂大小廿四磴即在此路，然亦不能指出某磴有名，某磴無名。行五十里留壩廳東關，自找店房尖站，聞辦差者因陝安道從此過亦欲辦差，力辭之，趕緊逃去，前轎夫老杜叩送。進西門，出東門，沿道不過上下勞頓，尚不險。又行廿里，亂石鋪茶尖，甚冷，過桃源鋪，風景尚優，又是山套山，一圈山有一圈山風景。又廿里有木蘭，自找店房宿站，少覺感冒，大飲燒酒。彭敬甫同住，過談。陰，雪，偶住，未大。

二十六日　第一百零三站。辰正餘始發盆攔，因夜間大雪，驛夫要走，轎夫不要走，彼與牴牾，為錢而已。後說之，仍依驛夫，行廿里柴關，在輿內吸煙，等轎夫吃飯，道實難行，又廿五里榆林鋪尖站，路均平，奈雪水化泥灣，又廿里南星大公館宿站，此處無差即為宿店，甚寬敞，敬甫同住過談。陰，雪數刻，少晴。

二十七日　第一百零四站。卯刻，發南星。高矮路尚平，有在沙灘內行，時比夏日少，多出登頓。行廿里，過留鳳關，內有鳳留亭，不可解，下山過一廊橋，旁一碑刻「楚項羽封章邯」。過三叉驛，又卅里新紅鋪，自尖站。又十里至鳳嶺，俗謂之南天門，左手石刻張詩舲對聯，下嶺，五里煙洞溝茶尖，均係

下坡，因雪溶化甚難行。又十五里，穿鳳縣城東關，店房作公館宿站，本縣牧之大令來會。名黑齊思渾，花翎同知銜，為前駐藏鐵夷情之子，鑲白滿荊州，費莫哈喇與善星桓舅為本家，佺輦，年四十餘，行一，人老練。敬甫同住，過談。因驟夫行至三叉驛與人口角，被人將騾子扣留，託牧之趕緊遣人去取，等子正尚無信息，借縣鋪蓋一用，可大笑。陰，略晴。

二十八日　仍住鳳縣，驟夫將馱隻午後方趕來，一切對象均未失落，實屬萬幸。午前找敬甫談，傍晚渠又過談，聞驟夫相打者係鳳縣三叉驛一壩，路人稱趙先生。為眾人所恨，恐縣內亦傳不到。陰。

二十九日　早無事，午後過敬甫屋內一談。申刻赴城內，果牧之大令署內約晚飯，座中老夫子、老夫子今弟、其令坦、今坦之弟、兩姨外甥、敬甫及余，並主人共八人，甚鬧熱，聞鞭聲乃其內宴取吉祥之意，陝例也，一笑。晴。

店院中栽半松枝，後以席圍，前供諸神牌位，香爐北向陝省，天地桌形式也。

光緒三十四年歲在戊申正月初一日　遊府、大令拜年，皆未見。敬甫來，趕既至其屋內，彼此行禮而已。程品成並家人道新喜。昨日辭歲，轎夫、驟夫均拜年討賞。此年頗覺清淨，鞭炮聲亦少。陰雪。

初二日　無事。午後，敬甫過談，至店門看迎春，各省大略儀仗同。因明日忌辰，後日午正初刻四分陝省立春，與順天早前一刻。陰，微雪。

初三日　第一百零五站。辰刻，發鳳縣。走河灘路、山溝路，河水見冰，不厚。行四十里至白家店，廿五里曾過石門關。同敬甫尖站，程品成包來角子甚好。馬後拴一匣子，頗可笑。又卅里，草涼驛茶尖。又十五里，紅花鋪宿站，敬甫未同住，以上均自備。天氣頗冷，大有北方之意。由上站即見窯房，與晉省立土無異也。今日路多坦，雖山腰不少，不為險。晴，風，微陰。

初四日　第一百零六站。辰刻，發紅花鋪。出門即石腳路、山腰路，下臨河水，適不大，有河內沙灘行時。廿五里，黃牛鋪公館，約敬甫尖站，係寶雞境內。又卅裏，至東河橋茶尖，尖後即行高山路。路旁見野雞二隻，不畏人，過一草長橋，上山。五里，至煎茶坪，右手鐘仍露架山峰上，聞有大風雪雨撞之可避，凡刺麻不敢宿觀音堂，亦避此鐘也，可笑。又十五里，行下坡路，加以雪凌，路甚難行，路間已點火把。至觀音堂公館宿站，敬甫未同住，晚過談。寶雞縣楊晉三大令錫恩，雲南大挑，行一。差貼來接，煎茶坪關聖廟已修齊，在路左，憶來時

供像募化曾行禮。晴，風。

初五日　第一百零七站。辰刻，發觀音堂，因雪亂石路難行，上曲折高山，過大散關，路右石刻「陝南天險」四字，為葉伯英題，從此下山多出棧道矣。行卅五里又云四十餘里。益門陣，約敬甫吃麵，有本地黃酒，似良鄉。自備早尖，天甚冷，當面浮橋可至底店，近十五里，可惜塌壞，只得到寶雞縣。又行十五里，足廿餘里，見水碾磨甚多，河中搭草橋二三，有極長者。進寶雞縣南門，旁東門公館宿站。本縣楊晉三大令來晤，去時伊在沔縣，舊識也。敬甫同住，因找談，公館乃去時所住，今懸九老圖，閻文介對洋堵屏，不俗。陰，微雪。

初六日　第一百零八站。辰刻，發寶雞。出東門，路多平坦，已見車路，郊外多牛騾篷車，大有鄉風，南望大山多雪，即太白，北近岐山，一路多土窯，岩下一片平田，甚可愛，外繞渭河，奇觀也。行卅里不止，有四十里，同敬甫寓店公館尖站，天甚冷。又行四十二里不到，有卅餘里，八旗疃輯內飲茶。又八里進鳳翔府，南門轉東門內公館宿站，縣彭籛孫名毓嵩，行二。大令、府尹仲錫太守名昌齡，行四，茂軒門生。均四川人，來會。晚敬甫過談，未同住。陰。

初七日　第一百零九站。辰刻，發鳳翔縣。因昨日穢店中睡土炕，窗外添火，告以不要熱炕，令其去火，誰意夜間其熱非常，早起將炕席、伊紅毯鋪蓋卷、褥子皆引著，燒一大洞，趕緊潑水，幸未大燃，辦差者為家人等，大申飭之，可發一大笑。回憶在鳳縣對門店房失慎，幸登時撲滅，在觀音堂因溫酒著起，將桌圍引燃，亦登時即滅，何火之多故也。今日找裁縫補鋪蓋等件，故住此，不然可至扶風矣。路中頗平坦，不過有山溝或高路。行卅里，紅水河小飯店約敬甫同尖站，有豆腐蔥花包子、蔥花辣子麵，皆佳，並喝酪糟一盌，亦佳。又廿里，進岐山縣西門，出東門，東關自找店房宿站，本縣邊子福大令遣差來迎，並備公館，未去。大令，名祖祥，行五，河南封邱人。敬甫同住，過談。晴。

初八日　第一百十站。辰刻，發岐山縣，出東關，大令在鳳翔府，因病在彼未回。行平坦路，卅里益店鎮，三義廟作公館尖站，過古五丈原。路右石碢硯瓦溝有兩小村，製硯者多，曾購之，如磨刀石，萬不可用。又卅里，進扶風縣西門，出東門，找一鴉片煙館外轎內飲茶。過班故墓、馬援墓，路右有醋三傑妻伏氏旌節碑，姓伏或有，姓醋者少見。今日多行山溝間，有高路即三疇原。又卅里，杏林鎮宿站，東街有社火，至西街復回，多半戲文，乃鄉中幼童為之，西街亦復如之，群呼為社火，沿途有紙炮，幼童有乘馬，有抬杆者，大有古風。晚飯後，敬甫過談，未同住。晴，風。

初九日　第一百十一站。辰刻，發杏林鎮。沿途平坦，行卅里，武功縣西門外找小飯店尖站，因下雪，甚冷。武功曾鑒齋士剛，本在西安舊識，遣差迎並備尖站，未擾。由城外繞道行，廿五里小韓店，又名貞元鎮。有關帝廟，進內瞻仰，第一層殿供關聖，倒座供送子觀音；第二層店供三世佛，配殿不知何神，有纏足座像，頗奇，有碑有鐘，乾隆年間碑尚在，惜未有人住，已破爛矣。又廿五里右扶風，俗呼東扶風，又名扶風鎮，自找破店宿站，辦差者仍來讓之不已，公館以備，婉言已辭，令持回片道謝。燈後，敬甫過談，未同住。陰，早大雪，尖後復小雪。

初十日　第一百十二站。卯刻，發扶風鎮。路平坦，四野均平田，不過偶有土坡。行十五里，到楊貴妃墓一看，內有住戶，天極冷。又行卅里，至興平縣，進西門，自找小店房尖站，本縣派差備公館，辭之。出東門不遠，路右有土阜，前刻石碣秦王女墓。行廿五里，至馬跑泉茶尖，路左高處娘娘廟，前有分水碑，敘唐太宗因獵得泉，並有石上蹄跡碑，前磚砌一泉，水不淨，路右一泉亦用磚砌。起水泡，且溢出泉外，有一石在旁，有蹄跡，此頗清，即行人所飲者。下輿進一小店內，見一西洋婦人據案吃熱湯麵，亦似行路者，不可解。又廿五里，至咸陽縣，進西門公館宿站，本縣楊和甫大令名調元，貴築人，甲班，行二，已二十餘年。來會，人老成。縣城甚大，且鬧熱，元宵鋪不少。敬甫同住，過談。陰，風，極冷。

十一日　第一百十三站。辰刻，發咸陽縣。出南門，過渭河，有船與木草橋可行車，道均平坦。行卅里，三橋鎮小飯店內茶尖，外有耍狗熊者，可發一笑。又廿里，或云廿七里。進西安府西關西門，屬長安縣，自找店房宿站，路南較冷，未茶尖，間壁小飯館用飯尚暖，拔絲山藥尚好，余不佳，一笑。先曾過豐橋、渭橋。廓爾喀教習蕭必達及學生來見，均住一條街內。達賴剌麻由甘省奏明朝五臺，奉旨允准，住北門外，帶有二三百人，支應甚繁，咸、長兩縣，諒必出汗也，一笑。晤長安周紫繡大令玉紳，再三應酬，請搬公館，辭之。咸寧胡永康大令啟虞來，未見。敬甫過談，未同住。陰，冷。

十二日　早會恩益堂世叔壽，現任陝西巡撫，精神甚好，詢年六十，已留底鬚，錫閏生親家桐，現任陝西臬臺，六十六歲，比余大，稱之為二哥。攜來五姐並女婿及其三弟夫婦，同照相一張，甚可羨慕，後繼女婿，三爺非所生。此地乃其夫人兩幼子，張弼臣觀察嘉猷現任鹽道，兵部舊同寅，均痛談。光顯堂太守照來，未見。行一，正紅旗人。一日未歇，敬甫來商酌，可走河南道，車已將定。陰，雪。

十三日　益唐中丞處遣人來告，晚間備席，至店房來談，申刻來，備大餐一桌，乃新開館子，菜亦可吃，中丞並送點心、菜蔬十包，以為路用，面謝之，所喝黃酒甚好，已五斤，又喝燒酒半斤，因談著高興，不覺大醉，半夜嘔之。陰。

十四日　益唐中丞遣人來，約到碑林。張弼臣觀察送到菜點六包，收之。申刻，到南門內碑林一看，近日頗重景教流行碑，於去歲始搬入碑林，內有聖人吳道子筆。觀音刻像，十三經，各御筆家廟碑，多寶塔、玄秘塔、座位貼、和尚碑、聖教敘、峋嶁碑碑、唐玄宗孝經等。陸清獻對聯，左文襄、張朗齋 [一] 對聯，薩湘林 [二] 先生秦文伯貼上跋語，真正鬧熱非凡。並約同鄉胡詩林太守徽元其世兄、侄世兄同看。將晚，至奡暑會閨生親家，詢其姓趙，佳，正黃漢人，其實乃明朝宗室，姓朱，因避難，國初至盛京，其始祖因怕查考，從祖家姓趙，後不能改。見老六、老八兩兒均好，夫人出見，人極明白，乃覺羅三捷亭本家，敘出親戚甚多，忽長忽平，甚可笑。閨生與紹越千聯襟，名成善。姻伯為丁未甲榜，其大女兒即許徐雲士二世兄塊芝，過門後故去。在彼晚飯，回店路上亦有燈，不多，各憲尚須查街，例也，一笑。晴。

十五日　早會余子厚提學，堃，行一，四川巴州人，翰林。與陳京兆鍾信是親，喬茂軒認識，人有學力。恩中丞來送行，又談許久。張弼臣送常少漁紙一包託寄。飯後，敬甫來，略談。昨日碑林來賣揭本者，留其關帝像等，三張五文，應酬而已。閨生廉訪來，痛談，大有牢騷之意，將乘來四轎一頂送給，從此可離此物矣，一笑。所住店房謂之寶勝樓，大掛燈。陰，燈後雪。

十六日　第一百二十四站。辰末巳初間發西安府。二套車一套自坐，三套車一輛拉行禮，眾官送行，未見，城外府縣親送行，亦辭之。因靴帽亦經收訖，西安城內、關內俱石路，難行，尚有一二里亦如之，因六年未乘車之過也。過滻橋、壩橋，廿五里下車，河市口小店內吃包子，甚好，敬甫亦來。又廿五里，進臨潼縣西門，城內小店宿站，敬甫同住，本縣送酒席，璧之。僮等去洗澡，其實無謂，相傳清洗後長蝨子，曾試驗。田德日後來說，真長蝨子，不虛。聞達賴剌麻昨日方由此啟程，前途須打聽，恐所住處無店口。晴，風。

十七日　第一百十五站。卯刻，發臨潼縣。出北門，路均平，前半日石子礙路，後半日差強。行廿五里新豐鎮，有古鴻門阪鑲於門樓上，有小城圍之，因冷，與敬甫同踏，見路左已牌刻漢高祖與西楚霸王宴鴻門於此。又廿里，至靈口小店內尖站，僅有片兒湯，食甚飽。又四十里，至渭南縣，進西門，出東門，

在城內借一雜貨鋪，外煎茶吃。又廿里，或十八里。東赤水鋪店房宿站，極冷，無火，吃麵糟極，一笑。敬甫在間壁，晚過談。晴，風。

十八日　第一百十六站。辰初刻，發東赤水鋪。行廿五里，又云廿八里。過化州，穿城行，州城並不豐盛，西關較強。又卅里，至敷水鋪尖站，後步行一二里，至一觀音小廟略歇。朝邑王氏修，有記。在店內見達賴騎馬，白風毛黃馬褂，前黃傘引行，此時見其賬房行禮紅黃綢布裹之，駱駝馱，從人甚多，並有文武官、兵丁護送。又廿五里，至雪橋土店內宿站，天甚早，因達賴住華陰廟，其店房吃食不便。此乃用無底大筐，上蓋案板書一，大笑。敬甫過談，未同住。晴。

十九日　第一百十七站。卯刻，發雪橋。五里至華陰縣，穿城過。又五里，過華嶽廟，達賴尚未動身，聞昨日有怨者，因青馬被其手下刺麻拉去，鬃尾均剪之，主人欲喊冤，眾欲歐之，只得忍氣。且漢兵過，看之鄉間人，令其跪接，尤為無理。卅五里，至潼關城，進西門店房大不便，送差、接差委員均占滿，找一車店，待車夫換軸，在斜對門小飯鋪與敬甫聊具一餐。即行出北東門，不由過河路東門走，下石路，入土夾溝，過金陵關，東面為「第一關」三字。出關路左有河南關鄉縣西界碑，松壽立，乃西巡後之舉動也。復行夾溝內，浮塵極大，溝上多柿樹，出溝復見黃河，穿柿林，似內夾梨樹。又行廿里，加四算廿八里，文地鎮店房宿站，覺比連日清淨多矣。到廟見有華佗廟，對面戲臺演戲，因往聽之，一折《劉秀走國》，一折《老少換妻》，後詢敬甫，雲名迷糊子，甘省亦有之，文場不過弦子一，胡壺一。買得落花生、梨兒、石榴，因小飲可做音尊自娛，哈哈。共行七十三里。晴，微風。

二十日　第一百十八站。卯刻，發文地鎮。出鎮即入土溝，曾記先兄言，河南土溝甚難過，兩車竟有無開處，指此也。廿里至古盤豆鎮，下車用點心、酪糟等。又廿里，閿鄉縣西關小店尖站，不過菜菔麵而已。繞縣城過土溝，少平地，黃沙多，甚難行，見黃河一大斷，塵土撲面，騾糞大臭，已六年未經矣。又廿里達子營破店內宿站，始見油炸檜並炸團粉，似小貫腸。敬甫來談，未同住。共行加四，路八十四里。半陰晴。

二十一日　第一百十九站。卯刻，發達子營。夜間大風，天明仍然甚冷，塵土更不堪。行四十里，過函谷關，即土溝盡處，忽有次磚砌之關，不過二里，進靈寶縣店內尖站，同敬甫在一小飯鋪吃熬餅。又行廿五里，橋頭溝店房宿站，店房住土窯，沿路窯房不少，一日風土，垂簾而坐，一切均未看見。河南里數，實未有準，問店家，店家一說；問車夫，車夫一說，並鋪牆，皆不可信。此為陝州

管，鋪牆所寫，先離州卅二，後又走寫離州四十，不知其意何居。本擬前進州城，離此十五里，因已掌燈，程林雖令前去，不能顧矣。此為回店，僅白水煮麵，就鹹菜食之。半陰晴，大風。

二十二日　第一百二十站。卯刻，發橋頭溝。仍沿土溝而行。十五里，陝州略停車，城外行，程林在此空等一夜，殊可笑。又廿五里，又云卅里。磁鍾鎮尖站，不過賣麵，竟有雞子，不易得也。臨站前過一關，上襄「函重」二字，不可解。又過磺澗鎮屬，沿水道多處車可過。又廿五里，過張茅鎮。又十五里，妙溝店房宿站，敬甫同住，晚找談。今日天清氣爽，可惜所過村鎮不知名者多，無處問詢，將到宿站，高山、平田、深溝甚多，景致卻佳，有謂似察木多，然樹木有，土石較潤，察臺不如也。晴。

二十三日　第一百廿壹站。卯刻，發妙溝。上山路多，山頂極冷。行十七里家居嶺，下車吃包子喝粥，忽見鋪中迎門一春聯：「買又賣，賣又買，買賣茂盛；出了入，入了出，出入亨通。」諸人看者無不絕倒，余車夫王小禿皆云，此是湊笑兒，回看鋪掌櫃則蠢然一物，必是有人與其玩笑。詢其何以名家居嶺，據云妙溝劉娘娘曾移家於此，故名，不知劉娘娘為何如人，可發一笑。適過夾石嶺，或轉音耶？又十三里，觀音堂尖站，聞回鑾曾駐蹕，因十六日後大雪，道甚難行，下車步踏三兒里。又廿八里，槐樹窪小店內喝粥，僅有半老婦人並一小妞五歲，姓姚，看表時皆注目直視，未見過，以為奇，足徵古樸。又十八里或云十二里。澠池縣，進西門，出東門，東關內宿站。田德云，離縣西五里上下，路左有秦趙會盟處大石碑。陰，甚冷。

二十四日　第一百廿二站。卯刻，發澠池縣。沿途尚易行，連日見車用鐵鑄小輪，一轅在中，用兩牛駕之，分左右，所謂並駕齊驅，裝鹽糧者多。行四十里，過義昌驛，無店可尖，田德云，見有叩馬處，不知尚有別項字跡否？想係夷齊叩馬而諫。此處有三老郡，乃石刻，鑲過路門上，又有董公倡議處碑。又廿五里，鐵門尖站，店房前後窗甚朗，多日未見此等房。又卅里過河，見山田甚多，平壩少，新安縣西關店房宿站，店房亦大，且店中即賣吃食，近來無米多面。燈後，敬甫過談，未同住。微風，晴。

二十五日　第一百二十三站。卯刻，發新安縣。行卅里，磁澗鎮尖站。沿路多平坦。又行卅里七里河，下車飲茶，有柿子、莞豆黃，不難吃。遇一老者鬚髮皆白，自負老人，詢之六十整，小余三歲，告之無不笑者。據云七水繞河南府，所謂七里河，乃指古洛城而言，今之洛又往東徙矣。又十里，河南府洛陽

縣南關宿站，進關路右鋪前有琴磚一塊，店房似少整，有賣薰雞、薰蛋甚佳，可以下酒。本縣孫小秋大令_{壽彭，行二，浙江人。}送席、鋪墊，均辭之。敬甫同住，過談。風，陰。

二十六日　_{第一百廿四站。}卯刻，發洛陽縣。過南關，轉東關，不進城，石子路甚多，大顛簸，可厭，後行土路稍平。行七十里，偃師縣西關尖站，尖後穿城，過城內尚豐盛，鋪戶不少。聞過伯夷、叔齊墓，前有碑，昨日宋太祖產生處並二程廟，均未得見。又行卅里，下車用船擺渡，沿路已修鐵輪，土道堆甚高。先見洛陽河，可行船，擺渡處呼為洛河，此向東流，洛陽向西流，似略分，不知是一是二。過渡後，對岸有賣元宵者，帶藕粉令沖之，加黑糖，實難稱讚，余云幸未賣麵茶，眾皆笑之。又十里，廿里鋪宿站，係土窰，挖極深，可以放車，並拴騾馬，兩旁各有土窰、土炕，即客居櫃房，在灶上，堆草亦有土窰，皆在一大窰內，走一大門，嚴緊非常，冬暖夏涼，詢之不虛。聞此窰，有七八十歲老人云，聽其老輩說，算至今已四百餘年矣。連日見琴磚，索價不過五百文一張。陰，時有細雨。

廿七日　_{第一百二十五站。}卯刻，發廿里鋪。沿途土夾溝多，有鐵路運石，大小車路上開車頗耽延，鐵路已連汜水縣境，來往亦為運石，石紅色，不知何處得來。行廿五里，至鞏縣西關，繞城走，過東堰鎮。又六十里，至汜水縣，繞城到東關尖站。_{過虎牢關，即辜關，唐張許殉節處。}昨日誤聽敬甫車夫爛語，以致八十里方尖站，頭皆痛，渾身亦痛，牙由昨日大痛。隨來大車、轎車夫四人，姓張、王、李、趙，甚奇。又十里，乘馬到十里鋪外等車喝茶，買藍白紙手巾一方，四十文，即其家所織，不亞洋帕。又十里，廿里鋪宿站，喝粥而已，覺不適。至街一踏，見洪山仙祠，管騾馬，甚靈驗，係此處南山得道者，乃一作苦工成仙，本鋪祀之，安姓先祠，此處姓安者多，敬甫等差費，乃住汜水縣東關，一笑。陰，昨夜、今晚雨，雨不甚大。

廿八日　_{第一百廿六站。}卯刻，發廿里鋪，仍多土路，夾溝行。廿里過滎陽縣，繞城而行。又四十里，須水店房尖站，甚窄，小鎮外頗多稻田，店內並無米飯，不過饅首、餅，聊具一餐也。又卅里，鄭州城外人和昌宿站，每人二百餘文，住房菜飯在內，菜席三葷三素，頗可吃。主人劉姓，湖北人，格外送香腸、蘋果，極力酬應，乃新開，房間不少，院落大。敬甫同住，過談。晚飯因氣滯買香寶酒，喝小瓶，一塊一瓶，尚好。陰，時有小雨。

廿九日　仍住鄭州人和昌棧。早薙頭，即本店所住。飯後，同敬甫至街一

踏，鋪住戶雖無多，房間多半洋式，亦如上海分某某。中有一墳，係明布政使，有石像，生姓王，此君忽見此世界，必大為詫異，一笑。回時在敬甫房內坐，本州島業作舟直牧濟，行一，浙江丙子孝廉。遣人送席桌，辭之。找細藏香二束送劉掌櫃，晚約其過談。早瓦上見雪，一日陰。

三十日　第一百廿七站。早巳正用早飯，即下雪。午初，離人和昌棧，又承劉商掌櫃送綠色酒，出湖北，並送麵筋，乃其內老闆所作，係徽出，炒芹菜、下面皆可用。踏雪至車棧，等許之，忽來車，即上之，係往漢口去者，不覺大笑，又等方有北車至。上之，自坐一房間，蓋頭等買者少，屋甚暖，又熱氣透過。茶房送茶、送果子、瓜子、點心等類，程巡撫等皆坐三等車，四馬六人行李，除應帶打一擔，不過百洋元。余到保定府，各持己票，先打有圓眼驗票，又打方眼，路經一黑山洞，是獨不見，出洞即至黃河橋，工甚堅，聞橋用六百餘萬兩。兩頭皆欄杆，中間無恐力陳，停車七八次，里數如何，過縣若干，均不知，昏而已至彰德府，城外聚豐棧房宿站。晚飯甚壞，乃直隸順德人所開，比鄭州差多矣。陰，一日大雪。

【校勘記】

〔一〕吳注：曜。

〔二〕吳注：迎阿。

二月初一日　第一百二十八站。匆匆寫此，因坐火車心勝，一笑。寅正餘，即上火車，茶房尚未起，幸帶有洋蠟頭，待辰初始發車。車已老，玻璃等皆壞，想新政須大為改良。沿路在河南，土尚少，入直境，土甚多。無雪，僅西山遮雲，大可喜，已遠望吾家矣。忽停，上水上煤，上下客有十餘次，仍分別不出某為某地，路間僅買燒餅、油炸檜充饑。至保定府，申正泰安客棧宿站，離車路尚不遠。飯後，至街閒踏，春元棧遇趙興、老李，喜出望外，家眷於廿九日到此，僅隔卅一日，亦可謂巧之極矣。詢鶴孫於今日進京，明日可回，找蓉格去矣，其夫人並乃侄皆見，同住一棧。山格結實，父子相別兩月，均不認識矣，呵呵。晴，略陰。

初二日　早鶴孫由京回，來店相見，蓉格亦來。飯後，由泰安棧移至春元棧。晚間，約鶴孫並其二令侄，容格找一小飯館，所作菜無一可吃，不覺大笑。即寫信一封，託仲路詢問進門行李開單，奉懇代詢，並應遣犯官如何到部，解員如何辦理，均請詢陸軍部交蓉格。明日進城，田德跟去。晴。

初三日　午後，蓉格與田德同進京，老李當面辭去，刻同住為存菊莊弟河南侯補道沆善家眷。與鶴孫步踏進城，無甚可看，到洋貨鋪一遊而已。彭敬甫過談，仍住泰安棧。晚飯後，內眷買洋花等件。晴。

初四日　早無事，鶴孫來談，持徐錫麟一本來看，振動由漢口帶來相片，內有秋錦一張，乃天下之怪物也，特留之。將晚，沆觀察善，為存菊莊共祖弟，係三房。來見，痛談，人精明，年歲將及卅。彭敬甫來，適用飯，未得見，聞明日進城。陰，晚雪。

初五日　早敬甫來辭，略談，即上火車，寓宣武門外轎子胡同甘肅會館，俟到京再見。午飯後，鶴孫過談，持倭瓜瓢煙壺，似是舊物，因談徐錫麟其刺恩新甫中丞銘，諡忠憨，黨羽有宗汗子馬子畦、光復子陳伯平，聞逆黨革命排滿者甚多，真防不勝防矣。晴。

初六日　早無事。午後洗腳，已兩閱月矣，路中竟無暇。旋仲路處大侄來，已當差，在民政部，詢問蓉侄製簽，大約均係舊部，新部不配簽，留其此處住，明日擬趕早車進城，告以初九日擬進城。晴。

初七日　午後，仲路遣劉元兒來接，城內均託妥，蓉格本說今日晚車來，未見到，料明日可前來。晚飯後，鶴孫過談，毓大侄今日早車走，劉元擬明日早車走。陰，晚風。

初八日　早無事。午後，蓉格由城內來，劉元早辰回去，明日準可進城。店錢、車腳均與本棧陳掌櫃算清，曾接其同行偽信一封，殊可笑。不過，告其火車某為一元一，某為七角，本信即交陳商持去。晚鶴孫來談，尚欲等其令兄仁山覆電，方能進城，明日並其家眷不能同去。上房與內眷蓉格痛談藏中瑣事。晴。

初九日　第一百二十九站。巳刻，在春元棧即用早飯，內眷坐車，與鶴孫、蓉格步行至火車邊，等至許久上火車，兩妾一女一子，蓉格夫婦同關關坐二等車，其餘三等，停車數次。三句鐘至前門，毓氏表侄等均接至此，即乘所備之車，倫敘齋 [一]、鐵寶臣 [二] 均遣人招呼。四鐘到小石橋，溥仲路、鍾乂齋、阿寶亭來看，鐵寶臣送一品鍋等，後送者多未記。信懷民遣人探聽，即住上西房。晴。

初十日　信懷民中丞來會，痛談。霖鶴孫昆仲、世老大昆仲鈞來看，阿寶亭兒媳孫女來看，乾麵胡同長侄來看。午飯至未初方用。晴。

十一日　今日陸軍部遣軍乘司司長達博生〔春，為印懷亭老哥（保）之子。〕來會。會

彭敬甫立栻，在小書房，必欲換帖子，再三相攔，決意不肯，執見等皆璧回。會樸侄並壽益卿，晚會大卍侄、倫敘齋，均痛談。霖鶴孫夫人來，詢之已六十矣。晴。

十二日　鶴孫叔侄來，將箱支拉去。齊笛舟來，為浙生胞兄，並帶有信件。仲路來，痛談。豹侄、世老七在蓉格屋內，見連日會客，頭暈而已。晴。

十三日　午後，琹軒相國來，在小書房見，痛談。延採泉夫人來，勒山夫人來，在後罩房見，詢年已五十三歲，余岳家平輩，只有此弟夫人矣，然有子尚稱完全。晴。

十四日　在家無事，仲路夫人招侄媳來，景宅姨太太、姑娘來。唐兒由保定府啟早到家，兩騾、兩馬均回，無處餵養，暫借肇世兄鴻處豢之。晴。

十五日　會鶴孫、實亭，大談時事，城內、城外其說不一，不過大家亂鬧而已，疏可危。晴。

十六日　會彭敬甫，今日已至陸軍部投文，明日方得領回批。待走後，即赴甜水井倫敘齋約飯，座中惟仲路。未飯之先，見西南煙火，城外來信，乃第一樓失慎。飯後，溥仲路趕緊去看，聞陳列所甚近，已焚前面，復與敘齋談，且看其所存金石等物，回寓子正矣。半陰晴。

十七日　阿甥處大爺來，恩五老太太來，在蓉侄屋內見。鐵寶臣尚書來，痛談，時局真不可思議，奈何。彭敬甫由陸軍部來，彼處多有難辦之事，乃慶貴二位司員，即趕緊致達博生信，明早聽回信。晚信立民侯爺來談。晴。

十八日　鶴孫來早飯，同振勳至東黃寺，敬甫由陸軍部來，待請假五日。耆壽民世兄齡來，已二品頂戴，左丞，略談。長季超來，痛談，已留底鬚，詢表姐已七十七矣。晴。

十九日　早出宣武門，至南半截胡同找鶴孫，同至木廠胡同寶豐隆，晤張深之，名達源。將川藩庫領款立折寫廿日。復至三里河拜溫壽臣，未遇。同至煤市街致美樓，請鶴孫便飯，回家已酉刻矣。三姑爺如君、齊笛舟來，均未遇。晴。

二十日　早阿實亭來談。午後至紫潼廟見世老大和尚善果叔侄，痛談到申正。陸軍部司員差弁馮姓。敬甫來商晤面，公事皆清。回家，長季超攜菜點而來，在小書房在小書房痛飲、痛談。五姑爺來，未見。晴。

二十一日　會福五老弟文。齊笛舟來，現在陸軍部效力，託欲留部。余世嫂來，在此早飯。溫受臣來，已見蒼老，詢年六十四歲矣。奎少甫都統順來，

擋駕。酉初刻，至廿面胡同，溥仲路約飯，夫人、女兒、兒子、媳婦六人，孫子一人，均見，回憶幼時嬉戲，今竟如此福命，可喜也。看藎臣已不能動轉，惟哭而已，余亦為之落淚，如夫人、招格夫婦、三孫女均見，倫敍齋在座相陪，因有局先走。與仲路復談，並看起所藏字畫。回家已子初，沿路燈光照耀，車須點燈而行，新章也。晴。

廿二日　早無事，連日牙痛，總因酒之過。午後，裕小彭來，在小書房談，痛說時事，真無可知何，即其民政部當差觀察中，竟敢賣秘事電報與俄，已拿四人交法部。伊欲西山置房地，新同徐蓮士結親。晴。

二十三日　余鶴孫來，並黃裕昆偕來，因江船同至道謝。彭敬甫辭行，擬廿六日回川。王姬人今昨兩日至各親友處。晴，風。

二十四日　早給馬介堂軍門、許紫純方伯、和允修廉訪、鍾文叔直牧寫信，另有稿，書廿四日，明日遣振勳送交彭敬甫大令寄川。午後，壽益卿侍郎來，榮華卿相國 [三] 來，在小書房痛談，現在尚書、相國、丞參均有坐馬車者，時尚也。令家人找禮物送人。馮差並來請示，十日假滿能否北去？告以再議。榮格給四弟上墳，作三週年，二蓉等並去，細思光陰迅速，未免黯然。晴，熱。

廿五日　早無事，叫跑旱船，可發一笑。觀音寺三奶奶來，見。徐朗秋來，小書房見。三嫂已故，二嫂搬入城十一條胡同，住山中惟蓮士一支。晴，風。

廿六日　早無事，令家人收拾禮物，程巡捕寫單子。田德帶銀女子曲結等回家。午後，長季超來，長菊岩來，均在小書房會，痛談。晴。

二十七日　無事，遣人各處送禮物，惟越千處未全收，因其與鹿滋軒相國 [四] 赴山西查辦事件，餘者全收。聞連日各城失慎，不知主何吉凶，可警戒。晴，風。

廿八日　將聯建候兩篇藏文交福兄〔文〕，轉交聯七先生。仍令家人各處送禮，或回片，或回信，鬧個不了。各廟給香資，梓潼廟善果號筆杭，亦有賞錢，頗怪。午後，齊笛舟來，談到世路真不可問，前賣密電本於俄國，高觀察發新疆，永不釋回，鍾姓圈進十年，並云各處著火，乃盛京紅鬍子所放，未知確否？晚振勳由天津先回。半陰晴。

廿九日　余鶴孫由天津回來，晤溫受臣，遣人張子文將月利算清拿回，即交鶴孫將銀票城外兌現銀，並光源摺子一併拿去。會阿實亭，同早東候來小書房略談。仲路來，痛談。晴，風。

【校勘記】

［一］吳注：溥倫

［二］吳注：良。

［三］吳注：祿。

［四］吳注：傳霖。

三月初一日　午後，葵公爺來約到府晚飯，實在無暇，辭之。溥仲路送到《詒晉齋集》，董字書扇對、舊佩玉等件。耆壽民送到茶葉、餑餑，均領之，謝之。鶴孫來，將票換現拿來，留在小書房晚飯。晴，風，早雨。

初二日　齊笛舟來會，送山格帽子等件，即將藏香等物送之。荃翎宸、徐蓮士來，留吃晚飯，痛談。晴。

初三日　早謁黃寺、滿井、鷹房、六道口、四處先塋，在六道口白二格屋內用芝麻醬麵，甚飽。回時會溫受臣，略談，溥仲路痛談，並交誠果泉都統、額容龕副都統、麟又峰糧員信三封，寄察哈爾錫閏生處。三侄來，未得見，蓋臣處大侄、仲路處大侄、三侄來送，均見。倫敘齊遣護衛送，攔之。鶴孫晚間來。晴。

初四日　午初刻，由小石橋同鶴孫、帶添財。程巴總林、計泉、計文、唐兒二套車三、馱子三，雇九合鏢局貫□〔二〕李家。出德勝門。行廿里清河鎮，姜六兒率其二子送至此，並呈簍醬及鹹菜。又卅里，沙河鎮宿站，里數以繞道計，正路皆水。住回回店房。飯後，同鶴孫至街一踏。晴，風。

初五日　卯刻，發沙河鎮。到尖站，碎石路甚多，先河灘，後離山近。行四十五里，南口店房尖站，同鶴孫將欲用飯，仲路弟因上墳特意到此，並將飯前付店，辭不獲已，只得奉擾。入關即行關溝內，石子路極多，過居庸關，極雄壯，三層門中間刻石佛，蓋防北邊之意。又過關，方至岔口店房宿站。又四十五里，前後九十里不虛，打箭爐外似十里，不過七里。四川陝西省礮路十里，不過八里。車路與此同。晴，大風。

初六日　寅刻，發岔口。沿途大石子路、小石子路甚多，偶有平路，左右山或遠或近，田地、樹木近城處多，其石子黃沙處，寸草不生，更無論樹木。行五十里懷來縣城，進東門，出西門，西關內尖站，來往車極多，店房大忙。又行七十里，新保安宿站，只有此店極大，沿路見堡子，其形或高土牆，或上安磚垛口，宿站係鎮，離此不遠，有城，武官駐紮，或云都司，舊保安州城離

此南四十里。風，晴。

初七日　卯刻，發新保安。路較平，然石子仍不免。行廿里雞鳴驛，買油酥火燒，甚佳。過河灘，越後嶺，直拉車上山，幸路平，遠望五臺後山，積雪滿白，昨早、今早無怪甚涼。又行廿里，響水鋪尖站，店房有瑞景蘇[一]題壁，殊不成話。又行卅里，宣化府城東關宿站，店房潔淨，似新收拾者，沿站皆回回店，今日始非餅麵，用白米飯。晴。

初八日　卯刻，發東關。進宣化府東門，出西門，城內街道甚寬，有四牌樓等，中樓工極講究，似黃鶴樓，小而不整，修之恐不易也，門皆有重城，憶明朝原有巡撫住紮，故規模較別處府城不同。行廿里，過石豁子，道陡尚平。又十里，毛榆林尖站，本可不用尖站，因大風且覺餓，與鶴孫各吃三盌鹵麵。又卅里，將至口，外委增榮仲路舊部，盛京漢軍旗人。往接，尋過下埠至上埠店房宿站，增外委送菜點，額容龕都護勒洋送菜點，不容不受，都司遣官人來，應由彼處報到。晴，大風。

初九日　早無事。午後，增外委同鶴孫、計泉至下埠看新居，內有樓，房間小，尚堪用。麟又峰岱理藩院員外，人頗精明，來此痛談，並送魚翅席，只得拜領，問其哈拉，係烏梁罕，與喀柱沁王為本家，亦蒙古大族，口外情形頗熟，大為有用之才。早小雨，半陰晴。

初十日　午後，至誠果帥處見、額容翁處見，麟又峰、行二。耀受之益，行七，驛傳道。處均見，麟祥祉軍臺、筆政、三協領、都司等過門拜。回店名中和。會洋務局提調張大令紹曾，陳瀚如布衣運海、錦泉湧老闆王仁軒必穀與鶴孫同見，痛談。將者壽民給果帥託帶匣點心二、簍果子一，遣人送去。陰。

十一日　早會烏澍堂左翼協領雅泰。午後，同鶴孫共車由花兒巷中和店移寓閣兒東住房，乃本地人所蓋，廿餘間，非常華麗堅固，似山西房屋。果帥遣人送菜點，收之。驛傳道書吏送來報到，作初十日到口，請點臺報導轉都呈子一紙錯寫六十二歲。書押交其呈遞。晴。

十二日　早會額容龕都護，富敘堂協領倫，蒙古人，頗明白，不俗。午後，會麟又峰員外、誠果泉將軍，因痛談。鶴孫同大美玉石海峰掌櫃峻嶼來談。晴。

十三日　早發家信一封，內敘沿路尖宿站，溥六老爺會飯賬，張誠諸官來，並回拜，已報到，搬至新房，大美玉對門，擬再找房。余六老爺家人計泉、唐兒擬回京，余六太太搬小石橋，如來時前十天給信，必要馱轎，路難走。皮單袷衣皆得帶，等語。即交郵政局寄京，取有收條。鶴孫出門到上埠，又峰處送

來小椅四張，價合二兩一一張，真貴。晴。

十四日　會錦泉永 [三] 王仁軒掌櫃，略談。旋至對門大美玉晤石海峰，謝步，借其車赴萬全縣。縣丞阮子元二尹志復，安徽人。處謝步。到監督文錦堂十弟綬處奉訪，痛談，均便衣。

十五日　遣計泉、唐兒進京。寫家信一封，內敘十三日發信，想收到，三匹牲口騎回，小馬賞唐兒，黑馬、黑騾送仲路。廣源折交余六太太，如不能，交少奶奶轉交，銀票十六兩、錢票二十千帶回。毓美買薰煙，等語。信交計泉手，午後會文錦堂、麟又峰、耀受之三同鄉，大約住房可找得，果帥送奶餅一包。半陰晴，細雨。

十六日　午後，同鶴孫步踏出東門至下埠大街一遊，洋貨店極多，亦有略大者，另有賣恰克圖茶壺者，價甚昂。書攤、老鋪亦有，多賣閒書，正經書少，進南門回寓，有一小書鋪略陳正經書。在南門外會軍臺筆政麟祥祉，全，行三，鑲藍蒙。與又峰本家弟兄。晴。

十七日　早額容龕都護遣戈什哈來詢問，房子是否挪移？告以此處不好常住。會洋務局總辦額兄，勒光泰，號靜庵。痛談，伊通英文英語。富察氏延子澄兄清因口外寄差暫住，過訪，送書箱、茶葉、點心等。晴。

十八日　午後，同鶴孫到上埠錦泉湧在電報局對門。回拜王仁軒，看其片子、回絨、潮腦，皆俄國製，甚佳。給子澄送菜點。辦礦務彭觀察致孫，芍亭之子。來，未得見。晴。

十九日　無事，給仲路寫信，旋接家書，眷屬於廿四日可以啟程，並接齊笛舟、戴申五兩信。晴，晚風。

二十日　午後，便衣回拜洋務局額總辦、張委員，將報紙送還，未晤。礦務局晤總辦彭觀察，行一。痛談。回拜延子澄星使，晤談，並看其夾杆車。令帶給鶴孫書籍兩種。夜雨，小風，晴。

二十一日　早會鶴孫，同用飯，伊即上車，帶添財坐二套車，價五金，五日　到京。午後，步踏訪文鏡堂榷使。晚至大美玉石海峰約，座中彭蓬齋觀察、蔡觀察、號象門，湖南岳州人。富協領、麟左司、生意人二，並主人八，有鶴孫，因進京辭。誠統制處送貢，餘奶餅四匣，賜兒山薰肉二塊。晴，微風。

廿二日　無事，將子澄學士所贈《蝶仙小史彙編》等書閱之。晴，晚風。

廿三日　無事看書，昨夜雨。午後較涼，與京內異。半陰晴。

廿四日　早起甚涼，午後更涼，因有風，院內竟凍冰，與邊內大相徑庭，

無事看書。

二十五日　今日風微住，涼亦稍減。午後，過大美玉石海峰一談，此地口平比京市平大四四五，金銀錢、洋貨皆聽京內行市，金由俄來，京價卅六七換，係足色。晚彭蓮齋觀察致孫過訪，痛談，上燈始去。早飯因感冒始喝甘蔗酒，甜似黃白之間。晴，風。

二十六日　早無事看書，午後延子澄學士來辭，明日走，言明不去往送。額容龕都護來，仍為房間調換事，恐未行。接錦泉湧送到有人致余鶴孫信一件。俟便寄回。晴，風。

二十七日　午後，同程林出小北門，此門與東西相仿，在門內重砌一門，向北刻「小北門」三字。相傳此門大門，主水災，不過容人低頭而過，亦有門扇，甚奇，並傳此門即張家口，未知確否？至北門看，路南房一所，西方柱沉下，且正方無炕，院內不分內外，須截斷，應向房東再議，回時進東門，均不甚遠。會懇務局德子鈺委辦，克登額，行一，盛京漢軍人，姓胡。人係老成一路。接彭蓮齋信，送自書墨楹聯一付，語頗佳。晴。

廿八日　早無事，姜六兒忽來，家眷昨住宣化府，今日不打尖即到。午刻到寓，山格略有咳嗽，晚見好。闔家駄轎二乘，二套車四輛，駝十八雙，可謂十八駱駝駄衣裳，一笑。一路均為平安，至市曾見鶴孫，廣源者已交余世嫂，騾馬合一送仲路處矣。今來者王姬人、唐古忒姬人母子、二妞妞、小二妞妞、菊花、橙子、桂花、蓮芳、闌闌、丹珍、計泉、唐兒，魏國明、李振勳、姜六兒。家眷登樓給大仙行李，大仙畫像老少各夫婦共四位，本朝衣冠，或云本處仙家均如此，不可解。星命書是日交運，王姬人生日，山格明日周歲，甚奇。聞蓉格已掣簽分理藩部，此部久未有本族當差者。晴。

二十九日　早晨，令山格抓周，先抓鼻煙壺，再抓算盤，又抓小刀子，可發一笑，不知何所取意。午飯，計泉買來黃花魚送上，已六年未知此味矣，連日食香椿亦然。今日早晨將左上盡末齒落一個，並右齒落二矣。晴，晚風。

【校勘記】

　　[一] 吳注：淘。

　　[二] 稿本原字辨識不清，抄本亦然，以□替。

　　[三] 與前文所提「錦泉湧」為同一人。